本书的出版受国家社科基金重点项目"英国新马克思主义的思维逻辑研究"（项目编号13AZX002）以及教育部2014年全国高校优秀中青年思想政治理论课教师择优资助计划项目"《马克思主义基本原理概论》教学中历史分析与现实关照研究"（项目批准号14JDSZK064）资助

斯图亚特·霍尔文化政治批判思想研究

李文艳 著

山西出版传媒集团　山西人民出版社

图书在版编目（CIP）数据

斯图亚特·霍尔文化政治批判思想研究／李文艳著．—太原：山西人民出版社，2018.11
ISBN 978-7-203-10642-5

Ⅰ.①斯… Ⅱ.①李… Ⅲ.①霍尔（Hall, Stuart 1932-2014）—文化理论—理论研究 Ⅳ.①G0

中国版本图书馆 CIP 数据核字（2018）第277380号

斯图亚特·霍尔文化政治批判思想研究

著　　者：	李文艳
责任编辑：	郭向南
复　　审：	武　静
终　　审：	秦继华
装帧设计：	谢　成
出　版　者：	山西出版传媒集团·山西人民出版社
地　　址：	太原市建设南路21号
邮　　编：	030012
发行营销：	0351—4922220　4955996　4956039　4922127（传真）
天猫官网：	http：//sxrmcbs.tmall.com　电话：0351-4922159
E—mail：	sxskcb@163.com　发行部
	sxskcb@126.com　总编室
网　　址：	www.sxskcb.com
经　销　者：	山西出版传媒集团·山西人民出版社
承　印　者：	山西出版传媒集团·山西新华印业有限公司
开　　本：	787mm×1092mm　1/16
印　　张：	17.25
字　　数：	260千字
印　　数：	1-900册
版　　次：	2018年11月　第1版
印　　次：	2018年11月　第1次印刷
书　　号：	ISBN 978-7-203-10642-5
定　　价：	70.00元

如有印装质量问题请与本社联系调换

序 言 XUYAN

斯图亚特·霍尔是最具批判精神的英国文化马克思主义者,也是为数不多的横跨学术与政治两个领域的真正意义上的有机知识分子。他所涉略的主题多元、内容广泛,他对文化的解读模式空前地开阔了文化与政治批判的视野,更新了我们的文化观念,创造了一个文化研究的传奇。霍尔的文化政治批判思想是马克思主义社会批判在当代理论界的重要延续,具有鲜明的政治内涵和批判指向,其一生坚持的学术工作政治化的努力昭示着他哲学的基本立场。

从马克思主义政治哲学的视角去理解霍尔及其理论能够更为准确地把握其精神实质和思想精髓,从马克思主义政治哲学出发的研究更能够契合霍尔的理论气质,这也正是本书写作的出发点。本书的目的是通过对霍尔文化政治批判思想的总结归纳,为其看似纷繁庞杂的文化政治批判思想建立一个体系化的理论框架,通过理论的历史和实践互动,将其中的内在逻辑关联呈现出来。本书以霍尔文化政治批判思想中最为基础的文化观念为切入点,在分析其文化观念的总体特征的基础之上，从两个向度搭建其文化政治批判思想的总体框架，并在其中择取最具霍尔标识的问题为线索，一方面分析霍尔是如何通过微观的文化实践来揭示其中的意识形态本质，另一方面则要分析和阐释其中所展现出的文化政治学意义和在整体的社会形构中所处的地位。依据这一思路，本书将从六个方面展开。

首先是导论部分，主要介绍霍尔一生的学术历程及其在各个人生阶段的理论成就。通过对霍尔的学术生涯的细致梳理，可以获知霍尔文化政治批判的基本轨迹和时间分布，是形成关于其理论的总体逻辑框架的基础。然后介绍国内外学者对霍尔理论不同角度的研究和不同程度的把握，了解国内外学者的研究情况可以做到有的放矢，梳理消化其他学者不同角度的研究有助于全面理解霍尔思想，并对研究的相对薄弱点加以补充完善，进而提出笔者自己的研究思路以及研究目的。

第一章是对霍尔文化政治批判思想的语境分析，既要对其理论所处的社会和政治背景进行考察，也要对影响霍尔的思想生成的知识谱系和理论图景做细致梳理，将霍尔的文化政治批判理论置于那个时代总体的宏大社会场景之中，在与其他理论的对视和交锋中进一步显示其理论的独特本质和时代意义。

第二章是霍尔文化政治批判的内涵分析，主要从文化政治批判的历史溯源入手，考察文化政治批判的历史演化轨迹和理论传承。同时对霍尔文化政治批判从两个向度展开论述，一方面是文化批判的政治维度，另一方面是政治批判的文化切入维度。厘清文化与政治的关系有利于构建霍尔文化政治批判的总体框架。最后，论述知识分子社会责任的践行是霍尔文化政治批判的落脚点。

第三章是对霍尔文化政治批判的本质维度的讨论，主要是对霍尔文化观念的形成和特征的分析。在霍尔的解读模式中，文化表达着双重的价值，一方面阐释着具体的微观事件和活动的存在意义，另一方面也被放置于更为宏大的统治与抵抗的关系之中。因此，笔者在文化与社会总体关系的基础上展开论述，阐释霍尔文化政治批判的双向互动共识观，即文化共识观是由自上而下的作为政治权力的主导文化和自下而上作为抵抗力量的大众文化在遏制和抵抗的斗争关系中动态地构建的，大众文化内含既可以颠覆也可以生产主导意识形态的双重本质。

第四章是对作为政治权力的霸权文化的批判。首先从政治国家和大众文化关系的历史叙述入手，展现政治国家和大众文化始终存在的相互构成的复杂关系；其次，通过对大众媒体的理论及运作机制的分析，论证媒体是政治霸权实现的主要介质；最后是霸权实践批判，主要将撒切尔主义作为批判对象，这是霍尔持续关注并获得重大成功的文化政治批判实例。

第五章是对作为抵抗力量的大众文化的批判。首先，从霍尔对大众文化的解构进入，梳理并展现大众文化解读的霍尔特色；其次，从对青年亚文化的分析展现大众文化抵抗的微观性和日常性；再次，从文化身份的分析论证中揭示种族文化的反本质主义观点和抵抗性质；最后，讨论霍尔为解决多民族国家的文化问题而提出的多元宽容文化的文化倡导。

第六章是对霍尔思想与马克思主义哲学之间关系的整理、评价。马克思主义是霍尔的文化政治批判思想最重要的理论参照系。本章主要从唯物史观、辩证法、实践指向和社会主义的价值诉求几个方面展开，以期能够对霍尔与马克思主义之间的关系有一个较为清晰的呈现。

结语主要对霍尔的文化政治批判做了总的评述，指出新左派的政治诉求启蒙了霍尔的文化政治批判并影响了霍尔对文化的本质维度的规定；霍尔的身份影响和制约了他的文化政治批判的着力点；霍尔强调知识分子的社会责任的生活化和日常化；霍尔批判霸权意识形态，激发大众抵抗力量；霍尔倡导多元并存的文化模式，坚守马克思主义哲学的基本立场。

总之，霍尔以英国新马克思主义特有的辩证立场解读文化，将大众文化置于和主导意识形态的关系结构中来把握其实质，强调大众文化是作为具有抑制和抵抗双重性质的斗争场所而存在的，着力于思考大众文化和政治权力之间的关系，认为知识的生产不只服务于支配者，也服务于挑战支配者的从属群体，大众文化与大众政治必然是结合在一起的，关注大众文化的意义即在于它是体现大众文化的本质和人的解放的场域。

由于霍尔的文化政治批判思想内容庞杂、主题多元，一直以来研究者都选其部分展开研究。本书的特点首先在于以霍尔的文化政治批判思想为总体研究对象，从作为政治权力的霸权文化批判和作为抵抗力量的大众文化批判两个向度建立霍尔文化政治批判思想体系的整体架构，在历史描述和逻辑论证中揭示了霍尔独特的双向互动文化共识观。本书的另一个独特之处在于从四个方面厘清马克思主义哲学和霍尔的文化政治批判思想之间的关系。马克思主义哲学是霍尔文化政治批判思想的基础理论来源，马克思主义对他而言不是解决具体问题的方案，而是一种开放的、辩证的思维范式和哲学立场，霍尔在他的学术和政治实践中持续地贯彻了马克思主义的方法论并在新的历史条件下实现创造性发展。霍尔的文化政治批判思想无疑是20世纪英国文化批判理论的整体图景中浓墨重彩的一笔，他所产生的影响绝不仅限于学术领域，更为显性而强烈的影响也许在政治领域。因此，将两者之间的理论承接关系做一个分析探讨不仅有益于我们对霍尔文化政治批判思想的核心观点与本质规定有更清晰的理解判断，也有助于我们把握马克思主义的时代意义和推进马克思主义的发展。

目 录

序言 …………………………………………………………… 1

导论 …………………………………………………………… 1

第一章 霍尔文化政治批判的语境 ………………………… 41
  第一节 霍尔文化政治批判的社会语境 ………………… 42
  第二节 霍尔文化政治批判的理论语境 ………………… 52

第二章 霍尔文化政治批判的内涵 ………………………… 75
  第一节 霍尔文化政治批判思想的历史追溯 …………… 76
  第二节 霍尔文化政治批判思想的内在特质 …………… 85
  第三节 霍尔文化政治批判中知识分子的责任 ………… 90

第三章 文化是批判的本质维度 …………………………… 103
  第一节 变革时期的文化观念 …………………………… 104
  第二节 文化与社会总体 ………………………………… 114
  第三节 双向互动文化共识观的生成 …………………… 124

第四章 作为政治权力的霸权文化 ………………………… 135
  第一节 政治国家和大众文化 …………………………… 136
  第二节 大众媒体是霸权实现的主要介质 ……………… 149

第三节　霸权实践批判 ·· 162

第五章　作为抵抗力量的大众文化 ······································ 179
　　第一节　解构大众文化 ·· 180
　　第二节　青年亚文化与日常抵抗 ···································· 191
　　第三节　身份政治和种族抵抗 ······································· 203
　　第四节　抵抗政治的未来——多元宽容文化 ··················· 215

第六章　霍尔文化政治批判对马克思主义的继承与发展 ········ 219
　　第一节　历史唯物主义的基本哲学立场 ·························· 220
　　第二节　辩证的分析方法 ··· 225
　　第三节　文化批判的实践指向 ······································· 230
　　第四节　抵制与批判的革命立场和社会主义的价值追求 ······· 234

结　　语 ·· 243

附录：霍尔大事年表 ··· 253

参考文献 ·· 255

导　论

伦敦时间2014年2月10日，被学界称作"学术场域中的切·格瓦纳"[①]的斯图亚特·霍尔（Stuart Hall）摆脱疾病的长期折磨，与世长辞，享年82岁。他的逝去带走了英国新左派在文化研究领域最权威最激进的声音。霍尔是为数不多的横跨学术与政治两个世界的真正意义上的有机知识分子之一。作为英国新左派的代表性人物、文化研究的奠基人和精神领袖、批判撒切尔主义的先驱者、多元宽容文化的倡导者，霍尔在英国以至世界范围内获得了巨大的学术与政治声誉。他离世之后许多报纸杂志都刊登了对霍尔的悼念文章，人们普遍认为这一对文化研究领域有奠基作用的新左派先锋的逝去，不仅是英国而且是整个世界令人痛心的损失。继承了他所钟爱的事业的学生给出的至高评价也许是给予逝者的最好安慰。在霍尔逝世当日，大卫·莫利与比尔·施瓦茨在英国卫报刊登的讣告中沉痛哀悼这位伟大的老

[①] 张亮：《理解斯图亚特·霍尔》，北京师范大学出版社，2016，第5页.

师、文化理论家、左翼活动家,同时盛赞霍尔是富有感染力、激情四溢的演说家,认为他总是能站在时代的最前沿,敏锐地捕捉每一个时期的关键问题,并对任何一个问题的现有答案保持习惯性怀疑。在思想领域他是严肃而且强硬的,但是在学生眼中却是和蔼、慷慨与热情的,教学活动是他快乐的源泉。尽管逝者远走,但思想永存!

一、学术历程

(一)留学牛津——思想起航站

霍尔1932出生于牙买加中产阶级家庭,父亲是牙买加籍非白人,母亲则有着英国白人的血统,因此,当1951年霍尔在母亲的陪伴下离开牙买加前往牛津读书的时候,在他母亲看来,那里才是霍尔应该去的地方,那不是离家远行,而是回家。在牙买加的早期经历对霍尔后来的思想形成起到了重要的影响,也是他专注于阶级、种族、政治身份的重要原因。正是缘于此,霍尔一生都认为自己无论与牙买加还是英国都是"熟悉的陌生人"。这一特殊的身份背景也为霍尔一生的学术历程打上了独特的印记。

20世纪50年代的英国正经历着第二次世界大战结束后社会与文化巨大而深刻的变迁,这使得霍尔一进入英国面对的就是一个正在发生着社会结构重大变化的社会环境,众多的思想家和学者都试图去解释和理解这些新的变化。这样的社会氛围之于一直关注政治的霍尔来说不仅带来许多思想上的困惑与变化,也提供了一个无比广阔的思想与实践空间。牙买加的殖民环境造就了他特有的反殖民反帝国主义的情怀,霍尔在中学时代就读过马克思主义的著作并深受其影响,因而在这样的社会环境中能够强烈地感受到这一思想所释放的巨大力量。到达英国之后,霍尔在求学之余开始和来自第三世界的同学一道参加西印度群岛的学生政治组织,霍尔的牙买加裔身份也一定程度上使此时的霍尔在政治上主要关注殖民问题。霍尔通过参加西印度群岛学生政治组织，和大家一起讨论关于西印度和牙买加的令人瞩目的政治事件，一起畅想学成归国之后的事业规划，由此逐渐对英国政治产生了广泛而且浓厚的兴趣。

霍尔获得另一份奖学金得以在牛津继续学业之后，就放弃了原来学成回归牙买加的打算，在来自加勒比海的大多数同学与朋友都返乡之后，他开始融入新的左翼团体。这时的霍尔一如既往地对马克思主义有着浓厚的兴趣，和朋友们一道成立了社会主义学会，那里聚集了来自边缘地带的各类知识分子。他不仅对马克思主义感兴趣，还开始有了自己的分析与判断，重新思考传统马克思主义的历史和阶级理论。但是，真正促使霍尔在政治和学术上变得更加激进的则是发生在1956年的两大国际性政治事件，这两大国际事件的爆发对包括霍尔在内的英国左派知识分子的政治态度起到决定性影响。可以说正是20世纪50年代的整个西方的政治大背景和英国的特殊环境成就了霍尔理论的政治性特征，而新左派刊物则是霍尔思想成长的摇篮。《大学与左派评论》真正开启了他对马克思主义的更深层次的思考。霍尔放弃了自己的文学博士论文，全力倾心于这一诞生于牛津大学的左派刊物，一边做编辑工作，一边在伦敦的布利斯顿和欧化地区做代课教师，乐此不疲。由于经费等问题，尽管在风格和思想上有着差异但也存在共识的两个左派刊物——《大学与左派评论》和《新理性者》在1960年合刊，这就有了创刊于伦敦并由霍尔为首任主编的著名刊物《新左派评论》。尽管一年之后霍尔辞去了主编职务，但他与这份刊物结下了不解之缘，这份刊物也成为霍尔发表研究成果的重要阵地。由于编辑工作的特殊性和需要，这一时期霍尔在《大学和左派评论》以及后来的《新左派评论》发表了大量的社论和评论性文章，其中最有影响力的原创性文章是《无阶级的观念》。这篇文章辩证地看待当时工人阶级的物质环境变化与文化传统之间的关系，认为当时的工人阶级文化已经发生变化，但并没有彻底颠覆原有的生活模式。美国学者丹尼斯·德沃金认为这篇文章已经体现出霍尔思想的公正客观与辩证特质，这种辩证的理论特质也是霍尔从马克思主义理论中所汲取的重要内容。

1961年到1964年的几年间，对霍尔来说是个过渡时期，他继续留在伦敦大学切尔西学院教授关于媒体、流行文化和电影方面的一门课程，开始为后来的学术研究开辟新的场域，并在此期间和帕迪·维诺合作研究、完成出版《大众艺术》一书。这本著作的出发点在于为大众文化研究领域开创一种新的批判的方法，其目的不在于抵抗大众文化的侵犯，而是要从大众文化内部来处理价值和评估的问题。此书缘起于霍尔对大众文化在校园内的大肆流行问题的关注。1960年英国国家教师联盟 NUT（National Union of Teachers）的年会决定要抵制因当时报刊、广播、电视等现代传媒在校园中泛滥而导致的审美标准下降等不良后果，号召全体教师和家长也包括媒体人努力抵制外部世界对青年学生的破坏性影响。在这样的背景下霍尔与维诺撰写此书是为了反对李维斯主义对高雅文化和大众文化的高低之分，论证绝大多数的高雅文化是优质的，而某些大众文化也是优质的，问题的关键是提升大众的分辨力。由此，霍尔指出只有通过提升大众对大众文化的分辨力的方式才能消除早期李维斯主义理论家对大众文化的攻击与诋毁所造成的消极影响。他们对当时校园对大众文化所采取的纯粹的不加分析的抵制与对抗的策略提出批评，认为与其抵制大众文化，不如训练学生的批判精神，"去培养更具鉴赏品味的受众"[①]。这一时期

---

① Stuart Hall, Paddy Whannel. The Popular Arts. Hutchinson and Boston: Beacon Press. 1964, 35.

事实上正是霍尔为开创文化研究奠定基础的时期。《大众艺术》中对青年文化的分析和探索尽管还有李维斯主义的痕迹，但无疑已经开启了一个重要场域——青年亚文化研究，这也是其在伯明翰早期研究的核心主题之一。

（二）伯明翰的风雨开创之旅

1964年进入伯明翰文化研究中心做主任助理对霍尔来说，既是职业生涯的一次大的转折，也是莫大的机遇。作为英国新左派的重要代表人物，霍尔常常被人们冠以文化研究之父的美誉，我们甚至无法说清是霍尔成就了伯明翰文化研究中心，还是伯明翰文化研究中心成就了霍尔。得益于自己的卓越才能和理查德·霍加特的赏识，霍尔从研究中心建立之初就负责中心的教育研究等日常事务。关于伯明翰文化研究中心的建立以及文化研究兴起的始末，霍尔在他后期的一篇著名文章《文化研究的兴起和人文科学的危机》中做过较为详尽的介绍。从中心的命名到教学方案的确定无不倾注了霍尔的心血。他满腔热情为中心的生存与发展奔走，从此以一种新的方式来介入英国社会及其政治实践。文化研究是霍尔为之付出一生的事业。从最初的艰难维持到后来研究中心的理论与学术地位如日中天，在伯明翰的15年既是霍尔职业生涯成就最为卓然的时期，也是文化研究从被敌视被怀疑走向被承认到最终开枝散叶取得巨大发展的15年，其间霍尔始终坚守着这一学科所肩负的马克思主义的政治使命。

霍尔与文化研究的关系区别于文化研究的其他巨擘们，霍尔对于文化研究的意义在于对这一领域整体建构的规划和对其总体历程的影响，甚至可以说他是这个学派的总设计师。他的价值不在于提供了一个单独的文本，而是在整个文化研究发展历程中都能看到他的痕迹。正像伊格尔顿对霍尔在当代英国思想界的影响所做的评价那样："任何一个为英国左派思想立传的人，如果试图依靠某个典范人物将不同的思潮和时期串在一起，会自然地发现他是在重塑斯图亚特·霍尔。"他不仅为文化研究中心的整体发展规定方向，为开拓文化研究的基本场域和研究范式殚精竭虑，并致力于确立文化研究的政治参与和实践介入的基本价值指向。

第一，无论伯明翰研究中心的建立还是文化研究的发展都离不开霍尔的倾心付出。中心的建立是在充满敌意的环境中完成的，在当时文化主义传统占主导地位的学院教育体系中，用霍尔的话来说，人们总是"渴望把这只刚出现的杜鹃鸟扼死在它的巢穴当中"①。文化研究的开创者们均来自英国学术生活的边缘地带，而且研究者们对于各种文化变革的问题以及文化变革必然产生的社会影响的理解、描述和概括都是在正规大学之外完成的。但是"当这种在开放的空间里进行的思想交流不能再继续下去的时候，伯明翰文化研究中心成了我们退守的一个场所：它是以其他方式进行的政治"②。伯明翰文化研究中心是文化研究的第一个体制内研究场域，一开始为了保有这个场所，霍尔要兼职为本科生讲授亨利·詹姆斯和美国小说，那曾经是霍尔未完成的博士论文的主题。更为严峻的挑战是来自社会学系和英文系等其他的人文学科的仇视和攻击。在这样艰难的环境中，霍尔在坚持与努力下，依托新左派的学术基础，承接由霍加特开创的跨学科研究方法，注目于阶级、文化、媒体研究，完成了文化主义和结构主义的范式整合，逐渐开辟了文化研究的新局面，将文化研究塑造成一种可传授、可训练的教育手段。正如一些学者所说的"在霍尔的领导

---

① 斯图亚特·霍尔：《文化研究的兴起和人文科学的危机》，陶东风编《文化研究》，社会科学文献出版社，2015，第225页。
② 同上，第224页。

下,伯明翰文化研究中心开始闻名世界"①。特纳认为:"伯明翰文化研究中心有充分的理由把自己看作这个领域历史上的主要机构。"②

第二,对文化研究的研究对象和基本场域的确定无疑是霍尔的另一贡献。尽管霍尔一直认为文化研究没有一个确定的开端,但在其著名文章《文化研究:两种范式》一文中他指出文化研究"作为一种独特的问题架构"发轫于20世纪50年代中期。由此可以判断,文化研究的确始于关于战后英国社会及文化变迁的本质的讨论。霍尔认为文化研究是一个最为宽泛、最缺少限定性的知识探求领域,确立它的疆界本身就是一个错误的命题。因此,在中心成立之初那些被认为在传统的学科模式中无法立足的边缘地带都成为文化研究的领地,涉及传媒、性别、种族、妇女研究等多样化的领域。在霍尔看来由多种话语建构的文化研究是一个系统,其中每一种话语都有自己独特的历史变迁,因而它是由多种形构组成的复杂系统,同时这一切永远处于一个流动不居的变化状态。曾经是霍尔的学生如今已是文化研究领域重量级人物的劳伦斯·格罗斯伯格所编选的《文化研究》论文集的"导言"中有这样的归纳:"文化研究的旨趣涉及:文化研究自身的历史、性别问题、民族性与民族认同问题、殖民主义与后殖民主义、种族问题、大众文化问题、身份政治学、美学政治学、文化机构、文化政策、学科政治学、话语与文本性、重读历史、后现代时期的全球文化等。"但随即解释这样的范围界定只能有助于我们做简单识别,而文化研究并没有刚性的范围或界限。

第三,对文化研究理论资源和研究范式的探索是霍尔这一时期的

---

① Gilroy Paul. Cultural Studies and the Crisis in Britain's Universities. Chronicle of Higher Education, Library Intranet of Birmingham University, 2006:11.

② Graeme Turner. British Cultural Studies: An Introduction. London and New York: Routledge, 2003:62.

至关重要的理论创造。如果从思想和学术渊源来考察，那么被霍尔视为文化研究的奠基性著作的《文化的用途》《文化与社会》《漫长的革命》《英国工人阶级的形成》在中心成立之初就成为教学中天然的教材，这些著作与社会生活的密切联系也为文化研究的日常生活化打下了坚实基础。20世纪六七十年代《大学与左派评论》对于欧陆理论的大量翻译介绍，尤其是安德森主导的《新左派评论》对理论的大规模引进为文化研究的生存发展提供了至关重要的养分。协同合作研究也是研究中心成立之初就确立的重要的研究方式，集体写作、集体修改论文、集体讨论成果的研究模式也导致霍尔的诸多作品是以合作的形式出现。有学者这样认为："威廉斯、霍加特时期的文化研究并不是毫无建树的，但直到霍尔，它才获得了稳定的视域和自给自足的研究范式。"① 这样的评价足以说明霍尔之于文化研究的意义。

第四，霍尔致力于确立文化研究的政治参与和实践介入的基本价值指向，开辟了学术研究政治化的先河。霍尔认为，文化研究的使命在于为社会生活所发生的一切做出解释，或者为人们更好地理解日常生活提供理论方法，把文化当作武器，为底层大众或边缘人群提供生存策略并不断激发其内在的反抗潜质。因此，文化研究拒绝纯粹理论的建构，它研究的问题总是由理论之外的生活事件和资源来建构，是由正在不断变化的社会生活的关系结构、文化事件以及主体生存状况来构成。霍尔从政治和社会入手，以文化意识形态的批判维度来呈现日常生活中的各种权力关系、阶级归属，通过大量的微观社会运动来尝试改变资本主义经济、政治、文化等领域诸多不合理的现状。本·卡林顿在他的文章《解构中心：英国文化研究及其遗产》一文的开

---

① 陈力丹、林羽丰：《继承与创新——研读斯图亚特·霍尔的代表作〈编码解码〉》，《新闻与传播研究》，2014年第5期。

篇有很恰当的评价："文化研究与它的同源同类学科相比……与其说这项事业靠的是那些有限定的、专门化的知识生产所形成的学术观念，不如说它更多是依靠从事政治批判的各种形式。"① 的确如此，在霍尔看来，文化研究是思想批判和政治介入的统一，是可以让人们奋力重构更大的历史生活空间的地方。

这一时期的霍尔无疑为开辟一个新的领域释放了自己最大的理论创造潜力，这一时期霍尔最有代表性的原创作品应当是《电视话语中的编码和解码》。1973年9月发表之初其只是霍尔在一次关于大众传播研究的学术座谈会上的发言稿，1980年这篇文章以更为简洁的表述——《编码解码》被收录到《文化、媒体、语言》一书中，在英国出版发行。之后，这篇文章被翻译成多种语言，并被收录到各种各样的文化研究读本中，帮霍尔收获了极大的学术声誉，被人们称作媒体理论领域的纲领性文件。霍尔这篇文章的面世不仅标志着当时文化研究对大众文化以及媒体的研究达到一个新的高度，也代表文化研究对媒体意识形态关注程度很深。如果说《编码解码》是霍尔为这一时期的媒体研究树立的理论，那么由中心的媒体研究小组写成由霍尔最后总结改写的《时事电视的"团结"》一文，则是对这一理论的应用。这篇文章是对1974年10月英国大选前英国广播公司（BBC）时事电视节目《全景》的深入考察，所依据的理论范式是阿尔都塞的意识形态理论和葛兰西的领导权理论。文中霍尔指出"节目制作被描述为公众的声音，但事实上却是占主导地位的政治意识形态"②，指出在各种复杂的社会现象中，媒体、政治和国家是相对自

---

① 本·卡林顿：《解构中心：英国文化研究及其遗产》，陶东风主编《文化研究精粹读本》，中国人民大学出版社，2006。

② Stuart Hall, Connell I, Curtis L. The unity of current affairs television. Working Papers in Cultural Studies CCCS, University of Birmingham, 1976.

主的。这种以当时社会的政治事件的背景和对一个具化的媒体文本的结构主义阅读相结合的方法对作为意指实践的媒体和权力之间关系作微观分析，是之后霍尔在著作中一直使用的一种研究方法。

这一时期受到广泛关注的作品还有霍尔主持下伯明翰文化研究中心的两部集体著作，其中之一就是着力于描述各类青年亚文化群体以及他们与阶级文化的关系的《通过仪式的抵抗：战后英国的青年亚文化》，霍尔强调要从结构主义和历史主义两方面来分析描述他们与文化领导权的实现方式之间的关系。在这篇著作最初刊发的"序言"中，霍尔指出这只是一些半成品并期待更多的研究、讨论和阐发。这一时期霍尔和整个文化研究中心都试图从对具体微观的社会现象的分析中得出一种新的文化分析的阐释方式，认为社会行为是过程而不是简单的事件，并在菲尔·科恩的理论指引下进一步关注事件背后内含的社会结构和文化根源，在此基础上批判、修正和扩充科恩的理论进而形成他们自己的理论和方法论。另一个有巨大影响力的合作项目就是《控制危机：行凶抢劫、国家和法律与秩序》，这部著作被看作霍尔在伯明翰时期理论的最高成就，从政治方面看，从最初对一个孤立事件的关注导向一种更为深入的文化政治论争。此时霍尔已经不再停留于社会学的"交互影响论"的视角，而是注目于各种形式的结构主义和历史的分析，试图从中获得对社会各阶级的分层研究，此时霍尔的目标是既要解释社会行为又要解释社会反应，要在更为宽广的历史语境中分析这些行为同阶级、权力关系、意识和意识形态以及文化领导权等诸多因素的关系，并试图揭示这一看似孤立的事件被人们所忽略的意识形态意义。

伯明翰时期霍尔写过多篇文章来厘清文化研究与马克思主义的关系，分别有写于1972年的《安置马克思：评价和远离》，1974年的《马克思论方法：读1857年〈导言〉》《马克思主义和文化：给卡旺德的一个回应》等文章。在这些文章中霍尔声称,马克思主义在战后英国的激进思潮中是极具启发意义的,认为马克思的《政治经济学导言》是在方法论意义上最具实质价值的文本,就像个动力无限的发动机,为后来的理论研究提供了原创的、意义深远的方法论起点,奠定了光辉的理论典范。霍尔后来谈到对他的政治观点有重要影响的作者时,强调马克思就是其中的一位,他尤其强调马克思的《路易·波拿巴的雾月十八日》是几乎没有教条分析的精彩作品。

总之,伯明翰时期既是霍尔文化理论得到巨大发展的时期,也是他所开创的文化研究在世界范围内产生巨大影响的时期。这一时期霍尔关注阶级形成的文化和意识形态因素,通过历史和政治的接合讨论种族是阶级生存的一种方式,着重关注媒体研究。霍尔认为意识形态机器看似拥有完全独立的运作模式,但这只是现象。他尝试借助阿尔都塞的意识形态理论来揭示日常媒体实践背后的媒体、国家和政治之间的关系。霍尔后来总结说,20世纪70年代文化研究中心集中于努力应用葛兰西的理论来分析各种社会文化现象。"我们旨在探讨那些与葛兰西所说的'民族—人民'的事物相关的问题:它是如何构成的;它经历着什么样的改变;它为什么在各种领导权实践的竞赛和博弈中有至关重要的作用。"[①] 霍尔的学生安吉拉·麦克罗比认为这一时期"是霍尔作为一名清醒的马克思主义者分析最精彩的时期"[②]。

(三) 开放大学的沉淀与释放

从1979年离开伯明翰来到开放大学担任社会学教授到1997年光荣退休,前后近19年的时间是霍尔学术生涯的又一个重要时期。尽管在

---

① 斯图亚特·霍尔:《文化研究的兴起和人文科学的危机》,陶东风编《文化研究》,社会科学文献出版社,2015,第230页。
② 安吉拉·麦克罗比:《文化研究的用途》,李庆本译,北京大学出版社,2007,第15页。

霍尔的带领下伯明翰文化研究中心已成为当时盛极一时的文化研究理论重镇，但霍尔倾向于一个更加开放更加宽松的理论氛围。在一次访谈中霍尔曾对自己的离开做过详细的解释，在他看来，当时的伯明翰已经进入相对平稳的时期，此外，女性主义的出现使得霍尔陷入了理论与实践的深刻矛盾之中，所以他认为到了可以自由离去的时候了。

选择开放大学基于多重考虑，开放大学整体的学术氛围符合霍尔的预期——更加开放、跨学科、非传统。开放大学是成立于1969年的英国最为知名的提供远程教学学位的大学，在建立之初主要是为了扩大工人阶级的受教育范围，而且有和BBC合作的传统，可以为学生提供最好的视频学习资料，其中包括本科和研究生教育，有相当一部分学生是有工作的，他们都是利用晚上和周末来学习的全职工作者。这一特色更加契合霍尔文化研究的文化政治教育的实践指向和开放的学术兴趣。他试图将文化研究从大学的温室带入更为广泛的社会层面，让文化研究进入那些没有学术背景的人群中，让文化研究作为一种更广泛的教育手段存活下来。事实上文化研究领域的诸多奠基人都有相似的从事和关注成人教育的经历，这也许是霍尔最终走向开放大学的最为重要的原因。在开放大学，霍尔出色地再一次实现了作为教师的华丽呈现，为开放大学社会学系的教材编著做出巨大贡献。这一时期霍尔的理论创作呈现出全面绽放的态势，而且每个方面都有代表性的经典作品，但总体显示出"一种具有连续性的规划"。①

首先，对撒切尔主义的批判分析是这个时期霍尔理论与社会政治实践联系最为密切最为精彩的批判分析，也是霍尔对葛兰西的文化领

---

① 劳伦斯·格罗斯伯格：《历史、政治和后现代主义：斯图亚特·霍尔与文化研究》，载陶东风主编《文化研究》第20期。本文原刊于《传播研究杂志》1986年10月刊，后于1996年收入台湾学者陈光兴与大卫·莫利合编的《斯图亚特·霍尔：文化研究对话录》一书中。

导权理论的成功应用。开始对英国国家意识形态进行深度扫描,对撒切尔主义的一系列分析和20世纪80年代末关于"新时代"的讨论为霍尔赢得了巨大的学术和政治声誉。1988年整理出版的《艰难的复兴之路:撒切尔主义和左派危机》是霍尔关于撒切尔主义系列论文的一个合集,其中收录的主要是霍尔在1978—1988年发表在《今日马克思》和《新社会主义者》两个杂志上的评论文章,这是霍尔难得一见的独立著作。在这些文章中霍尔尝试去定义和描述撒切尔时期政治统治表现出的特征和意义,以及参与其中的左派所遭遇的危机。全书分为四大部分,分别就右派的新挑战、理论的问题、左派的危机和复兴,以及从撒切尔主义中所获取的启示和意义展开,每一部分又包含若干论文,全书共有19篇。和之前的研究一致的是在有关撒切尔时代的论述中,霍尔依然关注的是文化与意识形态。为了说明撒切尔时代发生的激进变化,霍尔在分析过程中引入接合概念,揭示了完全不同的因素是如何结合在一起并生长出一种全新的政治幻想。关于"新时代"的表述开始于1989年《新时代的意义》一文,在文章的开篇,霍尔就以问题的方式发问:新时代新在哪里?是新的时代的曙光还是只是旧时代的耳语?霍尔认为"新时代"运动的真正意义不在于它可以为当前社会存在的问题提出明确有力的解决之道,而在于它可以激发左派展开新的大规模的社会讨论,为整个社会所发生的深刻变化提供一种崭新的理论解释,也对当前的社会状况做出分析与评价。"新时代"正是新的生产结构、新的文化消费、新的生活方式、新的主体、日常生活的新景观等方面共同构成的一个新的社会存在状况。对于左派来说,要从文化的维度出发,有效地介入整个"新时代"的讨论当中,保证其理论的开放性。客观讲,开放大学时期的霍尔在政治参与中最为耀眼的成就是关于撒切尔主义的批判和为左派复兴所做的努力。

其次，随着年龄的增长、思想的沉淀，霍尔这一时期有许多对文化研究发展历史、研究范式，以及对新左派的历史的总结回顾性做品，其中不乏被后来的研究者广为引用的经典之作。其中《文化研究：两种范式》对文化研究的研究范式做了历史回顾与批判分析，霍尔指出严肃的、富有批判精神的理论工作的研究范式一定是在连续性和间断性的统一中获得发展的，其中间断性在学术范式的发展中更有意义，因为正是学术传统的断裂呈现出真实的具体历史，正是理论范式与被反映在理论范式中的人类学术史之间的辩证关系使得学术研究中的理论范式的转变和超越更为可贵。霍尔认为文化研究领域的学术传统应当首先开始于由威廉斯开创的文化主义，在不断反思与修正旧的理论范式过程中走向结构主义，但当我们再次反观两种范式并比较两者时，会发现单一的理论范式已无法满足文化研究的实际需要，面对范式危机，霍尔给出的方向是葛兰西的文化霸权理论。

尽管霍尔已经离开伯明翰中心，但这一时期他对中心的发展和文化研究的走向仍有大量的论述，如1980年的《文化研究和中心：一些问题框架和问题》、1992年的《种族、文化和传播：文化研究的回顾与展望》等一系列文章就文化研究的学术定位、研究对象等问题做了新的概括，指出文化研究涉及"社会和群体生活正在改变的方式，以及个人和群体用来相互理解和交流的意义网络"，是"权力与知识交叉的地方，或文化进程预见社会变迁的地方"。霍尔认为自己所承担的是一种可以称为"智性生活的职责"，通过学者的思考和批判来更深入更为有力地介入和关注这个迅速变化、混乱骚动的世界。①《解构"大众"笔记》也是这一时期霍尔的一篇重要的总结性

---

① 斯图亚特·霍尔：《种族、文化和传播：文化研究的回顾与展望》，陶东风主编《文化研究精粹读本》，中国人民大学出版社，2005，第310页。

文章。杰森·哈尔辛和马克·海沃德把这篇文章称作"天才之作"。这篇文章认为与工业资本主义发展相伴的是这一历史过程和普通大众在文化形式、传统和生活方式方面的斗争,存在着新秩序改造大众传统和大众抵制的文化斗争的辩证法,在斗争中大众文化被建构。这一时期的霍尔已经深刻地理解了无论阶级文化还是大众文化都是在历史发展与意识形态斗争中被建构的。

再次,文化研究与马克思主义之间的关系以及马克思主义对其理论观点的影响是霍尔一直以来持续思考的问题。他在1983年的《意识形态问题:不做保证的马克思主义》、1988年的《第一代新左翼的生平与时代》、1992年的《文化研究及其理论遗产》中对这个问题进行了深入翔实的梳理与分析。霍尔认为他是从新左派进入文化研究的,而新左派创立的时刻正是某种"马克思主义"(斯大林式的"马克思主义")解体的时刻,因此新左派总是把马克思主义看作麻烦,而不是解决问题的方式。但是,霍尔认为文化研究虽然不是在马克思主义的理论框架中展开,但是始终和马克思主义存在一种不明确的生发性的关系。

最后,关于主体身份的论述。这一时期霍尔有大量关于主体问题的研究论文。1992年的《文化身份问题》《西方世界与其他世界:话语和权力》两篇文章收录在霍尔为开放大学主持编著的关于现代性的教材当中。1990年前后发表的《黑人流行文化中的"黑"指什么》《新旧身份,新旧族性》《文化身份与族裔散居》《葛兰西与种族和族性研究的相关性》《新族性》等文章都是霍尔关于文化身份问题的经典之作。研究主体问题时觉察和辨识那些有着强大作用的微妙而确实存在的社会差异形式,在这一方面霍尔拥有不同寻常的洞察力。正是在这一时期,霍尔借用"阿尔都塞、福柯、德里达以及法侬、赛义德等人的理论,重新阐释种族等概念,建构了自己的'身份'政治学……捍卫、争取作为西方社会中少数族裔的有色人种的文化权力"①，开辟了主体意识形态批判的新场域。

（四）退休后的继续战斗

1997年从开放大学光荣退休后，霍尔并没有停止他的理论研究工作，他加入1968年成立的"兰尼麦迪委托委员会"②继续从事"多种族英国未来"的研究，仍然保持对社会文化、种族、多元文化问题的关注，直到病痛严重地影响他的健康。前后十余年的时间中，关于身份政治以及对未来社会建构多元文化共存的理想的文化宽容模式与框架的描述和论证是霍尔的论述重点。2000年《多元种族的不列颠的未来：帕雷报告》的发表使得霍尔的文化理论再次吸引了众多研究者的目光。这项关于种族公正的项目开始于1998年，报告的结论是英国从来就是一个多种族的国家。《多元文化问题的三个层面与内在张力》一文是霍尔对其理论的价值旨归所做的经典陈述。他在文中提出应当建立一个可以协调不同观念、信仰和利益的统一框架，将"具有差异性的自由和平等、善和权利，放在同一个平台聚拢起来"③。

我们可以看到，霍尔一生著述极为丰富，从民族、种族到国家，

---

① 张亮：《如何正确理解斯图亚特·霍尔的身份？》，《学习与探索》2015年第7期。
② 在李庆本翻译的霍尔文章《多元文化问题的三个层面与内在张力》中的作者介绍一栏中提到了这个组织。北京第二外国语学院武桂杰博士曾在《霍尔与文化研究》一书中描述这个组织的使命和影响力，指出其使命是：促进多种族的未来英国公民和社团组织，崇尚并享有均等的发挥才智的机会，安居乐业并负有集体使命，人人富有友爱、认同和博爱精神。由于这个机构是架起政府决策者与各种族、各团体普通民众的桥梁；在构建种族多样、文化多元的英国文化社会中起着积极的推动作用，因此在英国一直影响很大。该委员会成员大多是社会学家、历史学家和政治学家等.
③ 斯图亚特·霍尔：《多元文化问题的三个层面与内在张力》，《江西社会科学》2007年第3期。

从电视文本到受众,从文化意义的表征到阶级意识形态与文化霸权,从身份问题到多元文化政治,从现代性到后现代性等,他所涉的领域极为庞杂。与霍尔的研究领域的广泛不对称的却是霍尔到目前为止还没有自己的专著,他的论著都是与人合著或合编的。由于对集体化的研究方式的热爱,霍尔被霍加特称为"为集体合作而工作的伟人"①。除了合作的作品之外,霍尔的作品还包括在报纸杂志上发表的大量文章、导言、政治评论、学术报告以及数不清的电视讲座、广播讲座以及访谈录。

霍尔的学术经历被学者这样描述:"他以大无畏的勇气闯入一块又一块的处女地、无人区,发动游击战,取得胜利,树立典范,继而撤退,至死方休。"② 牙买加裔的血缘和系统的英国殖民教育的双重背景让霍尔拥有观察和思考当代英国社会的独特视角,他以积极的姿态参与和见证了英国新左派的创建,为新左派学术风格的形成建言献策、身体力行;在牛津的求学过程以及成人教育的经历造就了霍尔与文化研究的不解之缘。他为伯明翰文化研究中心的建立和发展呕心沥血,被认为是文化研究的主要奠基人;为文化研究打开了学术工作政治化的大门,使得文化与社会、文化与权力等文化政治学主题成为文化研究的座上宾。从大众文化抵抗到批判撒切尔主义,从青年亚文化到媒体意识形态,无一例外都是从文化的政治维度切入并展开。他的松散的、即兴的、通俗易懂的风格③既让我们能迅速地理解和感受他的独特的研究视角和理论观点,但也为我们总体把握他的学术主张和

---

① 理查德·霍加特:《文化研究四十年:理查德·霍加特访谈录》,《现代传播》2002年第5期。
② 张亮、李媛媛编:《理解斯图亚特·霍尔》,北京师范大学出版社,2016,第1页。
③ 安吉拉·麦克罗比:《文化研究的用途》,李庆本译,北京大学出版社,2007,第4页。

思想全貌安置了隔离带。因此打开篱笆、揭开面纱探寻其理论中的必然性和建构体系是本书尝试完成的目标。

由于霍尔思想总是受社会实践和各种新理论的影响而不断地发展变化，他对于同一问题在不同的时期有着不同的理解与表述，其实正像断裂与差异、流动与变化是霍尔文化批判理论的一个核心特征一样，霍尔自身的思想也是在不断吸收与拒斥、不断扬弃的过程中逐渐体系化。也许霍尔并不认为自己的思想是有体系的，因为在霍尔眼中流动性才是永恒的。但是霍尔的目光总是有其停驻的地方。从《新左派评论》的主编到伯明翰文化研究中心的主任再到英国开放大学的教授，霍尔始终走在文化与社会、权力交叉的地方，实践着葛兰西眼中有机知识分子的社会职责与担当，也以自己独特的方式在特定的历史条件下开创了一条学术工作政治化的有效斗争路径。

二、国内外研究现状

作为一个多产的、极具创造力和领导才能的研究者，霍尔一生兴趣广泛，关注的问题多元，对理论的兼收并蓄充满了跳跃性和策略性，对马克思主义意识形态理论、阶级、种族、身份认同、多元文化等问题有深入研究，对"文化研究"这一领域具有奠基性的意义，也使得文化研究的基本走向和学科特征布满霍尔痕迹。霍尔不仅长时间从事编辑工作而且长期是伯明翰文化研究中心的主要负责人，出于对集体的责任感以及对社会、政治的高度介入，他的作品数量巨大，但又多以合著、合编为主，其独著甚少，散见于众多的访谈、序言甚至书评中。

（一）国外研究现状

国外以霍尔为研究对象的专著在霍尔生前就已经出版多部，随着霍尔的离世，各类纪念性文章和著作又相继面世，主要以收录研究和专题研究为主。

1. 作品收录式研究

大卫·莫利等于1996年编著《斯图亚特·霍尔：文化研究对话录》。这是一本混录式著作，因为本书不仅收录了霍尔的6篇重要文章，而且收录了部分对霍尔的访谈以及其他作者以霍尔为研究对象的相关研究，是关于霍尔与文化研究的集录。全书25篇文章，分为五个主题，分别是：第一，马克思主义与文化研究的关系；第二，后现代主义和文化研究：第一次遭遇；第三，新时代，转换和僭越；第四，后现代主义批判，文化全球化和后殖民理论；第五，离散问题："种族"，族性与身份。这一著作收录了霍尔各个时期的经典作品以及同时代人对相关问题的看法或对霍尔观点的评析，因而有着重要的学术价值和意义，其更为重要的贡献在于此书的出版为从事霍尔思想研究的人提供了综合的研究资料，成为研究者较为全面地理解霍尔文化批判理论的最好读本。

保罗·格罗伊、劳伦斯·格罗斯伯格和安吉拉·麦克罗比主编《不做保证：向霍尔致敬》。此书也是一个论文集，收录了他们曾经在伯明翰文化研究中心工作过的同学或同事的作品，全书有34篇文章，其中有部分内容是关于霍尔的研究，主要是应用霍尔的理论所做的实践研究。书中所有作品的共同点在于都是与文化研究相关的理论。从书的内容和标题都可以看出霍尔在文化研究这一跨学科领域具有象征性意义已经成为共识。这部作品的特点在于编者均为霍尔的学生，目前都已经成为文化研究领域炙手可热的先锋人物。保罗·格罗伊有着和霍尔相似的家庭背景，出身于由圭亚那人和英国人组成的黑人家庭，特殊的出身为他的研究领域奠定了基调，1982年他和霍尔等人合编了文化研究中心关于种族问题的作品《帝国反击——70年代英国的种族和种族主义》，标志着种族问题已经成为他的主要的研究方向。1987年他的专著《英国的国旗下没有黑人——种族和民族的文化政治》为他赢得了巨大声誉。随后在《黑色大西洋：现代性和多重意识》中，他进一步将种族问题的视野从英国扩大到世界，也使得他更加举足轻重。20世纪八九十年代也正是霍尔对身份政治极为关注的时期，作为从伯明翰走出来的学者，格罗伊无论从方法论、学术传统还是研究领域都与霍尔有着无法割断的联系。劳伦斯·格罗斯伯格现为美国北卡罗来纳大学的教授。从20世纪九十年代初开始负责在文化研究领域有广泛影响力的杂志《文化研究》，主要从事文化研究、传媒研究、大众文化方面的研究。他的著作《文化研究导论》业已成为这一领域的入门必读书。《斯图亚特·霍尔：文化研究对话录》一书也收录了他的两篇文章。安吉拉·麦克罗比是深受霍尔信任的学生之一，也是在自己的研究领域获得巨大成就的研究者。霍尔在伯明翰的早期研究成果《通过仪式的抵抗》中就收录了她的《女孩和亚文化》一文，在此基础上麦克罗比完成了多项关于女性亚文化的研究并出版专著，在一定程度上扭转了伯明翰前期研究的男性中心主义的势头，填补了女性问题研究的空白，现今已是英语世界中屈指可数的文化研究领军人物之一。能够将霍尔思想最为鲜明的特征"不做保证"作为著作的题目，说明这部著作的编者可谓深谙霍尔思想的精髓。

克莱尔·亚历山大是曼彻斯特社会学系教授，2011年编写了《斯图亚特·霍尔与种族》一书，全书收录了9篇关于霍尔和种族主题的文章，其中有莱斯·班可对霍尔所做的以"在家和不在家"为题的访谈录。编者对霍尔非常尊敬，认为霍尔对种族和族性研究领域的形塑作用无法估量，指出是霍尔使得种族和族性成为一个合法的研究领域，并重新书写这一领域中基本和核心的问题。

布莱恩·米克斯是来自西印度群岛的学者，2007年编写了《文化、政治、种族和族裔散居》一书,以霍尔为研究对象,从阐释与批判、文化与哲学、社会政治学以及霍尔的英国和加勒比的双重流散身份入手考察其整体的文化理论。其中收录了劳伦斯·格罗斯伯格的《斯图亚特·霍尔的种族和种族主义观:文化研究与语境的实践》和格兰特·法雷德的《斯图亚特·霍尔学术历程中的加勒比流散群体与加勒比身份》等重要文章,是关于霍尔的文化身份和种族政治研究的必读参考书。

2. 以霍尔思想为对象的专题式研究

克里斯·罗杰克是英国诺丁汉特伦特大学教授,其2003年出版的《斯图亚特·霍尔》是第一部真正意义上将霍尔作为研究对象的著作。全书分为四大部分,第一部分按时间顺序对霍尔的学术生涯进行了概括,尤其突出了他在伯明翰时期的教学经历。第二部分则主要从理论出发,从霍尔的意识形态和表征理论出发对霍尔文化理论的理论渊源做了分析梳理。第三部分主要研究了霍尔文化理论的政治实践参与。第四部分主要集中于霍尔关于族性、文化身份等后殖民内容的论述。书中还包含了有益的关于霍尔的书目提要。本书作者是来自伯明翰以外的学者,详细地考察了霍尔的作品,在给予霍尔在文化研究领域的巨大贡献肯定之余,也指出了霍尔文化理论存在的不少问题和缺漏。霍尔2005年11月在伦敦接受中国社科院文学所研究员金惠敏的访谈中明确表示对这一著作内容的强烈不满。以人物思想为研究对象的作品如果无法被研究对象认可,那至少可以认为作者并没能够真正把握该人物的思想。

海伦·戴维斯是英国桑德兰大学从事媒体和文化研究的高级讲师,于2004年出版作品《理解霍尔》。全书分为八个部分,这部书的特点是以时间顺序来展开,事实上是对霍尔理论所做的分期研究。全书的阐释重点是媒体研究阶段、意识形态霸权的研究、撒切尔主义以及新族性和文化身份研究。作者在写作过程中对霍尔进行了一次访谈。从整体上看，作者对霍尔给出极高的评价，特别赞扬了霍尔的团队精神和集体合作的能力。

詹姆斯·普洛克特是斯特灵大学的英语讲师，其2004年撰写的《斯图亚特·霍尔》一书对霍尔比较权威的作品做了较为全面的阐释，将霍尔的主要观点归结为解构大众、进入文化研究、编码解码、种族主义和抵抗、撒切尔主义和新时代、真实的自我六个方面，并在正文之后附有对霍尔的8部著作、28篇文章、6次访谈记录，以及以霍尔为研究对象的相关研究作品和以伯明翰学派和英国文化研究为研究对象的相关研究22篇，更为可贵的是每个文章之后都有简短的介绍，对后来的研究者是非常有益的。

除此之外，有很多关于霍尔的单篇研究文章已经被翻译成中文，在后面的国内研究现状部分将提到。

（二）国内研究现状

国内学者对霍尔的研究始于20世纪90年代初期。随着英国新左派研究持续升温以及文化研究逐渐成为世界性的学科，作为新左派的重要代表人物和有"文化研究之父"之称的霍尔及其理论被关注就成为一种必然，尤其在霍尔离世之后，在国内学界近两年来出现了研究霍尔的高潮。

1. 霍尔作品以及相关研究的译介

由于霍尔作品数量巨大且分散，虽然国内学者在近几年做了很多努力，同时霍尔去世所激发的对霍尔研究的升温，使得霍尔作品的译介工作有了较大进展，但已经翻译的作品还是很有限。

首先，著作翻译共四部。其中两部2003年由商务印书馆出版，均收录在周宪、许钧主编的《文化和传播译丛》中。一部为霍尔主编的《表征——文化表征与意指实践》，由徐亮、陆兴华译，其中收录了霍尔撰写的包括导言在内的3篇文章，在导言中霍尔首先对表征与文化的关系以及语言在意义和文化的构建中所起的重要作用做了总体阐释，认为表征是文化循环的第一个要素。除导言外此书的第一和第四章是霍尔的文章，第一章阐述了霍尔的文化表征理论。第四章则在表征理论的基础上谈论种族差异政治学。另一部是霍尔与保罗·杜盖伊等人合著的《做文化研究——索尼随身听的故事》，由霍炜译，本书主要强调文化在整个社会发展过程中的重要地位，文化不再仅仅被视为经济的或政治的反映，与之相反，文化已经流行于任何可能的地方，无论在经济或政治领域文化都日益显示出其中心的地位。书中主要通过"随身听"来论证文化循环的几个要素及其相互关系。

第三部是霍尔与保罗·杜盖伊1996年编著的《文化身份问题研究》，2010年由河南大学出版社出版，庞璃译，书中只收录了霍尔所撰写的导言《谁需要身份》，尽管文章篇幅不长，但深刻阐释了对身份和身份认同的辨识与其意义所在，指出身份不是从外部建构而是通过差异与区别通过"他者"来确认的，每一个身份都有自己的边缘、剩余量和其他的东西，同时论证了身份辨识的必要性和"不可能性"等问题。

第四部是霍尔与托尼·杰斐逊主编的《通过仪式的抵抗：战后英国的青年亚文化》，2015年由中国青年出版社出版，由孟登迎、胡疆锋、王蕙译，这部作品在1975年最初发表在伯明翰文化研究中心的年刊《文化研究工作论文集》上，在序言中霍尔指出这本书的主题是战后青年亚文化问题。这本书是中心所属的亚文化研究小组在1973年之前3年中集体合作完成的作品。2015年中译本还收录了初版30年后霍尔写于2005年的再版序言，长达40页，不仅回顾了写作的初衷，也认真分析了作品出版之后所遭遇的各种争论，并进一步阐释作品对当时的意义。

霍尔多是与人合作或合编著述，这为以他为研究对象的研究者全面把握他的思想增添了许多困难，但我们也会发现他的编著往往是就一个主题或多个主题博选各家之言，形成了一个互动式的对话空间，由此读者通过阅读他的编著反而可以对他所关注的某一个主题获得相对立体的认识，为进一步研究提供了一个更为宽广开放的理论空间。在做理论比较的时候，了解比较对象的思想是一项巨大的工程，而合编的著作选择的内容一定是相关作者对这一主题最为经典的表述，能够对某一问题的不同视角、不同观点做集合呈现，对需要获知某一问题的全景以及需要作比较研究的读者来说，这样的著作提供了极大的方便，这可以看作霍尔著作的一大特色和贡献。

其次，被翻译成中文的霍尔文章大致已有17篇之多。

《文化研究：两种范式》由孟登迎节译，《编码解码》由王广州节译，《文化身份与族裔散居》由陈永国翻译，收录在罗钢、刘象愚2000年主编的《文化研究读本》中。其中《文化研究：两种范式》在2000年出现第二个译本，由陶东风译，收录在由陶东风、金元浦编的《文化研究》第一辑。但两个版本均是节译，因为当时的英文著作都是源自英国作者的删节稿。由于本文在霍尔研究以至于整个文化研究领域具有重要的参考价值，因此孟登迎在2012年根据该文章初刊时的原貌再次进行全文翻译，译文刊登在2013年《文化研究》第十四辑。

《解构"大众"笔记》由戴从容译，被收录在陆扬、王毅2001年编选的《大众文化研究》一书中。

《"意识形态"的再发现：媒介研究中被压抑着的回归》由汪凯、刘晓红节译，收录在新华出版社2004年出版的奥列佛·博伊德·巴雷特和克里斯·纽博德编写的《媒介研究的进路——经典文献读本》中，这篇文章随后在2005年广西师范大学出版社出版的《媒介批评》第一辑中由杨蔚再次全文翻译。

《大众文化和国家》由张晓玉译，《种族、文化和传播：文化研究的回顾和展望》由张淳译，收录在中国人民大学出版社2005年出版的由陶东风主编的《文化研究精粹读本》一书中。

《后现代主义、接合理论与文化研究》一文被北京师范大学文艺学研究中心的网站"经典文本"收录，是陈光兴所译的霍尔访谈录。

《现代性的多重建构》由吴志杰译，收录在中国人民大学出版社2006年出版的由周宪编录的《文化现代性精粹读本》一书。这篇文章本是霍尔为他所编的现代性系列丛书之一《现代性的多重建构》所写的导言。文章认为现代性是一个复杂的多重建构过程，其中涉及政治、经济、社会和文化，正是这四个方面相互作用共同构成了现代性。它们各具特殊性，没有一个具有优先的解释权。

《多元文化问题的三个层面与内在张力》由李庆本译，刊发于《江西社会科学》2007年第3期。

《布莱尔之后生活会不同吗?》由周博译，刊发于《国外理论动态》2007年第10期。

《理查德·霍加特、〈识字的用途〉及文化转向》由殷曼楟译，收录在江西人民出版社2010出版的由张亮所编的《英国新左派思想家》一书中。

《嬉皮士：一次美国的运动》由付晓丽译，收录在北京大学出版社2011年出版的由陶东风和胡疆峰主编的《亚文化读本》一书中。这是霍尔的早期论文，完成于1968年，这篇文章试图从现象学来解读嬉皮士社会的风格和嬉皮士生活的符号模式。

《第一代新左翼的生平与时代》由王晓曼译，刊发于《国外理论动态》2011年第11期。

《无阶级的观念》由张晓、杨兴林译，收录在江西人民出版社

2013 年出版的由张亮、熊婴所编的英国新左派早期思想读本《伦理、文化与社会主义》一书中。

《文化研究的兴起与人文学科的危机》由孟登迎译，收录在《文化研究》第 20 辑 2014 年秋季刊。

《文化研究及其理论遗产》由孟登迎译，刊登在《上海文化》2015 年第 2 期，后被人大复印资料《文化研究》2015 年第 7 期转载。

由张亮、李媛媛编的《理解斯图亚特·霍尔》一书是目前国内唯一的以霍尔为研究对象的译文集。其中收录了国内已经发表的和未发表的外国学者关于霍尔的研究文章译文共 12 篇。

按译文的时间为序，相关的重要论文有：

詹姆斯·普罗克特的文章《斯图亚特·霍尔的学术之路》，李永新译，收录在 2010 年张亮编写的《英国新左派思想家》一书中。

丹尼斯·德沃金的文章《斯图亚特·霍尔与英国马克思主义》，杨兴林译，此文本是作者参加 2010 年南京大学的"马克思主义本土化：中国和英国经验的比较研究"的国际学术研讨会的参会论文，刊登在《学海》2011 年第 1 期。

格兰特·法雷德的文章《斯图亚特·霍尔学术历程中的加勒比流散群体与加勒比身份》，李媛媛、张亮译，刊登在《南京政治学院学报》2014 年第 4 期，作者是康奈尔大学非洲研究和英国文学教授。

戴维·斯科特的文章《斯图亚特·霍尔的伦理学》，由李媛媛译，作者是哥伦比亚大学教授；布伦南·伍德《斯图亚特·霍尔的文化研究和霸权问题》由乔茂林译，作者是新西兰梅西大学社会学系副教授。两文共同收录在《黑龙江社会科学》2014 年第 6 期所做的以"多重身份与跨文化旅行：纪念斯图亚特·霍尔"为主题的一组专题中。

劳伦斯·格罗斯伯格的文章《历史、政治和后现代主义：斯图亚特·霍尔与文化研究》，张文瑜译，作者最初是伯明翰文化研究中心成员，现为美国教堂山北卡罗来纳大学教授，本文原刊于《传播研究杂志》1986年10月刊，后于1996年收入台湾学者陈光兴与大卫·莫利合编的《斯图亚特·霍尔：文化研究对话录》一书中；比尔·施瓦兹的《接受差异：斯图亚特·霍尔访谈录》，其是作者根据2007年2月在伊丽莎白女王大厅对霍尔所做的采访以及听众的提问整理而成，由丁珂文译，作者是英国伦敦大学教授；亨利·吉鲁的《作为文化政治学的公共教育学：斯图尔特·霍尔与文化的"危机"》，杨凤岸译，作者是美国教育学家、批判教育学的创始人和代表人物，该文原载于国际学术期刊《文化研究》2000年第2期，曾被收入《不做保证——霍尔纪念文集》，此文几乎在同一时间由刘焱、祖亚伟译，载入《国外理论动态》2014年第10期，可见作者对霍尔理论的解释角度和深度得到学者们的广泛认可。以上三篇文章均被收录于陶东风主编的《文化研究》第20辑。

迈克尔·基斯的文章《斯图亚特·霍尔著作中的都市生活与城市空间》，宗益祥译，刊登在《求是学刊》2014年第9期，作者为牛津大学教授。

杰森·哈尔辛和马克·海沃德的文章《斯图亚特·霍尔的"解构大众"：30年后的反思》，由宗益祥译，本文原载于国际传播协会的期刊《传播、文化与批判》2013年第6期；塔尼亚·刘易斯的文章《斯图亚特·霍尔与英国文化研究的形成：流散叙事》，冯行、李媛媛译，作者是澳大利亚皇家墨尔本理工大学新闻传播学院教授；前文提到的亨利·吉鲁的文章《作为文化政治学的公共教育学：斯图尔特·霍尔与文化的"危机"》。三篇文章均发表在《国外理论动态》2014年第10期。

克莱尔·亚历山大的文章《斯图亚特·霍尔和"种族"》刊登

在《求是学刊》2014 年 11 期，李媛媛译，作者是曼彻斯特大学社会学系教授。

理查德·L. W. 克拉克的文章《从辩证法到延异：反思斯图亚特·霍尔晚期作品中的混杂化》，刊发在《山东社会科学》2015 年第 3 期，由宗益祥译，作者是西印度群岛大学语言文学系教授。

其中大部分文章是对霍尔某一时期或某一关注点所做的局部研究和论证。劳伦斯·格罗斯伯格的《历史、政治和后现代主义：斯图亚特·霍尔与文化研究》和丹尼斯·德沃金的《斯图亚特·霍尔与英国马克思主义》两篇文章从不同的角度对霍尔的整体理论做了论述，对研究霍尔有很大的价值。

2. 国内以霍尔为研究对象的相关研究

以霍尔为研究对象的国内学者，无论人数还是成果方面，近几年都有较大的突破。其中，大多数都是比较文学和世界文学、文艺学、文艺理论以及传播等专业的。

比较著名的学者有北京师范大学的陶东风教授，他是国内较早介入文化研究学科的学者。关注文化研究必然对霍尔有所关注，除了译介霍尔相关文章外，他和何磊的著作《文化研究》也多处提及霍尔及其理论。

中国社科院文学所研究员金惠敏，曾于 2005 年 11 月在伦敦拜见霍尔并做了长达 3 个多小时的交谈。此后金惠敏于 2006 年 5 月在《首都师范大学学报》发表文章《听霍尔说英国文化研究——斯图亚特·霍尔访谈记》，详细地记述了和霍尔的交流过程，从中我们可以较为真切地感受到霍尔的行事风格、学术态度以及研究策略。金惠敏在 2006 年 8 月发表于《江西社会科学》的文章《霍尔的文章，麦克罗比的眼睛——霍尔文化研究三大主题的评议》中提出，霍尔对文化研究的贡献可以归结为：首先，开创了媒介研究的微观意义政治学;其次,通过对撒切尔主义的批判分析提升了文化在构造社会中的地位;再次,在研究的后期提出了"在异之同"的多元文化主义理论。从整体上对霍尔的理论以及学术做了较为科学充分的分期研究。

北京语言大学人文学院教授黄卓越,作为该校文艺学博士点的学科带头人,是国内又一位和霍尔有过交集的学者。他在2006年9月在英国伦敦对霍尔做过专门的学术采访,就文化研究的分期问题以及多元文化问题做了沟通。在霍尔去世之后,他写下了悼念文章《斯图亚特·霍尔的遗产》,对霍尔的一生给予高度评价,并列出了霍尔的学术清单,对其一生的思想和理论范畴做了简要的回顾。

南京大学哲学系张亮教授近些年对霍尔有较多关注并撰写多篇文章,尤其是组织译介了霍尔的多篇作品以及编辑出版了《理解斯图亚特·霍尔》一书,收录了12篇关于霍尔的多主题的由多个国家作者完成的研究成果,使得国内对霍尔的研究开始从文学领域转向哲学领域,并对于深入把握霍尔思想有着重要意义。

山西大学教授乔瑞金及其研究团队持续关注英国新马克思主义和新左派,已经出版专著《英国的新马克思主义》,其中包括对英国文化主义的先驱人物威廉斯、汤普森、安德森、霍加特、伊格尔顿等人的专题研究,并在《中国社会科学》《哲学研究》等刊物发表多篇相关文章,讨论英国新马克思主义和新左派研究的理论价值指向等,为研究霍尔的相关理论背景提供了重要的理论资源。

目前国内研究霍尔个案的专著和博士论文共有3部,主要集中在语言学和文学领域。其一是中央编译出版社2009年出版的北京第二外国语学院武桂杰博士的《霍尔与文化研究》一书,也是作者在2004年到2007年在北京语言大学和英国伯明翰大学读联合博士期间写的博士论文。作者在撰写论文过程中付出了艰辛的努力。首先梳理了霍尔文化理论的发展脉络,并介绍了霍尔的流散知识分子历程及文化理论的形成过程。其次重点论述了霍尔后期的差异政治学、多元文化观点、后殖民话语中少数族裔问题和去殖民化问题,探讨了媒介理论在新形势下的新解读,并突出了霍尔后期的文化理论与实践。尤其值得指出的是作者对霍尔的作品和材料收集得十分全面,对国内外关于霍尔的研究现状十分熟悉,为后来的研究者提供了一张清晰的关于霍尔理论的认知图。

另一部是由电子科技大学外国语学院邹威华博士完成的。邹威华博士在近年来以霍尔的思想为主题写了多篇文章,作者依托2009年度国家社会科学基金项目"斯图亚特·霍尔的文化理论研究"(09XWW001),以及教育部人文社会科学研究2009年度一般项目"伯明翰学派'文化马克思主义'研究"(09XJC752001)分别就霍尔的文化霸权思想、表征理论、大众媒介理论以及国内外霍尔理论透视等多角度发表多篇论文,也是国内研究霍尔的主力军之一。2014年出版著作《斯图亚特·霍尔的文化理论研究》,全书以文化霸权为切入点和主要线索,对文化霸权的理论启蒙、建构与发展、实践与批评,以及由其所延展出的文化表征理论做了全面深入的论证。

2016年山东大学甄红菊的博士论文以《斯图亚特·霍尔的文化理论研究》为题展开,作者以霍尔理论的马克思主义倾向为着力点,进一步阐明其中所含的历史唯物主义立场和思想方法,并且立足于霍尔文化理论的当代价值,之前的作者大多从文学和语言学的角度切入,因而这篇论文提供了一个理解霍尔的新的视角。

除此之外,台北远流出版事业股份有限公司于1998年出版了由台湾学者陈光兴作序、唐维敏编译的《文化研究:霍尔访谈录》。该书由一系列的访谈组成,主要从五个方面对霍尔的思想做了较为深入的解读。第一部分:霍尔的知识形成轨迹;第二部分:文化研究的国际化政治;第三部分:后现代主义和接合理论;第四部分:东京对话：马克思主义、认同形构和文化研究；第五部分：新欧洲。陈光兴先生1996年和大卫·莫利合编的《斯图亚特·霍尔：文化研究对话录》是研究霍尔的里程碑作品，对霍尔的著作有着独到的理解，他为此书作序，归纳出"多重游离的发言位置""拒绝做警察""另一种学院知识分子的典范"等多个对霍尔思想以及身份的本质规定。

台北生智文化事业有限公司出版了胡芝莹的专著《霍尔》，这部书是由其硕士论文改写精炼而成，书中除了导论与结论对霍尔理论做总体介绍之外，主要内容有四章，作者主要从霍尔与文化研究的关系、意识形态论、媒体研究、政治研究四个方面展开论述，较为全面地概括了霍尔理论的全貌，但每一个主题的论述深入程度相对有限，对每一主题的理论地位和彼此之间的逻辑关系也着墨较少。必须肯定的是此书较为全面地概括了霍尔理论的重点内容，使读者可以在阅读中获得较为总体的认识。

整体来看，目前国内关于霍尔的研究论文较多，通过知网搜索仅题目中含有霍尔的文章就达200多篇，多为期刊论文和硕士论文，主要从霍尔理论的某一个方面和视角切入，其中不乏能够准确把握霍尔理论精髓的经典作品。

总之，由于各种条件所限，比如资料的译介与整理的难度大、霍尔理论的跨学科性等，对霍尔的研究无论国内还是国外都主要集中在文艺理论、传媒研究等侧重文艺学和传播理论的方向，较少涉及马克思主义哲学，更缺乏以此出发的文化政治批判，而且大多以文章的形式出现。目前出版的两部专著中，武桂杰博士的《霍尔与文化研究》一书，对霍尔的成长经历、理论基础、学术历程做了全面的描述性介绍，其中对他的差异政治学和阅读政治学做了深入的论述，为后来的研究者提供了一张不可多得的霍尔理论的线索图。邹威华博士的专著《斯图亚特·霍尔的文化理论研究》以文化霸权为线索，对霍尔的文化理论变迁做了深入全面的论述,有着重要的意义。但从学科背景来看,两部著作都属于语言学和文学的视域,对霍尔理论的马克思主义背景和哲学视角着墨不多,对霍尔文化政治批判思想缺乏研究。甄红菊的博士论文也缺乏对霍尔思想的内在逻辑体系的哲学思考,对霍尔的主要的学术关注点大多限于描述性论证,特别是对于霍尔的文化政治实践和马克思的思想之间的承接关系没有做具体深入探讨。因此,本文将致力于搭建霍尔的文化政治批判思想的框架,提炼其核心观点,并重点陈述霍尔的文化政治批判和马克思主义哲学之间的理论承接关系。

三、研究思路

纵观霍尔的作品,我们可以清晰地看到他总是在不同的领域和学科之间自由穿行,感受到他的作品中理论应用和观点呈现的开放性和流动性,这甚至让我们无法完整地把握其总体的方法论模式和理论架构。但不可否认的是,在他的著作中一定有一些特定的概念和范畴,有一些无法与之分离的论证和批判模式。如果说有些东西是与生俱来的、天然的、本质的,那么我将试着去寻找霍尔文化政治批判中那些流动变化中的理论特质和批判模式。霍尔信任的作者、他的学生安吉拉·麦克罗比在她的作品中,将霍尔的理论用三个时期三个有代表性的作品来呈现,其中我们可以看到每一个时期每一个作品中都会以明确无疑的或间接关联的方式展现他的理论特质。虽然霍尔一生都在强调特殊性、强调理论的策略性,但我还是想尝试获取其中的普遍原则,我相信变化的是对理论原则的策略性应用,流动的是不同时期对理论的不同注解,而稳定的是霍尔对这些问题的持续关注和智力付出,是对问题的日益深入和接近本质的呈现。

立足于马克思主义哲学的视角,本书选择霍尔文化政治批判思想中最为基础的文化观念为切入点,在分析其文化观的总体特征的基础之上,从两个向度搭建其文化政治批判思想的总体框架,并在其中择取最具霍尔标识的问题为线索,一方面分析霍尔是如何通过微观的文化实践来揭示其中的意识形态本质,另一方面则要分析和阐释其中所展现出的文化政治学意义和在整体的社会形构中所处的地位。

第一章是对霍尔文化政治批判的历史背景和理论语境的梳理。对霍尔文化批判理论的整体的知识图景和历史背景的论述是本文的前提和基础。只有在准确梳理其理论成长的历史背景和理论渊源的基础之上才能获得对其理论宏观和微观的双重把握。霍尔的学术生涯开始于20世纪50年代,此时的英国社会正经历着第二次世界大战结束后社会与文化巨大而深刻的变迁,正是这样一个发生着社会结构重大变化以及与此相伴的政治与文化的激烈论争的社会环境造就了霍尔独特的理论特征和政治实践路径。其中新左派作为霍尔理论成长的重要政治和学术背景,一定程度上引导了霍尔文化政治批判理论的基本方向和价值旨趣。同时,作为理论策略家,霍尔的理论来源复杂而且多变,但只要仔细梳理,我们依然可以发现他的理论整体的马克思主义大背景、与英国文化主义传统的深厚渊源,以及和后现代主义之间的千丝万缕的联系,正是这些知识背景铺就了霍尔的理论底色并成为我们理解霍尔的基础和入口。

第二章是对霍尔文化政治批判的解读,主要从文化政治批判的历史入手,考察文化政治批判的历史演化轨迹和理论传承,同时对霍尔文化政治批判从两个向度展开论述,一方面是文化批判的政治维度,另一方面是政治批判的文化切入,厘清文化与政治的关系有利于构建霍尔文化政治批判的总体框架。他的新左派文化理论家身份决定了他一生都在不断地践行自己作为有机知识分子的历史担当,因而知识分子的社会责任是我们把握霍尔政治批判内涵的重点,也是霍尔文化政治批判的落脚点。

第三章、第四章、第五章搭建了霍尔文化政治批判的总体理论框架，以霍尔总体文化观为基础而构建双向互动的文化共识观的形成路径。

首先，文化是霍尔文化批判理论的核心概念，也是霍尔所开创并引领的文化研究领域进行社会批判的主要视角。霍尔对文化问题的关注与强调始终如一，其将文化作为社会发展过程中的本质维度，作为社会总体理论的基础。因此第三章将对霍尔的文化观念以及文化的解读模式、文化与社会总体之间的关系做解读，并着力论证他的双向互动的文化共识观。对文化与政治关系的辩证理解使得霍尔发展了葛兰西的霸权理论，形成了他自己双向互动的文化共识形成观，即一方面是自上而下的作为权力的统治阶级意识形态。对自己生活于其中的国家意识形态进行批判是霍尔作为有机知识分子最能体现其价值追求的行为。媒体作为大众文化意识形态的主要介质，对其分析又是霍尔理论中最为精彩的部分。当然理论的社会介入和实践指向是其理论最终的价值旨归，他在霸权实践批判中即以撒切尔主义批判为主要内容。另一方面是自下而上的作为抵抗阵地的大众文化。对大众文化的政治批判是霍尔文化理论最早也是最为持久的部分，其中包括阶级、青年亚文化、种族、性别等问题。本文试着以这些问题为论述的基本场域，以意识形态为切入点，一方面借助他的作品来分析论证它们成为霍尔文化理论的精髓的原因，另一方面通过这样的分析论证来比较完整地呈现霍尔的整体理论架构，展现霍尔非凡的理论创造力和卓越的政治批判力。

其次，作为政治权力的霸权文化是双向文化共识观形成的路径之一。霸权文化即自上而下作为国家政治权力的文化。意识形态批判是霍尔文化政治批判思想的重要内容。意识形态批判即通过描述大众文化与现代国家之间关系的演变,揭示国家权力与文化的内在关系,真实地呈现现代国家在文化霸权实现过程中所担负的责任和扮演的角色。实践性是霍尔文化理论的最基本的特征之一,对文化霸权的政治实践演练也是霍尔理论的价值体现,尤其是对撒切尔主义的批判。正像马克思所说:"哲学家们只是在解释世界,而问题在于改变世界。"霍尔理论的意义和价值正在于它不仅对战后英国社会文化现象进行了深入剖析,更为我们理解资本主义国家文化霸权的实现提供了有效的思考模式。霍尔的理论始终保持着威廉斯所说的"操作性"。因为,在霍尔看来:"理论和政治,不是作为真理意志的政治理论,而是作为本地化了的、接合的知识的理论……但是也是作为一种实践,它总是在思考它对世界的干预,通过这种干预,它能带来一些不同之处,使自己发挥一些作用。最后,是一种保持知识的谦逊的实践。"① 文化的理论批判和现实干预是其理论的双翼。

再次,作为抵抗阵地的大众文化是双向文化共识观形成的另一路径,即自下而上、作为抵抗阵地的大众文化。对大众文化的抵抗意识和实践的发掘和开拓是霍尔文化批判理论的又一基础目标,寻求主体解放的路径是其理论的最终价值诉求。霍尔文化理论的意义更体现在它能够为处于边缘地带的群体改变与抗争提供策略资源和实现路径。其中阶级、种族、性别是主体身份的不同层面,通过主体性的批判分析与建构,经历了从最初的阶级到后期的文化身份、从阶级到大众到历史集团的变迁。其中阶级、种族和性别在霍尔的研究的不同历史阶段受到不同程度的关注,种族被看作阶级的存在方式,大众文化和媒体是主体被呈现和建构的主要介质,而文化和意识形态则是主体建构

---

① Stuart Hall. Cultural studies and its theoretical legacies. Stuart Hall: Critical Dialogues in Cultural Studies. eds. David Morley, Kuan-Hsing Chen. London: Routledge, 1996: 286.

的深层基础。

第六章，我将对霍尔的文化政治批判思想与马克思主义哲学的理论承接做较为全面的梳理，从唯物史观、辩证法、实践观以及政治诉求等方面论证霍尔对马克思主义哲学的理论继承与发展。一定意义上看，这一章是对霍尔的文化政治批判思想的理论特征的概括、总结和评价。

结语主要对霍尔的文化政治批判做了总的评述，指出新左派的政治诉求给予霍尔文化政治批判的启蒙并规定了文化的本质维度。霍尔的身份影响和制约了他的文化政治批判的着力点：强调知识分子的社会责任的生活化和日常化；批判霸权意识形态，激发大众抵抗力量；倡导多元并存的文化模式，坚守马克思主义哲学的基本立场。

总之，本书以霍尔的文化政治批判思想为总体研究对象，通过对霍尔主要著作和论文的深入研读，从他的主要关注点入手，着力勾勒其文化批判理论的总体批判路径与逻辑框架，也试着揭示霍尔文化政治批判的理论特质和批判模式。对于文化和权力之间关系的关注，对于支配性权力集团及其文化意识形态的批判，对于被统治的社会边缘群体的文化反抗资源的挖掘，都是霍尔文化政治批判的主要内容。在对社会形态总体关系的分析中将文化置于一个本质的维度是霍尔文化批判理论的大前提，从国家意识形态霸权和大众文化抵抗两个维度展开，其中每一个维度的论述又围绕霍尔文化研究的最为核心和关键的问题展开，媒体之于霸权文化、种族之于主体身份、撒切尔主义之于国家批判都是霍尔整体文化理论中最为精彩的呈现。当然霍尔的理论意义绝不仅仅在这些方面，但由于本人的能力和精力有限，本书将主要围绕以上内容展开。

本书的特点首先在于构建了霍尔文化政治批判的整体框架。由于霍尔的文化政治批判思想内容庞杂，主题多元，对其全方位地深入研究是一项无比浩大的工程,一直以来研究者都选其部分展开研究。本书在全面梳理霍尔学术历程的基础之上,从作为政治权力的霸权文化和作为抵抗力量的大众文化两个维度构建霍尔文化政治批判的理论架构,在历史描述和理论论证中提出霍尔独特的双向互动文化共识观。以文化的政治向度为基本切入点,一方面通过分析探讨大众文化概念流变,政治国家与大众文化的关系演变,在历史分析中解析当代政治霸权的呈现模式以及媒体在其中的作用和功能,进而展现政治国家的霸权文化的实现机制。另一方面通过对霍尔文化批判理论中作为斗争场所的大众文化的几个基本场域及其表现形式的分析,在聚焦于霍尔文化政治批判理论的整体发展路径的同时,侧重把握理论场域中的核心主题,通过论述对青年亚文化、种族文化的批判分析所展现出的日常政治和身份政治,揭示大众文化中的收编与抵抗、主体身份的差异与同一,政治霸权中的颠覆与重建,进而走向多元文化共存的理论批判。

  本书的另一个独特之处在于从四个方面厘清马克思主义哲学和霍尔的文化政治批判思想的关系。马克思主义是霍尔文化政治批判思想的基础理论来源,马克思主义对他而言不是解决具体问题的方案,而是一种开放的、辩证的思维范式。霍尔在他的学术和政治实践中持续地贯彻了马克思主义的方法论,并在新的历史条件下实现创造性发展。霍尔的文化政治批判思想无疑是20世纪英国文化批判理论的整体图景中浓墨重彩的一笔,他的影响绝不仅限于学术领域,更在政治领域。因此对霍尔与马克思主义理论之间的承接关系做一个分析不仅有益于我们对霍尔文化理论的核心观点与本质规定有更清晰的理解,也有助于我们把握马克思主义在新的历史时期在发达资本主义世界的深远影响。本书从唯物史观、辩证法、实践指向和社会主义的价值旨归四个方面对霍尔与马克思主义之间的关系展开论述,指出它们之间的关系是对话基础上的继承与发展。

四、研究意义

就霍尔文化政治批判的意义,我们遵循从理论到实践、从宏观到微观的顺序来展开探讨。

首先,文化问题已经成为当代学术研究的重要主题。文化在现代社会被视为一个社会和社会集团的精神和物质、知识和情感等所有与众不同的集合,不仅包括艺术和文学,也包括生活方式、价值体系、传统以及信仰等。[①] 这种对文化概念的扩展性理解是全球化语境中的必然趋势。文化已然不是单一阶层或民族的特权,而成为既关涉生活的宏观方面又与生活的微观方面相联系的总体,文化发展呈现出多元性和异质性的特征。从功能上看,文化为我们了解世界提供资源和方式,是人类交流与互动的基础。20世纪50年代末在英国出现的文化研究学派突出文化的批判精神,认为文化也是实现统治的重要途径。斯图亚特·霍尔和雷蒙德·威廉斯、爱德华·汤普森以及理查德·霍加特同为战后英国最受推崇的文化社会学家,一道开创了在世界范围内产生巨大影响的别具特色的新兴领域或者说学术流派。在这一学术领域中文化已经完全超越了传统的层次,文化不再是精英集体的盛宴,文化是普遍的、大众的,是我们生活的方方面面;文化不是静态的结果,而是动态的过程;文化不仅是社会生活变迁的反映,更是决定社会生活发展走向的本质维度之一。在这里,文化的外在的社会关系的构建比文化的内在价值更引人注目。正像文化研究言必提霍尔一样,对于霍尔的研究也无法与这一学科相分离,因为不论从它的学科

---

① Schaeffler. Culture: the future of the lighthouse. Twickenham : Adamantine Press, 1998: 28.

特征、成长演变还是发展路径我们都感受到浓重的霍尔气息。正是在霍尔的不懈努力下，文化研究这一被人们称为显性学科的研究领域，呈现出"咄咄逼人的颠覆态势"，成为最富于变化最具活力的领域，并在全世界范围内产生巨大影响。在霍尔的视野中文化是已经根植于大众生活并且促成大众生活的常识的矛盾形式，文化既塑造着我们对社会现实的理解，也可以有助于确立和实现历史集团对大众的霸权。这是霍尔所要力图呈现的对文化的政治化理解。

其次，霍尔的文化政治批判是马克思主义哲学研究范式在新的时代条件下的更新和延续。尽管霍尔声称文化研究没有绝对的起点，但已经达成的共识是文化研究兴起于"二战"后的英国并且根植于英国的新左派运动。理查德·约翰生在《究竟什么是文化研究》中所阐释的三种研究路径展现出的差异，恰恰是从另一个角度呈现出这一学科的综合性或者跨学科特征。霍尔认为，作为文化研究体制化的发源地，伯明翰文化研究中心事实上是新左派政治的避难所。换言之，霍尔认为文化研究是新左派政治的产物，文化研究来自学术传统的边缘地带，从对工人阶级的成人教育到最后文化研究中心成立，我们可以看出在霍尔眼中文化研究绝不是独立于社会关系之外的，与之相反，它是一项被深刻地赋予政治学色彩的严肃工程，而文化研究的政治维度和批判意识也正是这一学科的生命力所在。因此，政治维度和批判意识是我们探讨霍尔文化政治批判的价值的关键所在。马克思主义哲学是批判的革命的哲学，也是致力于改造世界的哲学，以马克思主义哲学为视角的研究与分析有助于我们整体把握霍尔文化政治批判思想的革命和批判的本质。我们在关注霍尔学术研究主题和领域的历时性变化的同时，更要从中揭示其理论研究的初衷或最终的目的——对社会主义未来的关切，展现马克思主义理论在其思想中的基础参照作用。

再次，对霍尔文化批判理论的研究符合当下中国社会理论与现实发展的需要。从实践上来看，改革开放40年后，我国社会生活的方方面面都发生了深刻的变化，生活方式、传播方式以及消费方式所出现的变化与转向需要文化的思考与解释，经济迅速发展过程中激发和沉淀的各种矛盾与冲突也需要批判的理性分析与化解。文化与社会现实、与大众的实际生活以及文化与公共领域的联系积极而且活跃，寻找一种能够积极有效地介入当下大众文化、社会生活的文化视角与研究方式已经成为根植于中国当代社会现实的迫切要求。尽管存在许多本质的差异，但是仔细阅读英国新左派及其著名理论家的作品，我们会发现当下中国社会的处境在现代化的整体背景中似曾相识。我们对西方马克思主义，包括英国新左派等学术传统和思潮的态度也逐渐由纯粹的批判转向了交流碰撞。在马克思主义基本原理指导下，在对西方马克思主义、英国新左派理论的合理吸收的基础上展开对中国当下问题的再思考就成为研究的一个重要价值指向。在战后英国特殊的政治背景中生成的文化研究，由于其独特的研究范式和世界性意义，近些年来逐渐被关注。对英国社会战后所发生的变化与呈现的新特征、对英国社会主义的走向以及对传统社会主义结构和动力的再思考，都是文化研究最初的主要目标。而文化最终成为思考和解决这些问题的核心和关键领域，文化被看作新时期政治斗争的场所，在大众消费社会来临之后新的抵抗形式也产生并成长于这一领域。如果我们要寻找一位与文化研究领域的发展及其理论发展步调最为一致的人，那必然是斯图亚特·霍尔。因此，如果要作细致的人物研究，对被誉为"文化研究之父"的霍尔的文化政治批判思想的研究可以让我们在研究霍尔的同时也对这一领域的发展脉络和主要问题获得较为全面清晰的认知。

第一章　霍尔文化政治批判的语境

霍尔的文化政治学不仅研究对象多元、富于变化，关涉许多难以定位的广阔领域，同时对新理论吸收迅速、研究范式多元。为了让这一思想历程更加清晰可辨，我们需要全面、细致地梳理对霍尔的思想生成产生重要影响的知识谱系和理论图景，也要对其理论所处的社会和政治背景进行全面的考察。只有将霍尔的文化理论置于那个时代的总体的宏大社会背景之中，并在与其他理论的对以和交锋中才能凸显其理论的独特本质和时代意义。因此，全面考察霍尔文化理论生成的理论逻辑和现实语境对于我们理解其复杂多元的理论精神和政治观念是至关重要的。

本章分别从社会历史背景以及思想渊源两个向度描摹霍尔文化政治批判思想的生成语境。

第一节 霍尔文化政治批判的社会语境

研究视野的变化,绝不仅仅是单纯的学术工作的演变,也是社会实际生活条件变化的结果。社会生活的实际条件虽然不能保证思想的正确,但是却可以为思想画出一个基础的趋势。正如霍尔所说:"理论视角上的这些转变,不但反映出内在的学术工作所产生的结果,而且反映出真实的历史发展和变化被纳入思想的方式及其为思想提供的存在条件。"[①]

霍尔文化政治理论关涉英国从"二战"后到当下的社会历史状况,跨越了大半个世纪,这个时期的英国社会恰恰处于社会秩序剧烈变革的时代——经济上从福特时代逐渐转向后福特时代,政治上从宏观的冷战秩序走向渐趋多元多极化的时代,从国际影响力来看,英国渐渐失去老牌资本主义国家曾有的辉煌与荣光。此时英国社会存在着经济、政治、文化多层次的危机,由此也出现了左派知识分子为探寻出路所做的诸多努力。这些政治、经济、文化、社会的危机和变革的因素共同构成了霍尔文化政治批判生成发展的总体社会语境。

一、危机与变革中的英国社会

霍尔的文化政治理论贯穿了从福利国家的建立,到撒切尔所发起的对福利国家政策的大刀阔斧的改革,再到新工党所推行的"第三条道路"的年代。

[①] 斯图亚特·霍尔:《文化研究:两种范式》,载陶东风主编《文化研究》,社会科学文献出版社,2013,第310-311页。

（一）经济的深刻变革

20世纪50年代的英国，刚刚经历过"二战"，经济萧条，生产方式重新组合，在凯恩斯主义主导下，很快建立了典型完善的福利国家制度，这一施政形式在很长一段时间内成为英国国内各政党和民众的共识。以贝弗里奇报告为标志的福利国家正是霍尔文化理论生成的大背景。但随着国有经济范围的不断扩大，英国的政治格局也发生了深刻改变，战后凯恩斯主义的福利国家的主导政策赖以生存的经济和社会基础逐渐发生改变，也动摇了原有的福利国家的基本制度的设计模式。与此同时，撒切尔所代表的保守党于1979年取得执政地位，进一步对原有的福利国家制度横加指责，认为工党所执行的福利国家制度存在很大的道德风险——就个人而言，过度依赖国家福利不断销蚀人们劳动就业的原动力；就国家来说，巨大的社会福利开支变成了国家沉重的财政负担，造成对生产性资金的投入规模的侵占，进而影响整体经济的发展速度和质量。撒切尔主义者在20世纪80年代以"新自由主义"为基本导向，强势推行自由化市场、加速私有化、减税和大幅度消减社会福利，这种改革导向导致严重的社会不公平现象，贫困和社会两极分化再次成为困扰英国社会的最为严峻最具杀伤力的社会问题。进而有了后来新工党在此基础上的改革历程，显然工党的社会政策相较于撒切尔主义较为妥善地解决了效率与公平的问题。

（二）政治变革

英国社会经济的深刻变革对英国整体的阶级状况和政治倾向产生了巨大的影响。作为最早实现工业革命的老牌资本主义国家，英国战后很长一段时期最重要的经济变化体现在产业结构的转向上——从制造业为主导转向服务业为主导，这一转变带来的影响首先体现在人员结构的流动与转型上，制造业的衰落迫使大量的工人离开工厂走进办公室，工会的力量被大大削弱，人们的阶级意识逐渐淡漠，更多的服务业从业人员倾向于把自己置于中产阶级的行列,在政治上日益中立,工人阶级的身份被弱化。对左派而言,福利社会政策的实行使得工人阶级的物质生活水平大幅提高,但是相对安逸富足的生活却销蚀了工人阶级的革命激情和意识,也使得英国工人运动进入低潮。随着更多的人加入中产阶级的行列,政党成员不仅在数量上骤减,忠诚度也逐渐削弱。在此背景下社会主义思想与革命也遭遇了严重危机。从国际社会来看,国际形势的变化使得左派知识分子以及其社会主义事业陷入极大的困境与迷茫之中。1979年撒切尔的强势入主,更加弱化了传统工会的力量,也使得将工会当作自己天然盟友的工党失去了重要的选民基础。

(三) 文化变革

文化上,随着"二战"结束,在美国形成了一种建立在自由主义、多元主义和对阶级概念淡化的基础之上的大众文化,并以商品化、标准化和可复制的特点在世界范围内传播。而作为现代工业革命产物的大众文化的全方位涌入,使得英国传统文化遭遇了巨大的冲击。世界范围内的现代化进程使得大众文化逐渐呈现出通俗化、同质化和以普通大众为受众的主要特征,文化原有的自律、自足和创造性渐渐减弱。工业化和城市化的发展也为大众文化的发展提供了可能。威廉斯曾经提到《文化和社会》的写作正是基于1945年之后的信仰危机和归属危机,是为了寻找一种立场,是为了让我们可以通过历史来理解当代社会,从而寻找合理正当的策略和行为。他认为"一种马克思主义的文化理论应充分估计多样性与复杂性,应考虑到变革的延续性,应考虑到或然性以及某些有限的自律领域"[①]。正是在此背

[①] 雷蒙德·威廉斯:《文化与社会》,吴松仁、张文定译,北京大学出版社,1991,第343页。

景之下,包括霍尔在内的一大批左派青年学生和知识分子展开了为寻找社会主义的新的道路而进行的文化思考和探索。

二、新左派的崛起

新左派是霍尔学术历程最为闪耀的标记之一。2013年霍尔去世前夕,BBC制作的专题影片《斯图亚特·霍尔的蓝图》的切入主线之一就是新左派。面对20世纪50年代"停滞的工人阶级运动,冷漠的选民,知识分子退出政治舞台"[①]以及令人窒息的保守主义思想文化,处于黑夜深处的英国左派知识分子在绝望中复兴。这种努力最为瞩目的结果当属英国新左派的崛起。

英国新左派是人类思想发展过程中一个新的里程碑,也是霍尔文化政治理论的发端之处。很多学者认为伯明翰学派或文化研究的历史起源应当与19世纪60年代英国社会的文学批评以及成人教育有直接联系,伯明翰学派和文化研究的主要代表人物的个人成长经历毫无疑问都遵循了这一判断。但是霍尔认为在这背后有更为深层的因素。霍尔在多种场合强调他是从新左派进入文化研究的,因此对霍尔理论的背景研究不仅要了解其学术的历史场景和曾经经历的国际国内的政治场景,也要探究新左派在他的理论发展中所起到的旗帜性作用。

霍尔认为,1956年是一个极为关键和特殊的年份,这一年世界格局所发生的变化给英国左派知识分子留下了深刻的印记。苏共"二十大"的召开,赫鲁晓夫的秘密报告,以及外泄后美国对消息的全球性散播,第一代新左派产生在这样的年代是因为这一年中所发生的相互联系的重大历史事件,超越了他们那一代人政治观念中可容忍

---

① 丹尼斯·德沃金:《文化马克思主义在战后英国——历史学、新左派和文化研究的起源》,李丹凤译,人民出版社,2008,第64页。

的限度。苏联出兵匈牙利和英法联军入侵苏伊士运河刷新了他们原有的关于社会主义和殖民主义的观念。匈牙利事件和苏伊士事件至少带来两方面的后果,其一是包括霍尔在内的英国社会主义分子深刻地感受到斯大林模式的失败和社会主义的危机;其二就是殖民主义远未结束,这一点让来自殖民国家的霍尔感触更深。玛德琳·戴维斯也认为英国新左派正是在这样的"双重危机的反应中兴起"的①。霍尔认为新左派的标志性期刊《大学和左派评论》和《新理性者》的公开发行同样是两大危机的结果。

新左派的说法来源于法国《法兰西观察家》的主编克劳德·布尔特,同时也承接了这一术语原本的政治立场,即要开辟既不同于斯大林主义,也不同于欧洲的社会民主主义的全新的道路与发展社会主义的新模式。霍尔认为新左派的第一代在1956产生,这种代际区分是以1962年为界限来做的。佩里·安德森1962年成为《新左派评论》的主编,其理论风格的转换所带来的持续激烈的理论争论使得1962年成为一个标志性的年份,人们习惯于以此来作为新左派的代际区分或早期与晚期的界限。关于新左派的代际区分,霍尔认为与1968年席卷欧洲的革命运动相联系的应当是第二代甚至是第三代,第一代英国新左派的发端远远早于1968年普遍高涨的欧洲学生运动。事实上,严格按照代际来定义和解释新左派是存在一些问题的,应当说无论从时间上甄别还是从理论主题上剥离都使得任何代际区分成为不可能。因此,代际区分更多地是以理论的风格转化为基础,迈克尔·肯尼就以这种标准以1962年为界限将新左派划分为早期新左派和晚期新左派。无论代际区分还是早晚期的提法都更多地是以其理论的风格特色的转换为标识的。霍尔认为那种要对新左派进行明确分类并认为其存在连续的

---

① 张亮:《英国新左派思想家》,江苏人民出版社,2010,第3页。

统一的理论视角和政治视角的观点是不客观且具有误导性的,因此,霍尔眼中的第一代仅指左派政治学形成的第一阶段。

总体来看,英国新左派作为霍尔文化政治批判的政治和阶级基础有鲜明的理论特征和实践指向。

首先,思想上高度的自觉性和理论上极富创造性是新左派的重要特征。霍尔指出英国第一代新左派来自两个彼此有联系但又存在理论倾向上的重要差别的学术组织。

从学术倾向来看,一方面是以爱德华·汤普森为代表的共产主义的人道主义传统,以劳工运动的知识分子为主体;另一方面是被霍尔称为"独立的社会主义的传统"[1],主要由包括霍尔在内的牛津大学的激进青年学生群体组成。两者代表不同的思想和经验倾向。就第一代新左派的思想立场来看,尽管其主要构成有着人员构成和政治风格上的差异,代表着两种政治传统的联合,但是无疑其中有着诸多可以协调和商议的余地,也正因此才有1962年《新左派评论》的诞生。

从思想立场来分析,《大学和左派评论》是以少数的牛津左翼学生为基础,形成了与当时牛津主流学术观点完全不同的积极而且激烈的、被霍尔称为"替代性的知识上的少数文化"[2],其成员的政治立场虽然不完全一致,但最终一起被1956年的政治事件推进了整体的国际和民族左派政治的中心。这些成员大多都是现代主义者,因此正如霍尔所言:虽然对《大学和左派评论》与"都市以外的工人阶级生活缺乏有机联系感到遗憾"[3],但不能否认的是他自己对社会化程度更高的都市文化更加青睐。但不同的是《新理性者》所代表的另

---

[1] 斯图亚特·霍尔:《第一代新左翼的生平和时代》,王晓曼译,《理论视野》2011年第11期。

[2] 同上。

[3] 同上。

一种传统是以英国共产党为依托在人民战线中形成的,是一种"高度独立且富有原创性的对英国历史的解读,成为一种与英国大众激进主义联系更为紧密的马克思主义政治学"①,其理论与地方性的劳工运动文化相联系,具有独特的理论风格。作为第一代新左派的主要成员,这一时期的理论对霍尔至关重要的影响在于将其从斯大林教条的模式中解放出来,开始在英国以及世界新的政治环境中重新思考马克思主义及社会主义的未来,逐渐将文化作为批判和重建的主要的理论向度。

1962年,仅20出头的佩里·安德森接掌《新左派评论》,以年轻人拥有的更为广泛的国际视野开启了对欧陆马克思主义理论的大规模的翻译和介绍。这一过程对整个英国马克思主义都起到了理论的开疆拓土的巨大作用,但后期爱德华·汤普森与佩里·安德森的激烈论争客观上已经影响到社会对新左派的整体评价。安德森认为第一代新左派所具有的平民主义和经验主义的理论特征使得他们无法对其所处的政治和社会环境做出严肃客观的分析,其中部分人员的共产党员身份也使得他们在理论观念上受到马克思主义的牵制。这些判断很难说没有个人的主观情绪在内。抛开理论论争,霍尔曾经在他的文章中强调,如果没有安德森时期在《新左派评论》中对于欧洲理论的大规模译介,文化研究就难以获得今天的成就,甚至无法继续下去,高度肯定了这一时期理论译介和解释过程的重大意义,也进一步肯定了新左派之于文化研究的基础性价值。霍尔认为新左派作为特定政治环境中的政治团体,其理论一定聚焦于正在变化的社会现实,为寻求社会主义复兴而进行以文化为基础维度的批判分析,是对我们所处的时代

---

① 斯图亚特·霍尔:《第一代新左翼的生平和时代》,王晓曼译,《理论视野》2011年第11期。

第一章 霍尔文化政治批判的语境

的批判分析,这一过程具有极大的创造性。由此新左派就是从对现实资本主义的社会关系的文化批判出发的一场学术和政治运动。

其次,新左派与马克思主义联系紧密,与工人阶级文化政治实践直接相关。玛德琳·戴维斯认为英国新左派最有价值的理论贡献,就在于在英国特殊的意识形态和政治的语境中将发展了的马克思主义理论不断地、持续地引进,更为重要的是后续的理论解释以及批判吸纳,"它对英国的政治理论图景做出了真正创造性的、实验性的理论干预,并且,它确实发生过持久影响"[1]。新左派对马克思主义理论的贡献不仅体现在对理论的吸纳,更体现于对理论的应用以及在新的历史条件下的再思考和再创造。在霍尔看来,相对于经典马克思主义,新左派的价值目标是修正主义的,但霍尔肯定了1958年马克思的《1844年经济学哲学手稿》的发现对那个时期马克思主义的发展有重要意义。霍尔的文化批判理论扎根并生成于新左派及其运动之中,《大学和左派评论》和《新左派评论》以及成人教育的教职都是他所追求的实现社会主义和民主事业的场域,以至于他认为伯明翰文化研究中心是时代政治条件变化迫使他寻找的避难场所或迂回策略。

在世界马克思主义发展史上,还从来没有出现过像英国新左派这样的学术群体,即既不是在共产党的领导下宣扬、研究和践行马克思主义,也不是共产党内的某个高层人物以自身的学术研究形成一种独特的思想认识并影响了其他人,同样也不是在某几个学者的驱动下形成独特的研究风格,而是受特殊世事变迁的激发,由一群具有社会正义感、学历层次高、从事不同学科研究与学习、拥有基本的马克思主义思想意识或身为共产党普通党员的年轻人奋起对主流社会反抗而形成的。这些年轻人对现实拥有多样性的看法和主张,彼此存在很大的

---

[1] 张亮:《英国新左派思想家》,江苏人民出版社,2010,第2页。

思想差异,并有非常激烈的争论,但在一些问题上却殊途同归,形成了"独立的"英国式的新马克思主义学术思想。

在谈及新左派的历史地位时,彼得·赛奇维克曾经讲过:"与其说第一代新左派是一场政治运动,倒不如说其创造了一种社会氛围。"① 霍尔认为这一观点主要是基于新左派所表现出的组织结构松散、路线纲领缺乏等问题。但这种说法一定程度上忽视甚至抹杀了早期新左派与工人阶级文化和政治的直接联系。早在1957年关于社会主义和知识分子的讨论中,汤普森就热情呼吁"新左派知识分子积极行动起来,投身工人运动,与人民、工人阶级重新结合,以推动英国早日进入社会主义"②,这一号召赢得了广大新左派知识分子的认同,使与社会主义实践相结合是社会主义知识分子的天然职责的观点深入人心。这一时期出于对自己的事业的忠诚和热情,新左派积极分子不仅创办刊物,而且通过成立工人阶级俱乐部等方式组织开展了大量的政治活动。因此,简单地将第一代新左派看作清谈派的观点是无法成立的。

就霍尔而言,他虽然不认为自己是正统马克思主义者,但在谈及D·H柯尔时指出:"他的社会主义却根植于基尔特社会主义的协作和'工人控制'传统中。……这深刻影响了我们这一代社会主义者对社会主义政权形式的态度。"③ 霍尔将自己定位为社会主义者,所

---

① 迈克尔·肯尼:《第一代英国新左派》,江苏人民出版社,2010,第6页。
② 张亮:《伦理、文化和社会主义——英国新左派早期思想读本》,江苏人民出版社,2013,第10页。
③ 斯图亚特·霍尔:《第一代新左翼的生平和时代》,王晓曼译,《理论视野》2011年第11期。霍尔在论及新左派术语的来源时提到《法兰西观察家》周报的主编克劳德·布尔特,并指出在一次关于建立一种跨越东西欧的"国际社会主义社会"为主题的国际会议中见过他,而这一观点在英国的主要倡导人是G·D·H柯尔,一位严肃而又勇敢的独立老左翼。

持的是反帝国主义的立场。在就职于《大学和左派评论》时期,霍尔就开始意识到大众文化的兴起会导致英国工人阶级自身独立性的弱化,进而弱化工人阶级对资本主义社会的抵抗潜质。通过1958年的著名文章《无阶级感》所引发的讨论,霍尔开始将文化作为政治的一部分,扩大政治的外延,从社会中寻找那些潜在的不易觉察的维度做政治分析,这种扩大了的关于政治的理解使得政治革命不再局限于工人阶级。因此霍尔着手将社会主义实践的形式落脚于对和大众文化密切相关的社会问题和领域的研究,率先开启了关于青年亚文化、电视广告、工人阶级教育等多层次的文化现象的分析和研究,在远离生产线的地方更为广泛地批判资本主义,以寻求更为激进的社会结构的变革,虽然似乎远离革命,放弃了暴力夺取政权的理想,但仍然对经典社会主义保持忠实。1962年之后的霍尔也走向了新左派的建制化倾向,和霍加特一道建立了伯明翰文化研究中心。其前期的研究为霍尔后期学术研究和社会介入奠定了基础和规定了方向。

关于新左派运动,一般认为在20世纪70年代末80年代初结束,虽然作为一种有某些本质规定的左派政治运动终结了,但是取而代之的是左翼精神的大范围的春天。从霍尔来看,文化研究领域在世界范围内的开枝散叶也可以看作新左派思想所激发的理论果实。大众文化的发展、消费社会的兴起都使得知识分子必须思考无产阶级在社会结构的变化过程中所发生的改变,因此扎根于英国资本主义社会的现实生活寻找"民主和社会主义复兴"的希望正是新左派留给霍尔最重要的指引。

第二节　霍尔文化政治批判的理论语境

任何一种社会理论都有其理论渊源或知识谱系，尽管霍尔在理论的问题上是一个策略家，对理论采取兼收并蓄的态度，但毫无疑问，存在对他学术研究的每一个阶段产生持续且重大影响的重要的理论基础或知识前提。从大的方面来看，我们主要从马克思主义的理论资源、英国的文化主义传统以及后现代主义的理论延展三个方面展开。

一、马克思主义的理论资源

从新左派出发的理论历程决定了霍尔文化政治批判无法回避马克思主义理论，从经典马克思主义的唯物史观到西方马克思主义对文化意识形态的强调都是霍尔文化研究的重要的理论渊源。

（一）经典马克思主义的方法论基础

霍尔曾经多次强调，他是从新左派进入文化研究的。毋庸讳言，如同大多数20世纪的左派一样，马克思主义是英国马克思主义一个重要的思想基础。然而，那时的英国马克思主义者受自身经验主义传统的影响，认为苏联的社会主义革命和建设的经验是唯一可信赖的，因而，把它作为正宗的马克思主义，并排斥其他形式的甚至本土的马克思主义构想；英国人特有的傲慢，也使他们排斥欧洲大陆的马克思主义，加之马克思恩格斯的大量著作并没有得到有效的翻译和研究，因此，英国的马克思主义仍然停留在苏联的认识和理解上。新左派兴起之时，看到了这种僵化的马克思主义的错误和危害，但还没有找到或形成真正的适合英国的马克思主义的理论和思想。很幸运的是，他们通过聚焦于文化研究，迈开了走向英国本土化的马克思主义的步伐，并初步彰显出强劲的发展势头。

在包括霍尔在内的英国新左派寻求坚实的理论基础的关键时刻，新发现的马克思的《1844年经济学哲学手稿》被适时地翻译成英文并得到了传播，马克思的其他一些著作也被编辑出版。正如我们所知道的，马克思的《1844年经济学哲学手稿》对于英国新左派来说是极其重要的思想来源，汤普森甚至把它看成真正能体现马克思思想的文本，是新马克思主义的"《圣经》"。一时间，回归经典成了新左派的时髦语和口头禅。事实上，《1844年经济学哲学手稿》以及回归经典的理论探索过程的影响确实是巨大的。如果说英国新左派在其起点上可以被恰当地称为文化唯物主义的话（尤其对于威廉斯和霍加特等人来说，这样的称谓更加准确），那么，对于汤普森、霍布斯鲍姆等人来说，新左派可以被恰当地称为人道主义的马克思主义。威廉斯和霍加特等人事实上也改变了对于文化本质的理解。诚如霍尔所说，威廉斯早期的立场已经有了几次重大的修正：每一种表达都十分有助于对文化研究是什么和文化研究应该干什么进行重新界定，而这种改变受到汤普森的批评和马克思《关于费尔巴哈的提纲》深刻影响。①

霍尔关于马克思以及马克思主义与新左派的关系的认识，可以从四个方面来理解。

第一，坚持马克思的思想以及马克思主义的极其重要性。霍尔认为，新左派诞生于存在"许多种马克思主义"的时代，我们现在也生活在这个时代。在1956年之后，新左派基本上不再被描述为"正统派"了，即使有的话，也是极少数。相对于工党主义和所谓整体

---

① 斯图亚特·霍尔：《文化研究：两种范式》，陶东风主编《文化研究》，社会科学文献出版社，2013。

马克思主义而言，新左派的主导趋势是"修正主义"的，其根本原因在于新左派拒绝把马克思主义看作一种固定的、完成的学说或神圣的文本。新左派对马克思的思想究竟在何种程度上被修正并传承到现在有不同看法，但重新发现马克思一直是新左派的追求。霍尔把通过泰勒引入和重新发现马克思早期手稿即《1844年经济学哲学手稿》看作新左派"极其重要的"事情。① 事实上，新左派确实在其诞生之初就开始重视重新解读马克思恩格斯的经典著作，从中汲取理论营养。

第二，强调要从整体上来理解马克思的思想，防止教条主义。比如关于社会关系的认识，霍尔认为，威廉斯的文化是整体生活方式的思想，就是在对马克思思想的整体研究的基础上形成的，强调把社会看作工人阶级的联合体，体现出集体民主社会的思想;② 而资产阶级把社会看作一个每个人通过自己的奋斗和竞争而努力实现自我的舞台，这是两种完全不同的社会思想。马克思早就认识到这一点，他把在旧社会的子宫中孕育出来的新的社会关系，看作人们为了从旧的工业贫民区和工厂所施加的束缚中摆脱出来而使社会自身实现的变革，这种变革最终会把分裂的社区变成一个社区，而至少在这种意义上，资产阶级的世界将"被无产阶级化"。他认为，这不仅是工业无产阶

---

① Stuart Hall. Life and Times of The First New Left. New Left Review, 61: 188.
② 威廉斯自己在《漫长的革命》中曾经这样说："我认识到我必须放弃我所认为的马克思主义传统，或者至少必须将它搁置一边：努力去发展一种关于社会总体性的理论；把对于文化的研究看作对整体生活方式中各要素之间关系的研究；去寻找研究结构的途径……它不但可以继续保持与个别艺术作品和形式，而且可以保持与更为普遍的社会生活形式和关系的联系并对其进行阐释；用一种由各种相互影响但并不均衡的决定性力量所构成的更为积极的场域观念去替代那种对于经济基础和上层建筑的客套表述。"（参见《文化研究：两种范式》第309页）可以肯定地说，威廉斯这里所说的"放弃"，是指放弃教条主义的马克思主义，事实上，威廉斯在许多地方都强调要全面地整体地理解马克思的思想。例如，霍尔认为，威廉斯在《马克思主义文化理论中的经济基础与上层建筑》《马克思主义与文学》等作品中，以最简洁的语言，揭示了文化作为整体生活方式的内涵。

级苟活于其中的处所，也是其创造繁荣和富裕的条件。对于这样的关于社会关系、阶级意识的看法，应该把《资本论》《1844年经济学哲学手稿》《德意志意识形态》等著作"联系起来看"才能有深入的理解。[①] 霍尔也分析过汤普森、霍加特以及其他新左派学者从整体上理解马克思思想的情况，强调了新左派正确理解马克思主义的学术态度。

第三，主张必须联系历史、现实和人的社会实践的总体性来发掘马克思思想的精神力量。霍尔在分析汤普森关于社会存在与社会意识关系的思想时认为，汤普森极其喜欢他从马克思那里继承来的这两个术语，并喜欢将它们用到更为流行的"经济基础与上层建筑"的学说中。汤普森特别强调阶级关系、群众斗争和意识的历史形式，强调带有自身历史特性的阶级文化，这样的理解文化的过程强调的是从人们自身出发解释利益和信仰的相互协调。与汤普森不同，威廉斯更强调要将所有实践活动都吸纳到"真实而持久的实践"总体性中，即文化之中。显然，汤普森和威廉斯的文化理念是有差别的，一个突出了历史性和阶级实践，另一个强化了总体性和实践的现实性。然而，霍尔从二者的对比分析中却看到他们一致的方面。霍尔认为，尽管存在许多重大差别，我们依旧能够看到文化研究中一条有重大意义的思想线索的轮廓，有人称之为主导性的范式。它反对给"文化"指派那种残余的、纯粹反思性的角色。它从另一种思路证明文化与所有的社会实践是相互交织的，转而又将那些社会实践概括为人类活动的一种普遍方式：由普通人的感性实践活动来创造历史。它反对在表述理念和物质力量关系时常用的那种公式化的经济基础与上层建筑的二分方式，尤其反对将经济基础做简单化的理解，而是强调社会存在和社

[①] 斯图亚特·霍尔：《无阶级的观念》，张亮、熊婴编译《伦理、文化和社会主义》，江苏人民出版社，2013，第157页。

会意识的辩证关系。它将文化定义为两个方面的内容：既是产生于各种独特的社会群体和阶级当中的各种意义和价值，这些意义和价值建立在既定的社会条件或社会关系基础之上，又是人们亲历过的各种传统和实践，通过它们那些理解才被表现和显现出来。① 我们在这里之所以大段引用霍尔的话，是想突出英国新左派在理解、运用和总结马克思主义时的最基本的特征。

第四，突出马克思主义的方法论意蕴和"亲历"与"体验"的不可替代性。在我们看来，霍尔把理解和发展马克思的思想看作重要的，把掌握和实际运用马克思主义的辩证法与方法论看作更加重要的，而把结合本国实际运用马克思主义看作尤为重要的事情。在《理解斯图亚特·霍尔》中收录了一篇美国学者丹尼斯·德沃金论霍尔与英国马克思主义的文章，文章强调了玛德琳·戴维斯对英国新左派的一个观点，即认为"新左派在英国思想文化内部使马克思主义'本土化'了"。② 德沃金认为，这种理解英国马克思主义的方式是理解这一有影响力的理论与政治运动的一次重要努力。把马克思主义本土化确实是英国新左派的一个重要的政治思想诉求，这一点已经表现得很清楚。霍尔在评价威廉斯和汤普森对于马克思主义的态度时，特别突出了这一观点。比如，在如何对待经验的问题上，霍尔认为，威廉斯把"对经验的各种定义"完全吸纳进我们的"生活方式"之中，并将二者都放进持久而真实的一般物质实践范围来思考，旨在消除"文化"与"非文化"的差别。汤普森有时在较为普通的意识意义上使用"经验"概念，将它当作人们"把握""传达"或"歪曲"既

---

① 斯图亚特·霍尔：《文化研究：两种范式》，陶东风主编《文化研究》，社会科学文献出版社，2013。
② Madeline Davis. The Marxism of the British New Left. Journal of Political Ideologies, Vol. 11, No. 3, 2006：335.

定生存条件和生活原生态的集体方式;有时又将这一概念用作"亲历"的范围,相当于"条件"和"文化"之间的过渡领域;有时又用作各种客观条件本身——对应于那些具体的意识模式。但是,无论用哪一个术语,两人均倾向于从关系结构是如何被"亲历"和"体验"的方面来解读它们。① 什么是"亲历"和"体验"呢?就是亲历者的个人感受,实际上就是本土化的感受。在霍尔的眼中,这两种对待经验的态度,是新左派把文化、意识和经验置于核心地位的必然结果,对于经验因素的拔高,对创造力和历史主体的重视,是英国新左派人道主义立场的两种关键因素,其实质就是反对用抽象分析方式对实践进行区分,反对用任何连续的逻辑或分析操作来检验那种带有复杂性和具体性的"真实的历史运动"。事实上,"本土化"这个词并不是戴维斯创造出来的,而是新左派自己早已使用过的,是新左派的政治立场,具有强烈的方法论意义。

(二) 西方马克思主义的改造与借鉴

在西方马克思主义的知识传统中,马克思主义本质上是关于人类解放的学说,是把人的主体性和人的解放联系在一起的实践哲学,同时反对第二国际的理论家对历史唯物主义所做的解释,认为这样就完全消解了人本身的主体能动性。正是基于这样的理论观点,西方马克思主义者大多关注文化和意识形态等上层建筑的内容在社会形构中的重要作用,试图在新的历史条件下对马克思主义理论做出新的解释。这些马克思主义理论家在文化与生产方式的联系中思考文化的本质,文化不被看作人类的永恒价值,而被看作人类劳动和物质生产的结果。20世纪70年代,英国高等教育得到显著发展。受20世纪60年

---

① 斯图亚特·霍尔:《文化研究:两种范式》,陶东风主编《文化研究》,社会科学文献出版社,2013。

代末的学生运动和反权威的自由主义思想的影响,与政治组织建设相比,新左派更关注理论。左派知识分子试图通过引进新的激进理论来改变资产阶级文化主导的沉闷气息,20世纪70年代的理论引入正是在这样的背景下发展起来的。西方马克思主义因其对政治、意识形态和文化的特殊性和逻辑的强调而在文化研究和霍尔的文化政治批判理论中占有重要地位。在西方马克思主义的众多思想家当中,对霍尔的文化政治批判产生至关重要的影响的两位学者是阿尔都塞和葛兰西。虽然从他们的理论出现的时间来看,葛兰西在前,阿尔都塞在后,但从对霍尔及文化研究的影响来看,却是阿尔都塞在前,葛兰西在后。

阿尔都塞作为结构主义马克思主义的代表人物,对于包括霍尔在内的英国新马克思主义者的理论研究的巨大影响在整个20世纪70年代无人能及,霍尔甚至认为阿尔都塞的结构主义理论对文化研究的介入及其后续的发展几乎对该领域进行了重塑。20世纪60年代中后期到70年代初,是阿尔都塞理论创作最为旺盛的时候,而同一时期的《新左派评论》和伯明翰文化研究中心已经展开了对欧陆马克思主义的大规模译介和吸纳,其中阿尔都塞许多重要作品刊登在《新左派评论》杂志上,很快就成为以霍尔为引领者的文化研究领域最受欢迎的理论著述。霍尔曾指出:"阿尔都塞的确对我的研究产生了极大的影响。"[①] 他的思想对霍尔的影响是多方面的。

首先,阿尔都塞秉承西方马克思主义对社会形态的基本解读,也反对对经济基础和上层建筑关系的化约解读,将注意力集中于社会结构上,主张社会形态的复杂结构和多元决定。这一观点是霍尔将文化看作社会发展的本质维度的重要理论前提。阿尔都塞关于社会形态构

---

① David Morley, Kuan-Hsing Chen. eds. Stuart Hall: Critical Dialogues in Cultural Studies. London: Routledge, 2005: 149.

成的观点和经典马克思主义相区别,他认为社会形态包括三种要素形式:经济、政治和意识形态,认为对经济基础和上层建筑关系做机械决定论的理解是对马克思主义理论的误读。在他看来,经济基础和上层建筑之间不是简单的被反映与反映的关系,上层建筑具有相对独立性是经济基础得以存在的必要前提。但他并不否定经济基础的决定性作用,只是这种决定作用是"直到最后一刻"才发挥的,而"所谓的'最后一刻'始终未曾到来"[1]。事实上,阿尔都塞认为,在不同的历史时期在历史发展中起主导作用的力量是不同的,经济作为"最后一刻"的决定力量并不意味着其他时刻其只是附属,因为经济决定着那些宰制性的实践。这种观点马克思在《资本论》第一卷中也有提及,认为机械地理解经济的根源作用"固然适用于物质利益占统治地位的现今世界,但却不适用于天主教占统治地位的中世纪,也不适用于政治占统治地位的雅典和罗马……很明白中世纪不能靠天主教生活,古代世界不能靠政治生活。相反这两个时代的谋生的方式和方法表明为什么在古代世界政治起着重要作用,而在中世纪天主教起着重要作用"[2]。因此,在阿尔都塞看来,特定社会形态是一个具有有机结构的复杂统一体,它由许多要素组成,其中经济基础作为一个要素只是最终起决定作用,作为社会总体的有机组成部分的其他要素并不是总是处于被支配地位,相反在特定的历史阶段可以占主导地位,此时仍然有决定作用的经济基础则处于从属地位。霍尔认为,对"非必然对应关系"的强调表现出极为丰富的文化内涵,"多元决定"

---

[1] 阿尔都塞:《保卫马克思》,商务印书馆,1984,第58页。
[2] 约翰·斯道雷:《文化理论和大众文化导论》,北京大学出版社,2010,第87页。

展现的是"一种开创性的进步"①,这意味着任何既定的实践行为是许多不同因素作用的结果。因为它可以为我们分析文化现象提供理论前提,文化循环中的不必然一致性以及五个环节的接合所反映的正是社会形态非化约的立场。

其次,阿尔都塞的意识形态理论也为霍尔的研究提供了重要的理论借鉴。他对意识形态问题的关注既源于欧洲无产阶级革命的失败,也是对经典马克思主义对文化意识形态问题关注不足的弥补。阿尔都塞认为意识形态是社会形态的三个相对独立的要素之一,具有双重内涵。一方面,意识形态作为一种下意识的结构,是一切观念的基础。这种构成人们生活的真实的结构性存在不只存在于阶级社会,而是一种永恒的存在。它的不同寻常之处在于作为一种普遍有效而又无意识的结构,深潜于人们的实际生活当中,作为一种无意识的力量深深地影响着社会的整体结构以及人们的思想观念。另一方面意识形态被设想为一套完整详尽的意义设定,它是个体对自身生存条件的想象性描述。阿尔都塞认为意识形态表现为一种"表象",其中个体与实际生存状况只是一种想象关系。在意识形态中所呈现的内容并不是在实际生活中真实的存在,可能是对真实生活的误读,在这个意义上,意识形态是虚假的。事实上阿尔都塞并不是强调其是否真实,而强调的是意识形态作为一种思想架构,通过它人们感知、体验自身所处的物质条件,而这种体验与把握只是个体想象的结果。阿尔都塞断言,人们是通过意识形态来把握自身行为及其同人类世界的关系,这不是一种科学的理性认识,而是一种体验。简言之,阿尔都塞认为意识形态是一种关于人类与其所处的世界的关系的描述与表达,其中既包含由多

---

① Stuart Hall. Signification, Representation, Ideology: Althusser and the Poststructurist Debates. Critical Studies in Mass Communication. 1985: 90.

种因素所决定的真实的关系，也包含人类与真实存在条件之间的想象性关系，即在意识形态里，人类所表达的并不是自身与生存条件之间的关系，而是对自身与环境之间关系的一种体验。这意味着同时存在两种关系，一种是真实的，而另一种是想象的、被体验的关系。

再次，阿尔都塞承认意识形态的阶级性，但认为阶级意识形态不是统治阶级生产出来的，而统治阶级却是在一定的意识形态系统中生成的。因而在阿尔都塞看来，意识形态由此而转变为一种控制力量，以其特有的功能来实现对社会秩序的维护，但阿尔都塞不认为意识形态单纯是一种统治阶级控制和驯化民众的欺骗手段，相反他认为这种潜在的控制也是社会团结所必需的，因而人在本质上就是一种意识形态的动物。因为它可以为人们提供基本的生活模式、思维规则以至交往规范等观念的东西，意识形态是真实的通过人们的生活和实践建构的个体的世界观，是生活的经验，是意识和主体性的基础。同时意识形态在阿尔都塞的理解中具有物质性，它并不是人类可以自由取舍的东西，而是一种具有强大实践功能的在任何社会存在的条件结构下都存在的一种基本的结构，是根源于物质环境的，当然这种物质性不同于一般意义上的自然物质，而是因为意识形态存在的载体具有物质性。在阿尔都塞看来，一种意识形态一定存在于某种机器当中，存在于这种机器的各种实践活动当中，而这种存在就是物质的存在。对意识形态物质性的强调就是为了说明观念不会凭空也不会自动产生，而是由物质的机构，比如学校、家庭、工会以及文化媒体的参与而生成。阿尔都塞的意识形态理论能够在与社会结构的联系中阐释文化。

从总体上看，阿尔都塞对于霍尔文化理论的意义不仅表现在他揭示了意识形态国家机器在主体意识形成过程中所起的重要作用，更在于他的结构主义意识形态理论使霍尔的研究不再严格地按照文化主义的总体性的描述方式展开，而把不同主体的社会实践理解为其自身具有的相对独立的复杂统一体，更加强调传统的断裂与主体的差异。

葛兰西对霍尔而言无疑是其文化政治批判道路上里程碑式的人物，我们甚至无法说清是葛兰西成就了霍尔，还是霍尔成就了葛兰西。葛兰西的意识形态理论具有很强的当代感，尤其是在政治哲学成为一个重要的研究领域之后，他的理论就成为研究者们重要的思想资源并更加显示出巨大影响力，而这一过程中霍尔的援引和推介也是功不可没的。作为西方马克思主义的重要的早期代表人物，葛兰西最有影响力的理论是市民社会和文化领导权理论。文化主义和结构主义两种研究范式都"不足以将文化研究构造成一个有明确概念和充分理论根据的领域"①时，霍尔走向葛兰西。葛兰西从理论上带给霍尔的启示直接影响到霍尔文化政治批判的广度和深度。

霍尔引用葛兰西理论最初是为了解决文化主义和结构主义解释力的危机。在文化主义和结构主义之间，霍尔更倾向于结构主义，对结构主义的肯定直接地影响着其后对葛兰西的接受。霍尔对葛兰西的援引基于结构主义的理论框架，换言之，他是以结构主义的方式来运用葛兰西的霸权理论的。葛兰西之所以吸引霍尔是因为其霸权理论部分地回应了阿尔都塞的问题，并提供了一个更加灵活、精致和实用的关于文化和政治权力运作的说明。正是在阿尔都塞的结构主义和文化主义遭遇范式危机之时，文化研究经历了声势浩大的葛兰西转向。换言之，对葛兰西的意识形态领导权理论的应用使得霍尔可以较为从容地应对文化主义与结构主义的范式危机。相对于阿尔都塞结构马克思主义对主体能动性的消极理解，葛兰西肯定主体的能动作用，认为只有积极主动地去赢得意识形态领导权，才能把意识形态看作斗争的场

---

① 斯图亚特·霍尔：《文化研究：两种范式》，陶东风主编《文化研究读本》，中国社会科学出版社，2000，第61-64页。

所。同时，葛兰西认为，观念可以成为物质性的力量，帮意识形态拓展出其社会实践意义，并且观念有市民社会作为其结构载体。

首先，在文化与社会总体的关系上，葛兰西的理论为霍尔摆脱传统模式的化约结论提供了依据。葛兰西的文化霸权理论是对经典马克思主义的经济基础与上层建筑模式在发达资本主义国家的条件下的反思与超越。葛兰西思考发达资本主义国家在存在严重的不平等和剥削现象的情况下为何能够实现持续的统治、如何组织他们的统治，即资本主义的经济和社会关系作为剥削的体系为什么没有被推翻，无产阶级革命失败是不是由于无产阶级无法正确认识生活世界的本质。这是葛兰西要解决的问题，而文化和意识形态领域则是可以提供解决方法的地方。

其次，葛兰西对文化与政治国家之间关系的重新思考给予霍尔很大的启发，表现在将文化意识形态领域看作统治阶级和被统治阶级冲突的竞技场，反对将霸权简单地理解为统治阶级的统治。葛兰西指出，政治国家通过文化和意识形态来实现其霸权，政治国家的意识形态霸权在社会建构过程中主要是通过大众的主动同意来实现的，因而教育是权力发挥作用的主要路径，知识分子在其中的作用尤为重要。他在谈到文化霸权的实现时更多地强调政治国家的教育的维度，认为"国家是披上强制的甲胄的领导权"[1]，意在突出国家的强制功能只是外在形式，而内在的本质是被统治者自觉自愿的认同，要将"广大的居民群众提高到符合生产力发展需要从而符合统治阶级利益的一定的文化和道德水平……在国家中其特别重要的作用是执行积极的教育职能的学校"[2]，这种对国家的教育功能的强调与把国家仅仅当作阶

---

[1] 葛兰西：《狱中札记》，葆煦译，人民出版社，1983，第222页。
[2] 同上，第217页。

级统治的工具的观点的本质区别在于不再只强调通过单纯的暴力革命的强制手段改变人，而强调通过文化与教育的途径来改变人的精神和道德面貌。他认为霸权本身是一种不稳定的状态，不是一种一劳永逸的持续的状态，而是处于动态的变化过程中，需要统治阶级不断地主动争取和巩固，需要不断地重新获取和重新协商。文化被定位为统治与被统治集团斗争的场所，成为意义冲突和斗争的领域。大众文化既不是自上而下传导的结果，也不是自下而上自然生发出来的文化。霍尔进一步提出大众文化是意义争夺的场地的观点，不再拘泥于文化本身的优劣等价值问题，更强调文化与权力之间的关系以及大众文化在整体的社会结构中的地位。

再次，葛兰西的霸权概念有助于霍尔理解英国文化政治中共识达成的复杂性，为霍尔的文化政治批判提供了方向。葛兰西认为共识的产生绝不是单向作用的结果，而是收编与抵抗、霸权与协商双向作用的结果，霸权需要不断地重新赢得和获取客观上给它的对手提供了挑战的可能性，即一个从属的抵抗群体或阶层、一个反霸权集团得以存在。因而，葛兰西认为充满各种利益冲突和矛盾的大众社会是一个混合体，它既不属于中产阶级也不属于工人阶级，而是处于一种"均势妥协"的状态。在霍尔看来这一观点可以解决许多不同领域的问题，如阶级、性别、种族等。

二、英国文化主义的思想传统

尽管不是土生土长的英国人，但霍尔出生于英属殖民地牙买加，接受了系统的殖民教育，从 1951 年开始漫长的英国求学，这些经历都使得霍尔的学术研究深受英国文化主义思想传统浸染。作为一种思想传统，文化主义是由英国社会中许许多多的文化研究者共同创造和传承发展的结果。从柯尔律治开始经过阿诺德最终由李维斯完成的精英主义文化传统直接孕育了后来的文化研究学派，对于文化的这一理解使得文化和文明成为相互对立的概念。作为李维斯论述的出发点的阿诺德在英国文化主义传统中具有标志性的地位，他将文化描述为世界上被思考和表达的最美好的事物的观点成为高雅文化和群氓文化二分的严格界限。他所奠定的文化包含相互关联的四层含义，其一，"文化是世人所思所表的'最好之物'；其二，文化是获知'最好之物'的能力；其三，将'最好之物'运用于精神和灵魂；其四，对'最好之物'的追求"①。阿诺德生活的时代正处于英国文化衰落的年代，城市化工业化的发展为各种新兴的大众文化的出现提供了可能，这使得统治阶级旧有的文化控制模式出现危机。英国作为典型的资本主义国家，各种新式文化的持续涌现使得原有的统治阶级文化格局难以为继。李维斯主义所代表的文化精英主义对英国文化发展的意义重大，"在某种意义上，李维斯主义对英国的文化转型起到了承上启下的作用，英国文化研究的最初阶段也正是从批判李维斯主义的精英主义开始的"②。

"二战"是一个分水岭，其后的英国文化发生了较大的变化。战前英国文化的新形式主要表现为两种，其一是资产阶级的文化产品，其二是新兴的城市无产阶级文化。无论从形式和表现上有多大的差异，给原有的文化控制和文化权威带来危机是它们的共同点。文化问题逐渐成为社会关系的重要维度。区别于美国和欧陆国家，其有悠久的社会批判的理论基础和传统，而英国的学术研究传统中的文化批判理论兴起于文学批评。特里·伊格尔顿就认为在英国文学批评长久地占领了与社会和政治相关的领域和主题，一定意义上承担了社会和政

---

① 约翰·斯道雷：《文化理论与大众文化导论》，北京大学出版社，2010，第22页。
② 萧俊明：《英国文化主义传统探源》，《国外社会科学》2000年第3期。

治批判的职责。正如我们所知道的,霍尔最初的专业也是文学研究,虽然由于后来的兴趣点的转化和理论工作的需要他放弃了文学研究博士学业,但不可否认,英国的文化主义的传统和其所承载的独特的政治批判功能深深地影响了霍尔研究的理论逻辑。

文化研究所代表的是一种左翼的文化传统,这种传统挑战了原有的社会文化秩序,将文化与社会总体相连接。有学者称此种意义上的文化主义概念的使用起于霍尔,虽然没有经过详细考证,但霍尔在《文化研究:两种范式》中对文化主义和结构主义所做的详细考察已经成为文化研究范式研究的指南。尽管如此,正如我们所知道的,文化主义在英国有着很悠久的历史传承,文化主义传统有着深厚的影响力,甚至在教条主义最为严重的时期也保留着它的余地,也没有将上层建筑仅仅看成对经济基础的机械反映,也就是说,他们仍然保有对文化意识形态的关注与重视。希尔就认为,马克思从来没有否定过思想观念对社会历史发展的影响,因为他已经为那些思想观念设定了根本的经济起源。无疑,英国左派知识分子的这一理解是深刻而且合理的。的确,在马克思看来,物质生产方面的变革和社会意识方面的变革是相互区别的,但两者显然不能简单地加以切割。

文化主义传统对文化的理解,主要从以下几个方面展开:

首先,辩证看待文化与社会结构的关系。文化被当作关于社会存在的种种反映,同时它们可以反作用于社会存在,可以使社会存在获得意义并反映它们的共通的经验,这种理解目的在于突出文化与社会实践相关,强调"文化与所有社会实践是相互交织的"①,反对仅仅把文化置于反思性的地位。威廉斯在《文化与社会》《漫长的革命》

---

① 斯图亚特·霍尔:《文化研究:两种范式》,陶东风主编《文化研究》,社会科学文献出版社,2013。

中表达了这样的观点，即认为上层建筑和经济基础之间的天然的决定与被决定的关系是错误的，上层建筑有着相对独立性，有着自身演化的历史规律和独特的社会功能。汤普森在《英国工人阶级的形成》中对经验的强调也回应了威廉斯的观点，同样反对对马克思主义社会形态理论的机械理解，认为"任何文化理论必须包括文化与非文化关系的辩证互动"①。美国学者佩克认为汤普森对文化与非文化的划分是依据经验，而威廉斯则"寻求将文化视作一种具有社会总体性的整体概念"，但并不影响我们将他们共同归于"文化主义"的旗帜之下。②

其次，从文化与主体的关系切入。文化主义对历史主体及其能动作用的强调受益于马克思的早年著作《1844年经济学哲学手稿》的面世，在这个文本中，马克思认为生产活动是能动的人的活动，把人类劳动阐释为人类的自我创造行为。威廉斯认为人类的自身特点和外在社会的根源是人类的创造力，它既不受艺术限制，也必定与社会的政治决策以及经济生活体系相关联。汤普森也极力恢复主体在文化实践中的历史地位，突出其能动性和创造性。总之，文化主义强调文化是在特定的历史条件下主体所产生的意义和价值，是主体把握物质世界的方式。文化主义对文化实践和共同经验的关注、对日常生活大众主体意义的强调都为后来的文化研究提供了重要的思想资源。

再次，更为广义地理解文化。即文化是整体的生活方式，因而文化就是社会生活本身，是社会结构和社会进程中与经济、政治一样不可或缺的组成部分。霍加特在《识字的用途》第一部分所描述的工人阶级文化主要指"二战"前几十年工人阶级的生活态度、价值观

---

① E. P. Thompson. The Long Revolution. New Left Review 9, May–June, 1961: 33.
② 张亮、李媛媛编《理解斯图亚特·霍尔》，北京师范大学出版社，2016，第17页。

念以及他们所享有的文化产品的基本形式。其中，关于工人阶级文化产品的内容这一部分，威廉斯认为霍加特已经将其等同于大众商业文化，并强调如此理解导致破坏性的后果。从威廉斯的《文化与社会》开始，文化的政治意蕴就不断地被强调，工人阶级意识、大众传媒、大众日常生活以及各种文化产品都变得和经济生产一样重要。不同于法兰克福的文化工业，其强调文化的强制性意义，英国文化主义强调文化实践的建构能力和授权能力。

在深受英国文化主义传统影响的同时，霍尔的文化观念在一定意义上革新和超越了这一传统。对霍尔影响最大的当数威廉斯、汤普森和霍加特。在承袭威廉斯、汤普森和霍加特的传统的基础上，霍尔进一步研究了文化消费者和生产者活生生的经验，尤其是关于边缘的被压迫的群体的经验。霍尔开启的对青年亚文化的关注就显示出对主体的尊重，不仅表现出汤普森关于工人阶级文化的传统，也内含霍加特的经验作为文本的细读法。但霍尔同时也拒绝了汤普森将经验和意识形态截然对立的做法，否定了威廉斯的那些生活于其中的人就一定能够把握自身所处的特定文化的观点，认为文化实践是被经验和意识形态双重作用的结果，霍尔用马克思在《路易·波拿巴的雾月十八日》中的经典表述来做注解："人们自己创造自己的历史，但是他们并不是随心所欲地创造，并不是在他们自己选定的条件下创造，而是在直接碰到的、既定的、从过去承继下来的条件下创造的。"[①] 霍尔对理论的使用从来不是一成不变的，在不同的时期由于回应的社会变迁和问题不同会有不同的侧重和突破。霍尔文化观念以及整体性思想都受到威廉斯的巨大影响，他声称每当自己打算开辟新的研究领域时总会发现威廉斯已经在这条路上走了很远。但是霍尔对威廉斯的观念绝不

---

① 《马克思恩格斯选集》第 1 卷，人民出版社，1995，第 585 页。

完全照搬，恰恰相反，是一种交流与协商基础之上的修正与发展。就文化与社会的关系而言，威廉斯认为社会是一个不可分割的整体，以资本与劳动的矛盾为基础，强调社会结构中的同一性和联系。霍尔在总体性的概念基础上，受阿尔都塞的影响更加强调社会结构中文化实践的特殊性和差异，认为同一性和联系是建立在差异基础之上的，换言之，正是在差异基础之上与具体实践的接合使总体性成为可能。

三、后现代主义思潮的理论延展

现代性与后现代性的定义和区分始终众说纷纭、莫衷一是，但就目前学界达成的大致共识来看，现代性有相对确定的内涵。笛卡尔作为对现代性思考的开端，见证了那个传统与革新大碰撞的时代。与愚昧和迷信相对立，理性被看作独立于传统和权威的检验人的生存意义的尺度。因此，伴随着西方工业革命和资本主义生产关系的繁荣，现代性被视作在此基础之上的文化形式。后现代主义显然是以现代性为批判对象的，现代性的合法性不仅被质疑，而且被指责为文化帝国主义的表现。霍尔继承了文化主义和马克思主义的学术传统，作为对英国社会面临的危机与挑战的反思与批判者，其思维路径和研究范式无疑是现代的，但霍尔与后现代主义始终暧昧也因此饱受诟病，这主要源于他后期对于文化身份、族裔散居以及欧洲中心主义等问题的关注。

伴随着后结构主义和后殖民主义以及后现代主义理论在文化研究领域的长驱直入，霍尔的文化政治批判也与之相遇。安吉拉·麦克罗比在谈到后现代主义对文化研究和大众文化理论发展的影响时，认为马克思主义在英国一直是整个文化研究的主要参照系，如今却面临后现代主义批评家的质疑。后现代思想家们认为马克思主义有着浓重的宿命论色彩、欧洲中心主义论调，同时也质疑其经济主义、宏大叙事的研究范式,并攻击马克思主义在整体启蒙计划中的地位。① 但是,他们总是在做"非常接近马克思主义范围的、致力于马克思主义或违背马克思主义的、对马克思主义产生影响或试图发展马克思主义的研究"②,无疑他们在积极地促进马克思主义与性别、种族以及边缘社会群体的抗争等社会运动结合起来。霍尔与文化研究和后马克思主义、后现代主义有许多联系,其中,德里达的解构主义和福柯的权力思想都对霍尔的文化政治批判产生了强烈的冲击。

(一) 德里达的解构主义

1967年雅克·德里达的多部作品的问世为后结构主义的研究奠定了理论基调。许多学者认为后结构主义思潮的产生与20世纪60年代世界范围内的运动有联系。伊格尔顿就认为后结构主义是1968年的"兴奋与幻灭、解放和纵情、狂欢和灾难"的产物,大规模的学生运动"尽管无力打碎国家权力的种种结构,后结构主义发现还是有可能去颠覆语言的种种结构的"③,因而,在他看来,正是这场运动的失败将学生运动赶进了话语之中。德里达的解构主义所开辟的新的写作和阅读方式,也超越了结构主义的二元立场。

德里达认为,符号的意义不仅仅取决于其在差异系统中所处的位置,意义不是参照一个独立的客观世界而产生的,而是符号之间的不同关系相互影响、相互确认的结果。意义在符号的制定过程中生成,意义的浮现总是既有延迟又有差异的,是一个不断产生差异和补充的

---

① 安吉拉·麦克罗比:《后现代主义与大众文化》,中央编译出版社,2000,第60页。

② Stuart Hall. Cultural studies and its theoretical legacies. David Morley, Kuan-Hsing Chen. Stuart Hall: Critical Dialogues in Cultural Studies. London: Routledge, 1996: 275.

③ 特里·伊格尔顿:《二十世纪西方文学理论》,武晓明译,北京大学出版社,2007,第139页。

过程,是对语言和意义的共时性解构。德里达的"延异"概念同时考虑到结构因素和时间因素,换言之,意义的呈现既取决于结构的差异,也依赖于过去和未来的联系,是一个无止境的意义的延迟和差异呈现的过程。但德里达的意义绝不是停留在阅读领域,政治实践才是他的理论最终停留的地方,打破特定的思想体系以及其背后整体的社会结构的控制是其内在本质的目的。德里达打破了结构主义和传统西方哲学中最为稳定的二元结构,指出其实质是一种权力关系,是将主导性的话语体系凌驾于其他的话语体系之上,而这种霸权关系是在建构过程中被生产的,占主导地位的话语总是通过从属的话语来获得意义。

德里达的"延异"概念对霍尔影响颇大,霍尔的文化身份和种族问题研究在很大程度上承接和使用了他的观点。霍尔认为,德里达对差异的创造性理解在于把差异放置于延迟的背景之下,"提出了意义总是被延宕的观点,也许借助指意的嬉戏达到无休止的补充的程度"[①]。因此,在霍尔看来,文化身份总是被构建的,是通过对事物的对立面的否定而完成的肯定,文化身份的建构总是从他者的视角来完成的。正是被德里达所解构的作者与读者、文本和意义之间的对应关系,彻底颠覆了意义产生的传统路径,呈现出持续的断裂与重组、破碎与拼凑。这也是霍尔更为强调历史发展过程中的间断性、偶然性以及特殊性之间的关联的理论引子。

(二)福柯的权力—知识理论

米歇尔·福柯是法国哲学的重要代表人物之一,他的理论对霍尔的研究有多方面影响。在19世纪70年代,随着文化研究领域的葛兰西转向和霸权理论的广泛运用,伯明翰学派对福柯也有过相当程度的

---

① 斯图亚特·霍尔:《文化身份与族裔散居》,罗钢、刘象愚主编《文化研究读本》,2000,第219页。

关注，在一次访谈中霍尔谈道："在葛兰西之后，英国文化研究出现的最重要的变化，先是福柯思想的影响……文化研究对之有大量的引入。"①霍尔在多篇文章中讨论过福柯，认为福柯的观点体现出一种从"差异"的路线进入的激进的异质性，其似乎总是能够对那些无法解决的决定论问题给出较为合理愉悦的解释。霍尔是在试图为女性主义研究打开一扇窗而遭遇了父系的权力阻碍时遇到了福柯，他的知识与权力相互作用的理论成为霍尔可以利用的有效的思维方式。

福柯的权力观一定程度上改变了霍尔的文化政治批判轨迹，其实现了从阶级向话语的转向。霍尔认为福柯的意识形态理论以及权力观和马克思主义的意识形态理论和阶级观念有很大的相似性，但是葛兰西更侧重于阶级分析，而福柯则立足于话语。福柯认为知识是一种权力形式，知识权力是通过隐形的文化实践来体现的，它在特殊的历史状况和社会秩序中运作，因而文化实践中对权力和知识的结合方式以及实际效果的分析批判就显得尤为重要。在福柯眼中权力不是以直线形式呈现的，而是循环的，是通过一个复杂的普遍联系之网来发生作用的，因而权力关系遍布社会的每一个角落。

福柯的思想与后结构主义紧密相连，他探索话语实践对人的身份建构的巨大影响，但同时拒绝承认存在一个潜在的结构秩序或者最终的确定性力量。福柯想要阐明在特定历史条件中话语的形成规则及其在社会实践中的运作程序与机制。他关注权力问题，但权力在福柯眼中不仅仅是压制性的力量，也是生产社会秩序的微观组成部分。他的知识和权力所构成的权力领域为霍尔理解种族问题提供了文化权力分析的视角。在霍尔看来，正是文化权力迫使黑人将自身看作和体验为

---

① 黄卓越：《文化研究：追忆与讨论——在伦敦访斯图亚特·霍尔》，《西北师大学报》2007年9月2日。

"他者",这是文化权力作用的结果,这种知识-权力结构是内在的,而不是外在的。"把一个主体或一些民族定位为某一主导话语的他者是一回事;而使其臣服于那种'知识',不仅仅将其作为由内在的驱策力和与规范保持一致的主观意愿所强加的意志和统治问题,则完全是另一回事"①,霍尔从福柯的知识-权力结构中分析,发现其内生的力量是一种具有破坏和解构性的内在占有,这一观点和葛兰西的文化霸权遥相呼应,共同助力霍尔双向互动共识观的形成。

在后期差异政治的研究中,在对西方世界和东方世界的划分与界定的问题上,霍尔援引了福柯的话语理论,认为这种划分与解读内在地包含权力的因素。福柯关于权力和知识的关系的理论被霍尔用来分析话语本身的意识形态功能。福柯认为权力和知识相互关联,不存在脱离知识建构的权力,同样也不存在不包含建构权力关系的纯粹知识,是知识建构了权力的城堡,而权力和知识是在话语中结为一体的。因此,在霍尔眼中,主导意识形态的权力也是一种生产性的力量,通过话语机制生产出一方面传递和强化了权力另一方面也抵抗权力的行为和策略。正如福柯所言,有权力的地方就必然有抵抗,霍尔也笃信这一点,话语不仅仅是权力的工具,也包含对权力结构的抵抗,因此,大众文化从来都既是霸权实现的场域也是展开抵抗的地方。总之,福柯的话语理论对霍尔有很大的借鉴意义,尤其是对他的思维方式有巨大的影响,他认为话语理论是"能够把其他种类的实践再概念化的一种精细的构成能力"②。当然,正如霍尔所说,福柯

---

① 斯图亚特·霍尔:《文化身份与族裔散居》,罗钢、刘象愚主编《文化研究读本》,2000,第216页。
② Kuan Hsing Chen. Post-marxism: between/beyond critical postmodernism and cultural studies. Stuart Hall: Critical Dialogues in Cultural Studies. eds. David Morley, Kuan-Hsing Chen, London: Routledge, 1996: 315.

的话语理论有很多有价值的东西,但绝不是说福柯的所有主张都是正确的。

小　结

20世纪的英国社会经历了由极度繁荣走向衰退的历史性转折,尤其是战后英国社会巨大而深远的社会变革为霍尔的文化政治批判提供了最为广阔的舞台。新左派的思想革命和政治诉求规定了霍尔文化政治批判的基本轨迹和批判的文化向度,使文化分析和政治分析成为霍尔思想的核心内容。霍尔曾把马克思主义理论比作英国战后激进理论动力无限的发动机,马克思主义理论以及由其出发的后继理论都为霍尔的文化政治批判提供了启蒙,也是其全程的理论护卫,正如玛德琳·戴维斯所认为的那样,马克思主义已经和英国的文化生活交融在一起,为文化批判理论提供了丰富的战略性资源。无论马克思主义的历史唯物主义立场还是葛兰西的霸权理论都是成就霍尔文化政治批判的主要的理论基石。英国深厚的文化主义传统给予了霍尔关注政治的启蒙,也为霍尔的文化批判拉开序幕;文化主义传统对文化与社会总体关系的辩证分析成为霍尔文化政治批判最为重要的理论向度,对主体能动性的强调成为霍尔挖掘大众抵抗政治学的原动力。后现代主义之于霍尔既是批判的对象也是援引的资源,无论福柯的真理的历史偶然性,还是德里达的意义的不稳定性,都是以反本质主义的态度,强调文化意义的形成过程中语言的不稳定的构成作用,这对霍尔后期的研究有着深远的影响。

第二章 霍尔文化政治批判的内涵

英国文化研究本身有注重工人阶级政治实践的传统，从20世纪30年代的人民战线到50年代的核裁军运动，从60年代末的学生政治运动到70年代的女权主义运动和种族政治，毫无疑问，其中展现的正是知识分子对工人阶级政治实践的关注与深入参与。学术工作和政治实践的交融是霍尔一贯的主张，在谈到伯明翰中心的工作时他曾说："我们主张能够从事学术工作，同时不把人民丢在角落，不能把人民从学术领域排除出去。"霍尔的文化政治批判思想是从文化战线切入社会形构的，紧扣社会发展的历史与现实，从纯粹的学院式僵化的研究路线中解放出来，致力于对社会生活的文化分析，并试图揭示和改变现存的权力形式及其关系。

第一节　霍尔文化政治批判思想的历史追溯

对霍尔文化政治批判的历史追溯将从马克思主义的意识形态理论开始。麦克莱伦认为，在当代世界中关于文化与政治、文化与权力、文化与不平等的论述都可以从马克思主义的理论中获得借鉴。

一、马克思的意识形态理论

马克思主义及其后继者对资本主义社会中的阶级形成和经济过程所展开的批判论述和历史唯物主义的分析模式都为现代文化政治批判提供了重要的理论养分。正如威廉斯所讲，虽然马克思本人并没有对文化问题展开系统的论述，也没有形成整体的文化理论，但是马克思在《〈政治经济学批判〉导言》中对经济基础和上层建筑的经典论述无疑为英国文化政治批判奠定了基础。约翰·斯道雷在分析文化和意识形态概念的异同时提出两者有很大程度的重合，其区别则主要表现在意识形态所特有的政治维度。意识形态常常被认为是将文化作政治维度的解读，卡尔·曼海姆也认为意识形态是源于政治冲突的一个概念。马克思没有清晰的意识形态的概念界定，但我们可以从他对意识形态概念的使用中获知其大致含义。一般认为，马克思主义关于意识形态的主要判断是：在资本主义社会中经济上占主导地位的阶级总是对整个社会的文化意识形态的生产与传承起支配性作用，经济关系的不平等使得少数社会成员拥有并支配社会生产资料，由此获得了凌驾于其他社会成员之上的权力，其中包括文化意识形态。

霍尔在《意识形态问题：不做保证的马克思主义》一文中比较完整地表达了他对马克思主义意识形态问题的理解。霍尔认为马克思对意识形态概念的使用主要指向资产阶级思想的负面和歪曲的功能，指出马克思主义意识形态批判首先是对资产阶级意识形态的批判。马克思主义哲学承接了德国古典哲学，尤其是黑格尔和费尔巴哈的思想，因此，其意识形态理论首先与哲学批判相联系，作为马克思主义哲学直接的理论来源的黑格尔哲学与费尔巴哈哲学正是其批判的对象。"马克思将意识形态这个术语作为批判的武器来反对思辨神秘的黑格尔主义；反对宗教和宗教的批判；反对唯心主义哲学和各种庸俗堕落的政治经济学。"① 霍尔认为马克思和恩格斯在当时的斗争环境中为了反对各种对立思想进而突出自己的论点，使得本来有系统的理论变得简单，这是之后各种意识形态问题争论出现的重要原因。同时马克思主义意识形态批判与对资产阶级政治社会现实的批判相联系，因为对资产阶级意识形态的批判如果脱离了对资产阶级政治社会现实的批判，就失去了其真正意义，而成为一种单纯的道德批判。马克思无论在《1844年经济学哲学手稿》还是《神圣家族》中都对资本主义社会现实做了明确的批判。因此，理论的社会介入也是霍尔对马克思主义的重要承接。

霍尔认为我们在理解马克思主义意识形态时"应当拒绝任何暗示"，拒绝西方马克思主义对其理论的扭曲，这样我们才能更好地理解和应用，"意识形态问题的可见度的呈现也由此而有了更为客观的基础"②。要理解意识形态在特定社会建构中的地位与职责。意识形态在一定社会的物质条件之上生成，但同时具有自身演变发展的独立路径，绝不仅仅表现为一个消极的产物，相反在这中间有着可以发挥

---

① Stuart Hall. The Problem of Ideology: Marxism Without Guarantees. David Morley, Kuan-Hsing Chen eds. Stuart Hall: Critical Dialogues in Cultural Studies. London: Routledge，1996：26.
② 同上。

的巨大空间，要认识并为努力改变社会开辟一条指向社会主义改造的道路。尽管霍尔认为经典马克思主义对意识形态的理解存在一些理论弱点，但它从总体上揭示了关于"社会主义运动的政治策略和政治活动"在发达资本主义社会中最为关键的问题。①

二、葛兰西的文化霸权思想

葛兰西的思想在使当代文化政治哲学成为重要研究领域的过程中功不可没。葛兰西在都灵大学读书期间就深受克罗齐哲学影响，强调文化和思想意识在革命进程中的重要意义。他在早年的《社会主义与文化》一书中所阐释的文化概念已经显示出他的政治批判中的文化向度以及文化解读中的启蒙和解放的向度。他指出："人首先是精神，也是历史的创造物，而不是自然的产物……人只能一步一步地、逐时逐段地认识到自己的价值，意识到自己独立的权力。"② 他认为人的本质在于精神和精神在历史中显示出的创造性。葛兰西反对第二国际的经济决定论，认为强调人的精神能动性和在历史发展中的重要作用才是马克思主义的真正精髓。葛兰西对个体所处的社会关系的关注和对集体中的个人的思考都不同程度地表达了他的文化政治批判的基本观点。

文化在葛兰西的思想中被视作常识。他认为每个人都会有思想的操控、普遍观念的获取以及按因果联系来思考等习性，因而他们都是被文化化了的，而个体要从原始的常识中被解放，进入葛兰西所说"智识秩序"，就要接受教育，知识分子要承担起提高民众文化的职

---

① Stuart Hall. The Problem of Ideology: Marxism Without Guarantees. David Morley, Kuan-Hsing Chen eds. Stuart Hall: Critical Dialogues in Cultural Studies. London: Routledge, 1996: 27.

② Antonio Gramsci. Pre-prison writing. Cambridge University Press, 1994: 10.

责。葛兰西反对保护大众原始文化状态的做法，在他看来，这样做不啻为保护主导阶级的统治服务，起到了消解民众改变现状的动力和削弱抵抗的意识的作用。葛兰西认为大众只有获得系统的教育，提高整体的文化素质，才有能力系统地解释自己的生存状态，才有机会挑战现存的霸权话语系统。因此，从文化意识形态层面激发民众的抵抗和革命意识是葛兰西政治批判的重要特点。知识分子在革命中的作用也是葛兰西政治哲学中的一个论述重点，他认为知识分子不是独立于社会的历史进程之外的超然的存在，同时知识分子的责任绝不仅仅限于经济、政治领域，而是要在更大的社会和文化领域施展身手，要对民众的道德和精神生活加以改造和提升，在文化和意识形态领域发挥领导者的作用。

在葛兰西的思想中，文化和政治是紧密相连的，社会主义政治在葛兰西眼中不是单纯的夺取政权，而是一种文化的启蒙。他对文化意识形态的强调与他所处的时代相关——发达资本主义在经过工业革命的长期发展之后出现的经济繁荣局面使得资本主义的统治方式发生了大的改变，单纯依靠暴力控制来达到统治目的的做法已经失去原有的效果。政治、经济、文化领域都已经发生了极大改变，工人阶级生活得到改善，阶级意识、革命意识渐渐淡漠。葛兰西认为社会主义革命首先要突破的是资本主义社会的外围防线，即市民社会。葛兰西的市民社会概念是意识形态和文化关系的总和，他认为文化是彻底的、统一的和在整个民族普及的"对生活和对人的观念"①，文化不只是道德与精神观念，还可以成为统治的手段。他指出东西方社会源于发达程度不同因而拥有成熟度不同的市民社会，而这一点恰恰导致两者革命道路的不同。发达资本主义国家的统治既包括以国家暴力机构为基

---

① 葛兰西：《论文学》，吕同六译，人民出版社，1983，第2页。

础的强权统治,也包括发展共同的理念、价值观、信仰和意义——共享的文化基础之上的赞同,从而建立霸权本身的合法性。这一观点成为霍尔文化政治批判理论的直接的思想来源。

葛兰西的霸权理论给予了大众文化积极的理解,从此破解了文化工业的理论局限。大众文化不再是落后的衰腐的代名词,而成为斗争的混合物,是文化工业和民众自我意识的交融,是统治与抵抗协商的产物。霍尔对青年亚文化的解读就最好地诠释了这一观点,青年亚文化正是在消费文化工业的大潮中生产出有明确的自我意识和个性特征的文化符号。霍尔对大众文化的批判、对撒切尔主义的批判分析以及对媒体意识形态的解读都深受葛兰西霸权理论的影响。事实上从20世纪50年代末开始,葛兰西政治哲学中的诸多概念都成为英国文化马克思主义理论建构的中心概念。

三、法兰克福学派的文化工业批判

在文化政治批判的发展历史中法兰克福学派始终占据特别重要的地位。从马克思的时代到20世纪前半叶,尽管各个哲学派别有不同的价值指向,但批判意识已经成为众多的哲学派别共有的传统。法兰克福学派尤其突出地展现了这一特征,其不囿于纯粹的哲学思辨,而是从文化的角度介入对现实的人的生存状态的批判。霍克海默认为批判理论的旨要在于对现存秩序的批判和超越,从而达到实现人的自由和解放的目标。他指出批判哲学的真正的社会功能是要对当下社会中流行的事物进行批判,其职责在于"防止人类在现存的社会组织慢慢灌输给它的成员的观点和行为中迷失方向……看到他的日常谋划和他所承认的伟大思想间的联系"[①]。他认为批判不是单纯的否定,而

---

① 霍克海默:《批判理论》,李小兵译,重庆出版社,1989,第250页。

是扬弃，是为发展出人类的内在自我意识构建一种能够连接现存秩序和未来发展的桥梁。

法兰克福学派对马克思主义经济基础和上层建筑关系的命题持赞成态度，承认经济进程在整体历史发展过程中的最终决定作用，但在此基础上认为文化已经成为当代政治最为瞩目的主题，必须重新思考文化在现代社会中所起的作用以及文化和社会总体的关系。他们认为文化是社会整体结构的一部分，同时也是具有自身独特运行规律的领域。霍克海默认为，随着科学技术的飞速发展和人的主体性的日益增长，现代社会所展现出的深刻的文化危机呼唤一种对现存秩序展开批判的理论。他在《启蒙辩证法》中除了展开对技术理性的批判路径之外，提出一个重要的、在后来的学术研究中产生深远影响的批判路径——大众文化批判。虽然从广义上看，法兰克福的社会批判理论都属于文化政治批判，但正如霍克海默所认为的那样，是文化工业的分析打开了法兰克福学派的批判之门。

霍克海默从人的生存的角度理解艺术的本质，认为"反抗的要素内在地存在于最超然的艺术中"①，将艺术看作具有抵抗性和革命性的力量。对艺术的把握实质上体现了法兰克福学派对文化的规定，因为艺术在他们那里总是被视作最为精致的文化创造，是人的自由解放最为本质的表达。但是，在法兰克福学派看来，在当代资本主义社会，作为人的自由的本质的艺术已经被异化，其最突出的表现就是大众文化的兴起。文化工业是法兰克福学派的重要概念，主要指在现代科学技术基础之上被大规模生产复制的文化商品，这些文化商品具有商业价值，具有标准化特征，完全消解了大众的主体能动性。失去了创造性的文化商品成为束缚人的自我意识的工具，成为资本主义统治

---

① 霍克海默：《批判理论》，李小兵译，重庆出版社，1989，第259页。

大众、奴役大众的一种方式。文化工业和大众文化基本通用，但在后来的研究者的使用中，文化工业批判是法兰克福的代名词，其核心观点就是把大众文化当作一种消解人的主体力量的消极异化因素，是为维护资产阶级的统治秩序服务的，因而文化工业有欺骗大众的性质，大众在文化工业面前是消极被动毫无抵抗力的存在。这一观点是霍尔为代表的大众文化积极意义的倡导者所极力批判的。

在文化问题上，绝大多数的法兰克福学派的学者都持有严格的精英和大众的二元对立的立场，从霍克海默到阿多诺都认为真正的文化与大众文化存在本质上的界限。尽管法兰克福学派的著名学者都有着深厚的马克思主义哲学底蕴，而且也怀着美好崇高的政治理想，但是其严重的文化精英主义倾向以及对大众文化的蔑视和英国早期文化主义的"文化与文明"的传统有相似之处。虽然他们批判的出发点是截然对立的，法兰克福学派批判大众文化是因为大众文化降低了文化的层次，使得工人阶级失去斗志，沦为资产阶级的同路人，而"文化与文明"的传统则恰恰相反，他们对大众文化的否定是为了让作为资产阶级的文化的精英文化不受其影响而保持原始的评价标准。这两种情形后来都成为霍尔以及文化研究学者批判的对象。

四、英国新左派的思想革命与政治诉求

英国新左派是一个典型的松散的学术群体，而非严密的政治组织，创造思想、推进学术进步是其首要工作和主要目的。如果一个学术群体只是埋头于书桌，对现实问题不闻不问，对社会变迁不理不睬，对人的生存和发展不管不顾，没有明确的目标，缺乏进步的政治诉求，它必然是短命的，对于它的死活，人们也会不闻不问、不理不睬、不管不顾。"英国新马克思主义把现实的人作为研究活动的着眼点，把如何改善人的现实生存状况、改进人的生活方式和提高人的社

会实践能力作为研究活动的目标指向。因此，从一开始，他们就坚持人的全面解放的哲学立场，倡导新文化生活方式，展现科学技术的社会意义，表现出强烈的人道主义、文化唯物主义和技术实践论的思想。这些思想构成其基本的哲学倾向。英国新马克思主义以在物质生产高度发达的英国实现社会主义为目标，因而以技术批判、文化批判和社会批判为利剑，直指现代主义的意识形态和资本主义制度本身，通过设计各种各样的理想社会主义社会和开展多种形式的微观社会运动，尝试把理想变为现实。他们以马克思的经典思想为基础，以各种具体的学术领域为对象，结合英国实际，追求思维方式的创新和变革，形成了各种解释模式，先后出现了新历史主义、结构主义和地理—历史唯物主义等诸多形式。这些看似不同的思维范式，其实都是整体主义的不同变种，因而展现出思维方式内在发展的清晰的逻辑特征、历史脉络和学术气息，体现出新的认识论和方法论意义。"①

确实，从新左派诞生的那一时刻起，明确的政治诉求、鲜明的政治立场和相对庞杂与混乱的学术思想，就与它相伴而行，没有须臾离开。正是这个明确的政治诉求和鲜明的政治立场，把松散的新左派成员密切联系起来，无论他们个人有多么不同的思想认识，无论彼此有多么激烈的争论。可以毫不夸张地说，新左派就是在政治争论中诞生和成长起来的。按照霍尔的说法，新左派从一开始就以不同的方式向狭隘的"政治"定义发起了攻击，并试图设计一种扩大的"政治观"，为"私人苦恼"与"公共问题"之间的批判辩证法开辟道路，这必将炸毁传统的政治观念。

霍尔在这里所说的他们猛烈攻击的狭隘的"政治"定义，主要指当时的英国共产党和工党的政治，这种政治实质上基本倾向于按照

---

① 乔瑞金等：《英国的新马克思主义》，人民出版社，2013，第2页。

苏联的社会主义模式在发达资本主义搞无产阶级革命,实现社会主义。然而,在新左派的眼中,苏联模式的社会主义是极权主义的和没有人性的,至少是"狭隘"的政治观。霍尔认为,新左派在争论和批判中形成了自己的政治立场,它暗示着新的政治逻辑:在现实政治中"隐藏的维度"必须在"政治"话语中表现出来;按照新左派的直接经历,普通人可以且应该就地组织起来,用存在主义的语言表达他们的不满,并由此爆发一场骚乱。这种扩大的政治定义也导致社会冲突的潜在场所的扩大和选区的变化,因为并不是只有生产线上的那些人才可以发动革命。这种扩大的政治定义,包含对改良主义和"工党主义"的批判。霍尔认为,新左派正在寻求一种更加激进的社会结构转变,因为它仍忠实于经典社会主义纲领的基本观点。新左派在现代资本主义中看到社会力量的一种更大更强的集中和受商品化的影响。新左派之所以如此激进,最重要的原因是他们要更加广泛地批判"资本主义文明和文化"①——克服狭隘的政治观,批判改良主义、工党主义和资本主义,聚集更大的社会力量,扩大社会冲突的地盘;发动激进的社会革命,组织更广大的群众参加革命,尤其是吸引非生产线上的人参加进来,用"存在主义"的话语表达不满,目标就是要推动实现"经典社会主义的纲领"。霍尔认为这就是新左派的政治诉求。更进一步来讲,尽管新左派的终极政治目标是清楚的,但所走的路线是"第三条战线",立场是"第三种立场",即"把左派的观点建立在对战后资本主义新情况和社会变革的新分析"之上,把人们吸引到独立的政治活动和争论中来。实现这样的政治诉求需要策略,霍尔从四个方面给我们总结了新左派的策略:其一是挑战英国传统劳工运动的反智主义,以及克服知识分子与工人阶级之间的分

---

① Stuart Hall. Life and Times of The First New Left. New Left Review, 61: 188.

裂；其二是拒斥三种选择模式；其三是依靠战后成长起来的受到社会主义宣传和教育的新阶层；其四是加强有意识的社会主义民主运动。① 新左派当然也形成了自己的政治意识，按照霍尔的说法，其实质就是：社会主义事业必须植根于此时此地，必须与活生生的经验联系起来，要与"国民大众"的东西联系起来，发动人民，发展大众对抗。要克服社会主义只能从贫困和堕落中产生出来的错误思想，强调人民自主地采取行动，"此时此刻"并"自下而上地建立社会主义"，排除那种期望一瞬间就改变一切的抽象革命。② 显然，发动人民，实现社会主义，就成为新左派的政治使命。正是因为有这个政治使命，新左派才凝聚了力量，形成了思想，推动了社会运动，最终成就了自身。

第二节　霍尔文化政治批判思想的内在特质

约翰·斯道雷的一篇文章把文化研究定位为"一种学术实践的政治"和"一种作为政治的学术实践"，这一说法作为对霍尔文化政治批判的评价恰如其分。

一、从文化批判切入的政治批判

正如我们前面谈到新左派时提到的，新左派是松散的学术群体而不是政治组织，尽管我们一再强调理论的政治维度，但是无论新左派时期还是在伯明翰文化研究中心或后来的开放大学，霍尔的政治批判

---

① Stuart Hall. Life and Times of The First New Left. New Left Review, 61: 193-194.

② Stuart Hall. Life and Times of The First New Left. New Left Review, 61: 194.

都是在学术领域展开的,换言之,霍尔的文化政治批判不是一种政治运动,而是一种研究性的、从文化与权力关系切入的学术和教学实践。

文化是霍尔政治批判切入的主要维度。在他看来,在学术研究领域文化问题已经成为现代社会炙手可热的焦点问题。究其原因不外乎主观和客观两个方面,客观上全球化以惊人的速度扩张,大众媒介与通信技术的日益发达不断地为文化在社会和经济生活中的重要性增添砝码;主观上文化在知识生产和分类中变得更加重要,文化的分析和记述功能对于社会学研究也越来越重要。"文化渗入当代社会生活的每一个角落,创造出一种次生环境的扩散,并调停一切事物的方法。"① 汤普森以整体社会的"文化透视"来称呼这种对文化的态度转变,而霍尔用"文化转向"来描述英国社会出现的不断发展的文化中心论。他认为文化不仅仅是对社会秩序的简单反映,而是实际深入地参与了对社会秩序的构建,文化因此成为社会政治变革的积极力量和理解一切社会存在的基础条件。

霍尔认为文化就是一种揭示社会实践中的联系与差异的本质的普遍的总体性的方式,是"一个集团或社会的共享价值"②,是一个群体理解世界和解释世界的大致共通的方式,这种社会学倾向的理解更关注研究历史和历史背景中主体创造的意义。霍尔特别强调文化共享意义上的多样性以及多样性中所体现的差异与对抗的因素,他将文化看作意义被创造和体验的场域,意义建构的过程也被看作文化生产的核心。霍尔的文化解读承接了威廉斯,他认为威廉斯对"文化"所进行的讨论是具有开创性意义的,指出正是威廉斯改变了对文化进行

---

① 斯图亚特·霍尔:《理查德·霍加特〈识字的用途〉及文化转向》,张亮编《英国新左派思想家》,江苏人民出版社,2010,第38页。
② 斯图亚特·霍尔:《表征:文化表象与意指实践》,徐亮、陆兴华译,商务印书馆,2013,第3页。

论述的道德话语模式,转向关注对文化的总体性和日常性理解。

霍尔认为他的工作是将文化理论的学术研究和政治实践保持在一种"永远也不能解决但又永远存在的张力之中"①,因为他的文化政治批判的目的不在于获得确定的理论结局,而是要始终保持理论和社会政治的彼此干预和刺激。

尽管霍尔一直把生产有机知识分子看作文化研究的任务之一,但他也清醒地认识到他们所做的工作主要是理论研究的工作,虽然这些工作与政治实践密切相关,但是这并不意味着他们是"有组织的意欲领导这种或那种谋划"②,因为他们不是一个有严密组织和纪律的政党。文化研究既要避免将文化研究当作体制化的教学机构,也要防止把文化研究当作政治运动或政治组织来看待,在他看来,文化研究始终是从政治的维度思考文化,是具有政治批判性质的研究和教学工程。

二、作为政治的文化研究

20世纪50年代末,威廉斯围绕文化和社会展开的讨论在英国文化领域形成了影响深远的思想传统。他认为文化这个无比复杂的概念将和英国社会迅速发展的民主化新形势交融在一起,他和霍加特、汤普森一道展开的文化辩论与创作都深深地嵌入了权力与政治的标签。霍尔在牛津上大学期间就深受威廉斯影响,之后的新左派传统以及成人教育的经历都为霍尔的文化理论刻上了政治的印记。

霍尔的文化政治批判一向以内容庞杂而著称,不仅包括青年亚文

---

① Stuart Hall. Cultural studies and its theoretical legacies. Stuart Hall: Critical Dialogues in Cultural Studies. eds. David Morley, Kuan-Hsing Chen. London: Routledge, 1996: 270.
② 约翰·斯道雷.《文化研究:一种学术实践的政治,一种作为政治的学术实践》,陶东风主编《文化研究精粹读本》,中国人民大学出版社,2006,第93页。

化、种族、阶级、性别、国家认同等问题，在语言、媒体以及后现代、后殖民问题上都多有参与。尽管会有诸多疏漏，尽管许多内容彼此交叉，但我认为霍尔的文化政治批判不外乎政治国家批判和大众文化批判，所有内容似乎都可以在这两者之中和之间找到安身之所，或者说它们原本就是一个具有复杂结构的统一体。这种统一突出体现在对大众文化的定位上。文化政治批判的精英主义路径是以法兰克福为代表的，把大众文化看作文化工业的产物，是被意识形态控制并赋予意义的观点。结构主义也持有类似的态度，都是首先确定主体位置，然后赋予意义。文化政治批判的主体能动性的批判路径是英国文化主义的选择，他们认为大众文化是本真的人民的文化，是由工人阶级自发生成的具有劳动人民的创造性的文化。这种精英和大众的对立、结构和能动性的对立在霍尔的文化政治批判中得到调和。

一方面，霍尔并不否认主导意识形态通过大众媒体的编码灌输等形式的文化控制实践，也试图揭示其中的运作机制。他认为意识形态作为掌控大众心理的方式是一种物质的力量，指的是不同的阶级或历史集团用以理解、定义、厘清社会运作方式的心理构架，其中包括语言、概念、范畴、思考意向、表述体系。无论种族殖民主义还是媒体表征都是与文化政治与意识形态直接相关的问题。大众媒体职能的实现以及机制的运转就是为占统治地位的阶级的意识形态的生产、表征以及获得认同而服务的，因此，针对媒体对种族的本质主义的建构的批判性介入，事实上就是对主导阶级的文化意识形态的批判。另一方面，霍尔的文化政治批判真正关注的不只是主导意识形态是如何通过意识形态编码给定意义，他更为关注的是意义的最终归属。那种通过国家政治权力输出的文化意义，即法兰克福学派所说的文化商品或结构主义的主导意识形态在文化消费过程中被最终理解的方式或接受的程度才是霍尔最为关注的。青年亚文化批判就是通过青年对各种文化产品的消费实践中意义的挪用和拼贴来揭示其中的抵抗性因素。

霍尔的文化政治批判将文化意义上的生产和消费实践联系起来思考，辩证理解其相对独立性，用接合的理论来解释两个环节之间的非必然性承接，指出文化意义传递过程中的不可控性。霍尔对大众文化给出了新的定位，认为其是一个斗争的场域，是作为政治权力的文化与人民大众自己的文化创造的协商过程，是控制与抵抗的场所，是社会主义得以建立的场所。在这里占主导地位的文化意识形态通过大众喜闻乐见的方式展现，大众不是无辜的受害者。霍尔始终承认文化生产过程中资本结构以及编码机制中有操纵性的权力，但同时也强调大众文化消费和接受过程中的复杂性和能动性。

霍尔尤其强调学术研究扎根于社会现实，而不是简单地追随任意一种理论范式，他反对陷入任何一种理论的极端，坚持在政治实践中不断理论化。正是在实践不断理论化的过程中，他形成了自己独特的文化政治批判理论。正像伯明翰中心成立之初遭遇的一样，霍尔的文化政治批判也遭遇了各种不同的批评，正统的社会学家认为霍尔的理论缺乏认识论的基础，理论使用以及理论分析不够准确。对于这一点，霍尔认为自己是一个理论的运用者，而不是生产者，他声称："你要让理论为你所用。"他对理论的吸收与引进与批判性改造都建立在实用的基础之上，是根据他的经验研究的需要而不断变化的。霍尔不是任何特定的理论传统的忠实追随者，相反他是一个理论上的策略家。他认为面对不断变化的社会现实并不存在一种一劳永逸的永远正确适用的理论，应该随着变化的研究对象自觉地进行理论和方法上的调整，根据理论任务的需要寻找可以解决问题的方法和理论支持。"如果没能认识到他的立场是随时间的变化而移动，以便去回应新的理论和历史问题，也将形成对霍尔著述的曲解。旧有的观念和策略有时会在他的著述中消失，但更常见的是，它们会被再次挪用到新理论的形构之中，其意义与政治挑战被再度接合起来。"①

总之，霍尔的文化政治批判保持了学术研究的批判性特征，带给政治实践复杂的引导和干预。正如霍尔所说："我明白学术工作的政治与用学术工作来替代政治是两个迥然不同的概念。"② 他的理论是理论的政治，不是期望探索真理的元理论。他也不愿将自己的理论局限于体制之内，认为理论研究的目的是和政治事件、政治实践相关联并以理论争论的方式干预实践。

第三节 霍尔文化政治批判中知识分子的责任

在霍尔的文化政治批判思想体系中，知识分子的历史使命至关重要。承袭葛兰西的有机知识分子思想，霍尔认为在晚期资本主义时代，知识分子的社会责任表现在挖掘抵抗因子、培育主体、批判霸权、构建共识等方面。其中，抵抗政治是其总的策略；教育实践和文化霸权批判构成其具体实现路径；差异共存的多元文化模式则是其践行社会责任的价值旨归。

一、发掘大众文化的抵抗潜能

揭示大众文化被争夺的实质，基于批判性反思来发掘大众文化领域的抵抗潜能与空间，被霍尔看作知识分子的基本任务。从威廉斯将

---

① 劳伦斯·格罗斯伯格：《历史、政治和后现代主义：斯图亚特·霍尔与文化研究》，陶东风主编《文化研究》，第163页。

② Stuart Hall. Cultural studies and its theoretical legacies. Stuart Hall: Critical Dialogues in Cultural Studies. eds. David Morley, Kuan-Hsing Chen. London: Routledge, 1996: 274.

第二章 霍尔文化政治批判的内涵

文化定义为整体的生活方式开始，文化就不再是精英群体独占的盛宴。文化与社会、群体生活及其变化方式相联系，是大众共享的意义体系，也是社会结构中的本质维度。文化与大众、文化与社会、文化与权力的关系不仅关乎社会结构形态，也关系到大众文化的性质与地位。1973年霍尔编码解码理论的提出，开创了传媒学研究的积极受众研究的新时代。这一理论的一个重要维度就在于揭示整体传播过程所存在的抵抗空间和大众的文化抵抗力。霍尔认为，编码、解码是一个意义信息生产、消费的循环过程，是既相互联系又彼此独立的环节，其中每一个环节都有具体的内容，同时对整体而言都是必不可少的。换言之，电视信息中所嵌入的文化意义在每一个环节都存在，但并不一致，意义的生产无法决定意义的消费。这里内含的前提就是不同阶级、种族、性别的受众在意义解码过程中不是被动接受者，而是对主导意义具有抵抗能力的文化意义的积极生产者。

霍尔认为，对大众的文化引导应当着力于培养他们对文化的鉴赏力与分辨力，突出青年亚文化作为主导文化的抵抗形式所具有的社会意义上的潜在革命性。从理论上看，随着阶级意识的相对淡化，精英与大众的二元对立减弱，文化领域的主要张力表现为主导文化与被支配的从属和边缘群体文化的对立。大众文化的研究更多地指向以种族、性别、年龄为标识的文化种类。其中，青年文化是霍尔较早关注的领域。霍尔认为青年文化是最能够反映社会变革特征的风向标。早在《流行艺术》一书中霍尔就有这样的观点，提出写作此书的初衷就是为了改变早期文化理论家对大众文化的歧视和贬损所带来的危害性后果，倡导通过培养大众的文化分辨力来改变大众文化的消极影响。这一时期的霍尔关于大众文化的理解还留有李维斯主义的痕迹，他认为青年的音乐品味是极端低等的，因此是一定要放弃的。但霍尔强调青年文化是文化工业和青年的自我创造的接合，"这里既有年轻人的自我呈现，也为商业文化生产者提供了一片水草肥美的牧场"①，认为尽管主导文化与各种边缘文化的冲突无处不在，但青年文化中表现出的文化抵抗力格外醒目。1968年霍尔对英国青年文化的先锋派的嬉皮士风格②的分析、阐释与论证保持其一贯的政治向度，旨在捕捉、描述和解读嬉皮士生活的符号模式，揭示其中内含的生活方式和文化形式，从那些看似没有章法的、混乱无规则的现象中探寻隐含的一贯的、连续稳定的价值、信仰和态度。③ 在霍尔看来，他们所表现出的叛逆、越轨等现象正是对合法社会秩序必然性的抵抗，是试图推翻和逆转社会主导文化价值的合法性和稳定性的具体形式，其中所彰显的文化抵抗思想已经一览无余。在这里，抵抗既是一种微观现象，也表现为整体社会结构中的革命性因素。

尽管工人阶级文化并不具有统一本质，但在整个文化体系中，绝不处于纯粹被动接纳状态，而是通过消费抵抗或解码抵抗来存在。在《解构"大众"笔记》一文中，霍尔对普通大众的文化接纳能力曾做出经典阐述，指出普通大众并不是文化傻子。这一观点是针对批判理论中将大众看作消极被动的接受者的观点所做出的有针对性的回应。霍尔认为，大众绝不是文化傀儡，而是基于自身文化背景的意义的积极生产者。霍尔在评价霍加特的《识字的用途》一书的奠基性作用时，认为霍加特所强调的工人阶级受众对于他们所面临的主导阶级的

---

① Stuart. Hall, Paddy. Whannel. The Popular Arts. Beacon Press, 1964: 276.
② 嬉皮士（Hippies），英国的青年亚文化主要有摩登派和先锋派两个群体，其中摩登派是以西印度群岛黑人为主体的青年亚文化，而先锋派则是以白人中产阶级青年为主体的青年亚文化。霍尔的研究更多以黑人为主要的焦点，对美国嬉皮士风格的社会和生活模式作符号意义上的分析，其中内含的是对与黑人主体相对应的青年亚文化模式的对比分析。
③ 斯图亚特·霍尔：《嬉皮士：一次美国的运动》，陶东风、胡疆峰主编《亚文化读本》，北京大学出版社，2011，第106-107页。

意识形态和文化工业并不是消极被动地接受的观点，是非常深刻的思想洞见。霍加特指出工人阶级"并不仅仅是'虚假意识'和'文化荼毒'的产物"①，工人阶级拥有自己的文化和道德传统。霍尔认为这一观点已经解答了社会意识形态在文化实践中如何发挥作用的问题，不仅让文化分析远离各种形式的还原论，也让文化所包含的意义在具体的历史中重新概念化。

如果说编码、解码是霍尔从理论上阐释对文化意识形态霸权的抵抗模式的话，那么伯明翰文化研究中心的《通过仪式抵抗》和《监控危机》所展现的则是青年文化和种族政治抵抗的实践演练。抵抗对霍尔而言既是理论批判又是政治干预，始终保持着威廉斯所说的"操作性"的特征。因为"理论和政治，不是作为真理意志的政治理论，而是作为本地化了的、接合的知识的理论……但是也是作为一种实践，它总是在思考它对世界的干预，通过这种干预，它能带来一些不同之处，使自己发挥一些作用"②。在 1990 年对文化研究的一篇回顾总结性文章中，霍尔曾经给予文化研究一个标志性的定位，即作为实践的文化研究。其不仅强调文化研究的产生与发展都是社会实践的结果，或得益于社会实践的推动，同时也强调文化研究本身即是一种文化抵抗实践。无论统治阶级和工人阶级，还是主导文化秩序与青年亚文化，对任何权力的回应都必然体现为抵抗，挖掘抵抗力量和探寻抵抗空间是知识分子的历史使命。

---

① 斯图亚特·霍尔：《理查德·霍加特、〈识字的用途〉及文化转向》,. 张亮编《英国新左派思想家》，凤凰传媒出版集团，第42页。
② Stuart Hall. Cultural Studies and Its Theoretical Legacies. Stuart Hall: Critical Dialogues in Cultural Studies. David Morley and Kuan-Hsing Chen eds. London: Routledge, 1996: 274.

二、培育新主体的批判教育实践

教育实践可以为现实的政治斗争培养主体和提供智性支持。"文化要发生改变,就必须改变教育系统,对人们进行再教育。"① 霍尔认为,文化是教育实践要争夺的领地,而教育实践正是开展文化批判的有效路径。事实上,文化研究在霍尔眼中不仅是一种学术研究派别和研究范式,也是一种教育手段。他把伯明翰文化研究中心看作一种用来生产"有机知识分子"的体制化教育机构,文化研究所做的努力是一种生产"有机知识分子"的制度实践,是为实现其政治理想所做的迂回。文化研究中心始终坚持将社会的现实需要作为选择研究对象和研究方法的出发点,其研究领域和研究范式的开放性和跨越性正是基于它所接合的社会领域的未知性和无限制性。正如我们所知道的,霍加特的《识字的用途》、威廉斯的《文化与社会》和《漫长的革命》,这些文化研究最初的代表性文本都出现在他们从事成人教育的时期。他们正是把对工人阶级的教育看作一种政治斗争的形式,是实现更为深刻的社会变革的前提。霍尔接纳了葛兰西所强调的知识分子对民众的教育应当注重文化领域的作用以及向民众学习的观点,并在此基础之上更加突出相互教育的重要性。但霍尔认为要批判和防止两种极端的观点,指出知识分子先锋主义和民粹主义的倾向都是不可取的。

霍尔认为,教学中协同合作能力的培养以及学生参与度的提高,是教学实践的关键。一生从事教育事业的霍尔,从在伦敦的布利斯顿做代课教师开始,到伯明翰,再到开放大学,在思想领域可能是严肃

---

① 黄卓越:《文化研究:追忆与讨论——在伦敦访斯图亚特·霍尔》,《西北师大学报》2007 年第 5 期。

而且强硬的,但是在学生眼中,却是和蔼、慷慨与热情的。教学活动是他快乐的源泉。格罗斯伯格认为,作为教师,谦逊和大度是霍尔的特质,这不仅体现在他分析历史事件与历史人物时所持的学术态度上,更重要的是作为教师,他在教学与学术研究过程中体现出超强的协同合作能力。霍尔当家时期的伯明翰文化研究中心对教学与科研关系的处理就充分说明了这一特征。他将教学与科研有机统一起来,最大限度地提升学生的参与度,通过不存在等级划分的研讨班和各类学术讨论会等形式来完成与学生的交流与沟通。詹姆斯·普罗科特将霍尔所倡导的协作教学看作英国大学中史无前例的创新。霍尔认为他们之所以精心安排课程是为了探索一个能够解释文化如何构建日常生活的新领域。知识并不仅仅是一种中性的客观存在,相反可以呈现为一种关系结构,更重要的是个体处于什么境遇,出于什么使命而言说。他认为对于现存学术体制的日常生活干预同样重要,要解决包括教学、研究甚至会议组织形式中的等级秩序、发言机会不均等等问题。亨利·吉鲁认为霍尔眼中的"教育是进行文化批判的方式,而文化批判则是质疑知识生产的环境以及协商、承认或拒绝等主体姿态之所以得以确立的本质"[①]。

霍尔持续关注并努力延展工人阶级和边缘群体的受教育范围及程度。1979年,霍尔离开他为之付出巨大心血的文化研究中心进入开放大学执教。他选择开放大学有多重考虑。尽管在霍尔的带领下伯明翰文化研究中心已成为当时盛极一时的文化研究理论重镇,但霍尔倾向于一个更加开放更加宽松的理论氛围,他选择开放大学的一个重要的原因就是其整体学术氛围和教育模式符合他的预期。开放大学是成

---

① 亨利·吉鲁:《公共教育即文化政治学:斯图尔特·霍尔与文化的"危机"》,张亮、李媛媛编《理解斯图亚特·霍尔》,北京师范大学出版社,2016,第180页。

立于1969年英国最为知名的提供远程教学学位的大学,建校的主要目的是扩大工人阶级的受教育范围,而且有和BBC合作的传统,可以为学生提供最好的视频学习资料。其中包括本科和研究生教育。有相当一部分学生来自有工作的人群,他们都是利用晚上和周末来学习的全职工作者。无论学生群体的相对边缘的特点还是授课方式的自主性都更加契合霍尔的文化政治教育的实践指向和开放的学术兴趣。

葛兰西的有机知识分子概念最能说明霍尔试图努力完成的事情,但霍尔认为,问题在于葛兰西的这一概念是与相应的历史运动联系在一起的,而现代的知识分子则无法触及真正的历史运动,只是凭着个人情怀期待在新的革命形势出现时能在学术方面为之做准备。因此知识分子应当在两条战线上展开工作,一方面是必须走在学术研究的最前沿,新时期的知识分子要比传统知识分子更加渊博,不仅要掌握知识,还要学会将纯粹的知识转换为可以利用的实践工具,要完成从纯粹知识到应用于实际争夺文化领导权过程的可操作性转化。另一个更为重要的方面是知识分子要担负起传播知识的责任,在霍尔看来,把进步的理念和知识传递给那些在职业上并不属于知识分子阶层的人们是知识分子更为实际更为重要的社会责任。① 正如费希特所说:"传授技能总是学者所必须具备的,因为他掌握知识不是为了自己,而是为了社会。"② 作为教师和社会活动家,霍尔有着巨大的人格魅力,无论演讲还是访谈都谦和睿智、激情四溢。"任何有幸倾听或结识霍尔的人都能感受到他在场的独特魅力,这种在场将其政治和智识的激

---

① Stuart Hall. Cultural Studies and Its Theoretical Legacies. Stuart Hall: Critical Dialogues in Cultural Studies. David Morley and Kuan-Hsing Chen eds. London: Routledge, 1996: 267.

② 约翰·戈特利布·费希特:《论学者的使命,人的使命》,商务印书馆,1984,第42页。

情与其所有言行中的为人类尊严而抗争的努力结合了起来。"① 这些特点可以让霍尔更加充分高效地承担作为公共知识分子的社会责任。

三、破解权力集团的文化策略

文化分析和文化政治是霍尔关注的核心问题。霍尔认为对权力集团的执政理念、政策方针以及文化策略的批判性介入是知识分子社会责任的另一个重要方面。霍尔曾在多种场合指出，他是从新左派进入文化研究领域的，言下之意，新左派的基本价值诉求对他的学术研究和政治指向有着深刻的影响，甚至新左派的学术和政治倾向影响了霍尔的理论与实践的轨迹。

致力于实现新左派的历史使命，开辟与传统社会主义和英国的社会民主主义不同的第三种政治空间构成霍尔介入现实的重要环节。霍尔认为，基于新时期扩大了的政治概念，革命不能仅仅依靠生产线上的人作为主体，而应当是一种大众运动，这种努力必须在文化和意识形态领域展开。国家在协调大众文化和主导文化的关系上起着关键的作用，国家组织管理社会不只停留在经济领域，而是在更为广泛的领域展开。在漫长的资本主义发展过程中，国家和大众文化的关系表现出不断变化、不断构成的特征，其中确立文化和特定阶级关系的相对稳定性，则有赖于阶级文化关系的组织形式和统治阶级领导权的实现形式和机制。② 因此，对国家文化策略的批判分析就成为其文化政治批判的应有之义。

20世纪70年代文化研究中心的研究工作集中于应用葛兰西的理

---

① 劳伦斯·格罗斯伯格：《历史、政治和后现代主义：斯图亚特·霍尔与文化研究》，《文化研究》第20辑，第161页。
② 斯图亚特·霍尔：《大众文化与国家》，陶东风主编《文化研究精粹读本》，中国人民大学出版社，2006，第262页。

论来分析批判各种社会文化现象。在这一过程中，霍尔特别强调了学术研究的政治介入。霍尔认为："我们旨在探讨那些与葛兰西所说的'民族—人民'的事物相关的问题：它是如何构成的；它经历着什么样的改变；它为什么在各种领导权实践的竞赛和博弈中有至关重要的作用。"① 其中最有影响力的当属对撒切尔政府文化霸权的批判分析，霍尔认为近代国家在英国文化的再生产中扮演了非常重要的角色，从文化传统及其价值的界定到知识分子的再生产都发挥了巨大的作用。现代政治国家民主程度的提高，使得阶级和文化权威的模式不再适用，不仅文化权力有了新的来源，文化领导权也获得新的实现模式。其中重要的问题是"在一个经济巨变、国际竞争日益激烈的环境中，如何在保持大众赞同的同时限制民主"②。换言之，就是既要维持现有的威权统治，又要使得这种存在获得最为普遍的认同，霍尔认为撒切尔政府成功地完成了这些转化。

　　撒切尔主义的成功在于鼓励民众参与，关心民众的实际生活问题，成功地站在普通民众的立场并表达了他们的心声，霍尔努力揭示的正是这种转变是如何发生的。撒切尔政府在1979年获得选举胜利之后的文化政策不是通过强制的手段来完成的，而是通过逐渐确立新的道德标准、重新定义传统以及重塑英国国民性等多种方式来寻求认同，是一种改变大众共识基础上的权力行为和领导方式。撒切尔主义表现为一种专制式的民粹主义——通过诱导和激发民众对于工党和左派的不满，用公正、可选择等现代性语言来联合选民重建共识。而这一点恰恰是左派所缺乏的，也是左派应当学习的。霍尔在《艰难的

---

① 斯图亚特·霍尔：《文化研究的兴起和人文科学的危机》，陶东风主编《文化研究》第20辑，第230页。
② 斯图亚特·霍尔：《大众文化与国家》，陶东风主编《文化研究精粹读本》，中国人民大学出版社，2006，第277页。

复兴之路》的结尾部分对工党和左派应当如何向撒切尔主义学习，怎样才能重新介入变化了的英国社会，以及怎样通过文化意识形态领域来赢得选民、实现政党复兴做了有力的论证。

日益发展的新媒体传播手段被霍尔看作政府实现文化控制的重要手段。虽然霍尔并不赞成正统左派将撒切尔主义看作对人民的愚弄的观点，相反认为撒切尔主义真正占领了大众意识领域，是通过恰当的方式取得了和民众的切实联系并获得认同，但霍尔也进一步破解了撒切尔的文化政治策略的本质。通过对撒切尔时代的社会文化现象进行分析，揭露其内在的文化霸权的本质和达成共识的权力机制。作为公共机构的媒体不是以政府机构的形式出现，但是却从政府手中获得信息的垄断权力。因此，看似为大众代言的媒介机构，实际上与现存的主导意识形态联合，媒介机构拥有完全独立的运作模式只是外在现象，正是这种表象使得它们成为大众认识和理解世界的重要信息来源，进而复制主导意识形态，成为霍尔眼中的"国家的影子"。《监控危机》是霍尔领导下的伯明翰文化研究中心所完成的著名的社会调查和学术报告，或者应当把它称作一个局势分析项目。从一次简单恶劣的抢劫事件到社会权威的危机再到道德恐慌的出现，直至民众心甘情愿地要求国家加强控制，其中媒体的作用是巨大的。霍尔要竭力呈现的就是国家在大众文化领域的重要作用，以及文化与阶级关系再造模式中体现的种族政治和文化霸权。

四、倡导差异与共识并存的文化模式

霍尔认为，组成历史的真正元素是间断性、偶然性、特殊性以及它们的相互联系，而不是历史发展过程中的统一性、连续性和必然性。历史不是空洞的、同质化的时间，而是各种因素相互交错的结果，历史不是简单的一元决定，而是阿尔都塞意义上的"多元决定"。当后福特时代的生产模式不再以标准化、同一化为特征，而转向以个性服务为特征来满足人们多元需求的风格时，世界经济也正在发生一种以"多样化、差异化、碎片化"①为特征的转变，与此相伴的还有社会主体身份的重新构建，其中主体身份不再是稳定不变的而是多元流动的，是在过程中被创造的，正是这种变化驱动了新时代的来临。现代性最核心的原则就是"每样事物都注定会被加速、被化解、被替代、被转化、被转型，正是这种既是物质也是文化的社会生活的新理念的改变才是现代性的真正转变"②，如同马克思所说："一切坚固的东西都烟消云散了。"即无论全球还是区域层面差异都是一种普遍存在，因此，这是一个需要关注差异和尊重差异的时代。

通过身份政治运动批判主导话语建构并揭示差异的内在本质，霍尔不仅从理论上阐释承认差异、尊重差异的重要性，也致力于批判现实存在的种族、性别歧视和欧洲中心主义。霍尔认为新兴的身份政治运动不仅可以捍卫边缘群体的社会权利、人格尊严和主体价值，也可以为左派的政治联盟注入新的主体力量，成为左派复兴的重要力量来源。霍尔声称21世纪的社会主义要与女性主义联系起来，就是源于对身份政治在未来政治联盟中的价值的认可。由于牙买加裔有色种族的出身，对于种族问题霍尔有着不同寻常的敏感度和关注。在他看来，撒切尔主义对已然逝去的英帝国的怀恋和对本质化了的英国民族性的话语建构，是和现代性的发展趋势相背离的，这种建构一定程度上有助于唤醒和提升民众的民族自豪感，但同时这种具有排他性的文化表达也会激发边缘族群的多元抵抗。

---

① Stuart Hall, Martin Jacques. New Times: The Changing Face of Politics in the 1990s. 1 March, 1991: 11.

② Stuart Hall. Modernity and its Futures: Understanding Modern Societies. Cambridge: Polity. 1993: 15.

个体归属感和象征性身份界限的确定使得个体在现代社会建构过程中形成具有文化属性的"想象共同体"。霍尔认为，现代性社会是复杂的多重建构的过程，是许多不同进程和历史凝缩的结果，文化是其中不可或缺的向度。个体文化身份获得的过程体现出差异与共识的双重逻辑，共识是外在差异的基础，是沉淀下来的具有相对稳定、连续的内容，而差异则是对于文化身份更为本质的规定，是变化的和断裂的向量，但这种差异不表现为截然对立、非此即彼，既不可消灭也无法替代。霍尔的差异政治批判还表现出国际主义的视野，比如对"西方"身份地位的批判，认为"西方"不是纯粹意义上的地理划分，是通过与之对应的不发达世界而历史性地建构出来的，指出"西方"这一文化概念代表了一种社会划分标准，是一整套系统的表征体系，也提供了评价的准则，是具有意识形态功能的概念。因此，在全球化的时代，人们努力追求共识的同时张扬个性。倡导构建一种将"平等正义以及对差异的确认"[①]结合起来的文化模式，是霍尔对知识分子社会责任的实践。

小　结

霍尔的文化政治批判吸收和借鉴了马克思主义和西方马克思主义各个流派的思想资源，形成了独具特色的霍尔式批判模式。霍尔不仅反对经济决定论，也拒绝法兰克福和李维斯主义的精英主义的悲观论调，将大众文化批判立足于社会主义的价值追求的层次，在新左派为学术研究和社会参与的接合所开辟的广阔的场域中，以文化为政治批判切入的主要维度，以政治批判为文化研究的旨要，将文化批判政治

---

① 斯图亚特·霍尔：《多元文化问题的三个层面与内在张力》，《江西社会科学》2007年第3期。

化作为文化研究学派的基本特征。一定程度可以认为正是新左派的使命感不断地弥合了学术研究和政治实践之间的界限，或者说缩小了文化与政治的差距，也成就了霍尔学术研究政治化的批判模式，发扬了马克思主义社会批判的实践指向。同时，霍尔承担着葛兰西意义上的知识分子的社会责任，通过自己理性自觉的反思来揭示霸权文化的实质和危机，关注一直以来被忽视的大众和边缘群体的精神领域，挖掘其中的协商与抵抗的因素，并努力找寻一种可以使差异和正义共存的文化框架，践行了作为独立知识分子的社会责任。

第三章　文化是批判的本质维度

　　文化对于霍尔以及英国新左派都是关键词，在霍尔的意义坐标中，文化是作为社会生活的本质维度出现的。在他看来，社会的发展与变迁只有在文化和意识形态领域才能变得更加明显。更为重要的是，在霍尔看来文化话语是我们重新描述社会主义的必然选择。正因为如此，文化分析和文化政治成为霍尔政治学研究的核心问题。① 在霍尔的理论版图中，文化理论意味着要呈现文化在总体的社会形构和社会发展中的作用，一方面要揭示作为国家政治权力表现的霸权文化如何被创造、被延续、被维持巩固，另一方面也要描述作为抵抗力量的大众文化如何成为斗争和抵抗的场所，揭示各种大众文化形式对霸权文化的挑战模式和抵抗路径。因此，文化在霍尔眼中"不是其本质可以在语境中被自由定义为一种理论的稳定客体，而是一个复杂、

---

① Stuart Hall. Life and Times of The First New Left. New Left Review, 61: 187.

变动不居的过程，文化是论争、持续斗争与可能干预的领域"①。

第一节 变革时期的文化观念

文化的含义本就是一个见仁见智的问题，在现代社会更加显示出其无比复杂的特征。20世纪美国人类学学者克洛依伯和克拉克洪通过不同学科分类给出文化的九种归类定义，文化被给予了哲学的、艺术的、教育的、心理学的、历史的、人类学的、社会学的、生态学的、生物学的解读。② 而霍尔的文化观念应当从英国文化研究的发端之时开始考察。

一、文化研究兴起的契机

在霍尔看来，文化研究作为一种独特的问题架构兴起于20世纪50年代中叶，主要得力于新左派的几位核心成员所做的创造性的工作，包括霍加特的《识字的用途》、威廉斯的《文化与社会》以及汤普森的《英国工人阶级的形成》。这三部经典作品，表明了文化研究的一种"转向"，即"明显转变了所提问题的本质、提问题的方式和问题可能获得充分回答的方式"③。霍尔强调，理论视角上的这些转变，不但反映出内在的学术工作所产生的结果，而且反映出真实的历史发展和变化被纳入思想的方式及其为思想提供的条件和为思想提供的最根本的倾向。正是思想与反映在社会思想范畴当中的历史现实之间的这种复杂的接合以及"权力"与"知识"之间持续的辩证法，

---

① 雷纳·温特：《斯图亚特·霍尔的异类知识分子实践——文化研究与解放的政治》，王长亮译，《英语研究》2016第1期。
② 陆扬、王毅：《文化研究导论》，复旦大学出版社，2015，第4页。
③ 斯图亚特·霍尔：《文化研究：两种范式》，《文化研究》2013年第14期。

使得这些断裂具有了记载价值。①

霍尔以极其肯定的语言对这里所提的三部著作做了评价,认为这三部书无疑都是"富有原创性和构建性的文本"②。它们绝不是那些为了建立一种新的分支学科而撰写的"教科书"。这三位作者原本就没有这样的冲动,他们无论关注历史还是当代,都以其成书时所处时代和社会的现实压力为焦点,通过分析这些压力组织写作并对其构成回应。这三位作者不仅严肃看待"文化",把其看作充分理解古今历史变迁必不可缺的一个维度,而且其作品本身也具有文化与社会意义上的文化性,并构成早期新左派的重要议题。霍尔说,这些作家在某种意义上属于新左派,他们的著作也是如此。这种联系从一开始就将"学术工作的政治"毫不含糊地置于文化研究的核心地位。③

对于霍加特及其《识字的用途》所做的贡献,霍尔的评价是"《识字的用途》的确是文化转向关键时刻的早期实例,并对这一时刻的产生起到了至关重要的作用"④,"这种文化转变也正是该书整体上最终所提供的东西","《识字的用途》承载着一个关键'时刻'——给予早期文化研究养分和方法论,引发了我们称之为'文化转向'的广泛讨论,并起到了奠基性的作用"⑤,"文化转向简单地记录了这样一个不能避而不谈的事实,也就是我在别处提到的日益发展的'文化中心'——令人惊讶的全球性扩张和文化工业的日趋成

---

① 斯图亚特·霍尔:《文化研究:两种范式》,《文化研究》,2013年第14期,第304页。
② 同上,第306页。
③ 同上,第306页。
④ Stuart Hall. Richard Hoggart, The Uses of Literacy and The Cultural Turn. Richard Hoggart and Cultural Studies, Sue Owen eds. University of Sheffield: Palgrave macmillan, 2008: 20.
⑤ 同上。

熟；文化在社会、经济生活方方面面的重要性越来越突出；它的重新排序对不同批判的、理性的话语和学科产生影响；它作为一种主要的、基本的分析范畴而出现，以文化蔓延到当代社会生活的每个角落的方式，并介入一切事物之中"。

在众多新左派的学者当中，霍尔最为尊敬、对他影响最大的莫过于雷蒙德·威廉斯。霍尔认为，虽然没有真正成为威廉斯的学生，但毫无疑问威廉斯对其思想和政治观念产生了重大影响。霍尔与威廉斯在20世纪50年代中期的牛津校园相遇，当时霍尔还只是在校的本科生，而威廉斯已经是成人教育的讲师。那个年代正是新左派形成的关键时期，当时霍尔已经在阅读威廉斯《文化与社会》的草稿。在他看来，正是威廉斯的这本著作给出了文化与政治基本关系的图谱，也奠定了新左派在思想和实践方面独立批判的特质。霍尔认为，尽管他和威廉斯在气质、性格、背景、年龄以及思想成长等方面有诸多不同，但是同为从英语文化的边缘地带走进牛津剑桥这样的体制性文化中心的"奖学金男孩"，所担负的对社会的责任是他们彼此亲近的一个支点。霍尔认为，每当他为尝试开辟一个新的场域而迷茫时，就会惊奇地发现"威廉斯已经在这条路上走了很远，而且他已经给出一个比自己所能做的更为清晰的、有力的、明确的构想"[①]。

霍尔对汤普森及其《英国工人阶级的形成》也给予了很高的评价，认为《英国工人阶级的形成》以激进的方式对民主的强调，使得大众政治文化中对英雄人物的恢复很大程度上输给了更为重要的历史工作，它是战后社会历史最有影响力的著作。这本书以经验为主地根植于历史的特殊性，通过对不同阶级的分析，强调了历史的维度。

[①] Stuart Hall. Culture, Community, Nation. Cultural Studies, Vol. 7, No. 3, October. 1993: 349.

汤普森对文化的定义植根于集体经验，这些集体经验在更大的历史观念中形成了阶级。这本书在文化层面探讨了社会存在与社会意识之间的辩证关系，从而打破了经济决定论和制度观点的束缚。它也挑战了狭隘的、精英式的李维斯传统的文化概念。汤普森主张历史工作与分析目前任务的相关性，坚持文化历史的特殊性，把文化看作复数的而不是单数的，指出文化和与之相关的阶级文化、阶级形成和阶级斗争之间存在必要的斗争、张力和冲突，这种斗争存在于"生活方式"之间，而不是一种"生活方式"的演进。这些都是具有开创性的观点，暗含着与原先概念化分析的彻底决裂。[1]

总之，在霍尔看来，文化已经存在于那些我们曾经认为最不可能的地方，已经成为各种政治实践和政治争论的焦点。被称为"文化转向"的观点在霍尔看来虽然不是一种恰当的表达，但也实际地记录了文化中心化这样一个不可避免的事实。"文化转向"不仅代表了英国马克思主义者转向对文化的深层思考，也代表文化内部的深度转变，这种文化转变标志着与占主导话语地位的文化观的断裂的过程，迎来了文化的大转折时代。对文化研究来说，这是一个形成的时刻。[2] 当然文化维度之所以成为霍尔社会建构理论的重要内容和主要的理论着眼点，与其对文化概念的理解直接相关。

二、文化解读范式的变化

在文化是解释世界和改造世界的本质维度的宏观理解之上，霍尔

---

[1] Stuart Hall, Dorothy Hobson, Anthdrew Lowe, Paul Willis. Culture, Media, Language. London: Hutchinson, 1980: 19.

[2] Stuart Hall. Richard Hoggart. The Uses of Literacy and The Cultural Turn. Richard Hoggart and Cultural Studies, Sue Owen eds. University of Sheffield: Palgrave macmillan, 2008: 25.

也提出了自己对文化本质的一些细致解读。霍尔认为，文化是"人文和社会科学中最难的概念之一"①，在实际的文化分析与批判过程中人们很难严格区分所使用的文化概念的意义和指涉。不同的学科领域或不同的定义方法都会导致对文化的不同注解。以传统的精英与大众二元分立的理解来看，文化是那些"被思考和谈论过的最好的东西"。在霍尔看来，这是一个涵盖了所有的优质文化的具有总体性质的概念，但随着现代工业社会文化形式的不断扩张，文化有了与先前的理解相比更具周延性的解读，即包含了更为大众更为通俗甚至被认为低俗的内容，这种具有明确的价值评判的解读开启了精英文化与大众文化长时间分立和对峙的局面。霍尔拒绝精英文化与大众文化的严格二分，他写作早期著作《大众艺术》的初衷就是反对李维斯主义对高雅文化和大众文化的高低之分，认为绝大多数的高雅文化是优质的，而某些大众文化也是优质的，关键是提升大众对不同质量文化的分辨力。霍尔指出，只有通过培养公众对大众文化的分辨力才能消除早期李维斯理论家对大众文化的攻击与诋毁所造成的消极影响。与其抵制大众文化的影响力，不如"去培养更具鉴赏品味的受众"②。尽管这一时期霍尔对文化的分析还有李维斯主义的痕迹，但其却正是为了批判这一理论在新的历史时期的局限性。

文化主义强调文化的普通性、日常性，以及人类构建共享共同意义实践的主动性和创造性，也强调主体经验，并在日常生活和更为广泛的文化人类学意义上将其拓展为日常的生活过程，而不再有高低优劣之分。威廉斯提出文化是"整体的生活方式"的经典定义，这个含义模糊的定义"包含了人们的态度、价值观、生活方式、各种关

---

① 斯图亚特·霍尔：《表征：文化表象与意指实践》，商务印书馆，2013，第2页。
② Stuart Hall, Paddy Whannel. The Popular Arts. Hutchinson and Boston: Beacon Press. 1964: 35.

系的形式"①。以此为基础，霍尔从人类学意义上将文化解读为某一民族、社区、国家或社会集团的"生活方式"的特殊性，是社会、群体或阶级可以获得的对自身存在条件的意识形态体验和阐释。霍尔倾向于把这一理解做社会学意义上的解释，即文化是"一个集团或社会的共享价值"②，是一个群体理解世界和解释世界的大致共通的方式，这种观点更关注历史和历史背景中主体创造的意义。人们用以理解现实生活的各种意义结构已然改变，战前的文化传统已经被战后的民主秩序替代，英国的世界中心地位已失去，美式的大众文化兴起，传媒革命来临。在这里，文化的阶级性也相应地被挖掘和检验。正如霍加特在《识字的用途》中所指出的，20世纪30年代的工人阶级文化是由人民群众所创造的丰富和充实的生活，他不断地强调工人阶级在创造文化中的巨大能力，突出这种共享文化的历史性和阶级性因素。

霍尔对文化的差异和多元的强调源于他对后马克思主义和后结构主义的接受和援引。文化因此关涉更多复杂的主题和问题，文化的意义在不同的角度得到延展。"接合"是霍尔文化理论中的一个重要概念，甚至有着方法论的含义，可以用这个概念更为准确地表达霍尔对文化的理解。霍尔用"接合"来扩展文化的意义，指出文本或文化实践不具有天然的意义，意义产生于实践的接合，"意义是一种社会产物，是一种实践；世界之所以有意义，完全是人的实践的结果"③，

---

① Stuart Hall, Martin Jacque. Cultural Revolutions. New Statement, 12, 1997, Vol. 126.

② 斯图亚特·霍尔：《表征：文化表象与意指实践》，徐亮、陆兴华译，商务印书馆，2013，第3页。

③ 斯图亚特·霍尔：《意识形态再发现——在媒介研究中受抑制后的重返》，《媒介批评》第一辑，广西师范大学出版社，2005，第121页。

强调文本和文化实践的意义多元性。换言之，同样的文本或文化实践可以在不同的社会情境由不同的主体出于不同的政治目的在不同的话语体系中生产不同的意义，体现的不仅是语言学意义的争夺，而且是政治与权力相交织的社会现象。"在任何文化中，关于任一话题都存在巨大的意义上的多样性，存在解释或表征它的不止一种方式。"①其中，文化如何解释事物的意义？霍尔认为是表征将文化与意义相联系，表征通过语言完成对意义的生产，这一过程所依赖的文化是作为共享的意义结构而存在的。如何理解和处理各种文化间的关系？以年龄、性别、阶级、身份等条件为依据而区别的各种形式的文化是否有优劣之分？这里的文化不再是稳定的连续的生活方式，此时作为共享的意义结构的文化就显得"太整一，太认知化"，而成为与权力相交织的概念。那么文化与权力的关系如何，作为政治权力的文化是怎样实现其霸权统治，大众文化又是如何完成霸权抵抗的，这样的问题都使得文化的含义在不同的意义框架间跳跃。

霍尔特别强调文化共享意义中的多样性以及多样性所体现的差异与对抗因素。文化进而被看作意义被创造和体验的场域，意义建构的过程也被看作文化生产的核心。文化作为共享的社会意义，表现出物质性特征，可以以不同的形式出现，以声音、书籍、电视节目、影像等为载体，换言之，文化不是先验的，而是根植于人的社会实践并在这一过程中得以展开和构建的，其在特定的社会环境中生成、被使用和理解。在霍尔看来，文化意义可以"组织和规范社会实践，影响我们的行为，从而产生真实的实际的后果"②。文化意义不是简单存在于头脑之中，而是存在于真实的社会实践中，是"有生命的实践

---

① 斯图亚特·霍尔：《表征：文化表征和意指实践》，徐亮、陆兴华译，商务印书馆，2013，第3页。
② 同上，第2页。

活动"①。所以霍尔反对文化相对主义的观点。正像文化本身意义具有多元性一样,在霍尔的作品中关于文化没有固定的理解,往往根据不同的语境和论述对象做更为专门化的使用。

三、文化解读的整体主义维度

霍尔相信文化就是揭示社会实践中的联系与差异的本质的一种普遍的总体性的方式。霍尔对文化的理解以文化主义为起点,经过了结构主义,走向葛兰西,再亲近福柯、德里达,虽然每一次变化都没有严格的界限,但通过对理论的宏观把握与深度切入我们可以深刻地体会到这些转变中所蕴含的整体主义维度。

首先,霍尔强化了对文化的整体主义思考,将文化进一步理解为共享的意义。关于文化概念的理解,阿多诺和李维斯所建立与倡导的精英主义文化观念伴随着20世纪英国消费社会的到来和大众化时代的来临而渐趋失落,随即出身于工人阶级的威廉斯与霍加特从自己的生活经验出发,认为文化是平常的,是一种整体的生活方式,这一观点使得文化只属于少数精英的观点被彻底打破。霍尔对于文化的理解受威廉斯的影响很深,他认为在《漫长的革命》一书中威廉斯在"文化分析"的著名章节中对文化所进行的讨论是具有开创性意义的。他解释,正是威廉斯首次打破以往对文化进行论述的道德话语,转向更多地关注对文化的整体性理解。霍尔提出了"文化主义"这一概念,用以表达由威廉斯与霍加特以及汤普森所开创的对于文化的人类学与历史主义的理解范式。文化主义认为文化"既是产生于各种独特社会群体和阶级中的意义和价值","又是活生生的传统和实践",而"文化总体性的意义——作为整体历史

---

① Stuart Hall. The State and Popular Culture. Milton Keynes : Open University, 1982: 7.

过程的意义"① 是一种摒弃了偶然性的必然性，文化在这里成为一种揭示社会实践中的联系和差异的本质的普遍的总体性方式。霍尔承接了威廉斯对文化的整体主义解读，进一步从人类学的视角出发，以文化的日常含义为中心，认为文化意义不是基于单独的个体而产生，而是通过集体生成，因此文化意义是集体共享的意义。霍尔指出："文化，在这里，我指的是实践、表征、语言和任何特定社会的习俗的实际基本的范围，也是那些已经扎根于并且促成大众生活的常识的矛盾形式。"② 即文化与共有的社会意义相关，是我们了解世界的各种方式。这种将文化理解为"整体的生活方式"的观点和对共同经验的强调在文化实践中必然会呈现出淡化精英文化、突出大众文化的价值导向。霍尔前期的关注点和影响域也很大程度在大众文化和大众传媒领域。

其次，霍尔进一步强调文化的结构整体性。霍尔认为虽然文化主义不断地强调感性实践的基础性，但是"推断方式背后仍有着'表现的总体性'的某种复杂的单纯性"③。即相对于文化主义的"总体性"，结构主义的"整体"概念更胜一筹，它强调了结构统一体不可避免的复杂性，系统性阐释可以帮助我们将各种具体的实践当作一个整体来思考，因而结构主义的活力的重要来源即"整体"这一概念。相较于文化主义，霍尔似乎更看重结构主义的整体性。无论早期的《编码解码》中体现的意义传输过程的结构主义整体性，还是《表征——文化表象与意指实践》《做文化研究——索尼随身听的故事》中所传递的文

---

① 斯图亚特·霍尔：《文化研究：两种范式》，罗钢、刘象愚编《文化研究读本》，中国社会科学出版社，2000，第57页。

② 斯图亚特·霍尔：《表征——文化表象与意指实践》，徐亮、陆兴华译. 商务印书馆，2003，第4页。

③ 斯图亚特·霍尔：《文化研究：两种范式》，罗钢、刘象愚编《文化研究读本》，中国社会科学出版社，2000，第63页。

第三章　文化是批判的本质维度

化循环的整体主义思想，都坚持了马克思主义立场，将文化与社会生活实践联系起来。在这一文化生产的模式中霍尔所重视的是环节的整体性意义，包括生产、认同、表征和消费的文化循环中"从循环中的哪个环节开始并不重要，因为在你结束研究之前必须对整个循环进行研究。需要注意的是，循环中的每个环节都与下一个环节相连并在下一环节重现"①，强调这一整体过程中各环节的相互作用与复杂联系。

再次，霍尔更关注文化的动态整体性。霍尔吸收了葛兰西文化斗争的观点。他认为葛兰西的文化理论既区别于文化主义也区别于阿尔都塞的观点，把文化理解为一种特殊的斗争舞台，呈现出一种动态的整体性。文化主义强调文化实践的建构作用，而葛兰西则认为文化总是处在统治阶级与从属阶级的相互斗争中，是统治阶级不断说服与从属阶级不断抵制的整体过程。葛兰西之于霍尔有着特殊的意义，正是葛兰西的霸权理论使得霍尔可以较为从容地应对文化主义与结构主义的范式危机。相对于结构主义对主体能动性所持的消极态度，霸权理论强调了主体的能动性，认为要积极主动地去赢得文化领导权，已经获得的领导权也不是一劳永逸的，同样可能失去，即把文化看作一种动态的建构过程。文化是权力与知识交叉的地方，也是文化进程预见社会变革的地方，他对大众文化的定义与分析也体现了这一观点。他认为大众文化是赞成与对抗的竞技场，虽然在这里还没有对社会主义文化的成熟表达，但是"它是社会主义可以在那里得以建立的领域之一"②，强调整体的辩证发展过程。

---

① 保罗·杜盖依、斯图亚特·霍尔、琳达·简斯、休·麦凯、基思·尼格斯：《做文化研究——索尼随身听的故事》，霍炜译，商务印书馆，2003，第4页。
② 斯图亚特·霍尔：《解构"大众"笔记》，陶东风编《文化研究精粹读本》，上海三联书店，2001，第57页。

第二节　文化与社会总体

在西方马克思主义的发展历史中，从卢卡奇、布洛赫、阿多诺到葛兰西、萨特、本雅明，也包括阿尔都塞，尽管每个人的关注点不相同，但是有一些观点是一致的，那就是在历史解释的总体性原则的基础之上强调文化在资本主义社会发展过程中的重要作用，关注文化与社会总体的关系，反对经济化约论，反对机械反映论。英国新马克思主义者无疑继承了这种传统，霍尔就认为文化不仅是社会生活的产物，也是决定社会生活发展走向的本质因素之一。

一、总体辩证的传统

卢卡奇认为在马克思的所有作品中，总体性原则在方法论上占据着核心的地位，他指出："不是经济动机在历史解释中的首要地位，而是总体的观点，使马克思主义同资产阶级科学有决定性的区别。总体范畴，整体对各个部分的全面的、决定性的统治地位，是马克思取自黑格尔并独创性地改造成一门全新科学的基础的方法的本质。"[①] 以总体性为出发点，卢卡奇认为社会历史进程与自然发展进程存在巨大差异，历史规律通过各种复杂的社会关系的总体作用而实现，是主体积极活动的结果，从而强调无产阶级作为历史发展中的自觉主体的重要意义。

从1956年开始，英国的文化理论家对马克思主义理论中的社会总体与主体的关注从未减弱，尽管各种观点之间有诸多差异，但总体

---

① 卢卡奇：《历史与阶级意识》，杜章智译，商务印书馆，1995，第76页。

不外乎两种声音。一种观点认为：社会形态的发展与更替具有历史的必然性，而历史主体正是认识到这种必然性从而按照必然性规范自己行为的人，这种观点认为，社会主义的胜利是必然的。另一种观点更加注重阶级斗争，并且强调文化、观念以及人的主观能动性在历史发展中的核心作用。事实上，20世纪40年代和50年代的英国早期历史学家和文化理论家存在一个显著的特点，就是对这两种观点持协调和总体性把握，他们"同时相信这两种历史说明，却没有看到两者之间的矛盾"①，而是将这两种解释统一起来。

　　社会发展存在必然规律的观点对文化和社会形态的关系所做的阐释显然来自马克思在《〈政治经济学批判〉导言》中对历史唯物主义所做的经典表述。马克思阐明社会形态的一般结构和人类社会发展的普遍规律，并解释了社会变革的根源。其中生产关系的总和构成了社会的经济结构，是人类生活的"现实基础"，法律的和政治的上层建筑竖立其上，并有一定的社会意识形态与之相适应，社会的物质存在决定社会的思想意识。因此，判断一个变革时代的危机与未来是不能以它的意识为根据的，而必须从物质生活的矛盾，从现实生活的冲突去寻求解释。但马克思对历史唯物主义的阐释，在英国马克思主义者眼中并没有被理解为目的论和经济决定论。他们认为，社会应当作为总体来理解。罗德尼·希尔顿这样解释他们的观点，"社会和社会活动必须在它们的总体性中被考察"②，否则社会发展的不平衡、经济基础与观念制度之间的矛盾冲突就无法被解释。因此，他们试图从马克思的更为具体更为细致的论述中获得理论的支持，尤其是马克思对

---

① 丹尼斯·德沃金：《文化马克思主义在战后英国——历史学、新左派和文化研究的起源》，李丹凤译，人民出版社，2008，第41页。

② 转引自丹尼斯·德沃金：《文化马克思主义在战后英国——历史学、新左派和文化研究的起源》，人民出版社，2008，第39页。

阶级斗争的强调，马克思在《共产党宣言》中就指出一切社会的历史都是阶级斗争史，资产阶级社会也不例外，甚至更为突出。在这里，英国的文化理论家们突出了阶级斗争的主观因素，对阶级意识的关注被看作第二种观点的逻辑起点。从整个西方马克思主义发展的过程来看，正是对阶级斗争的关注使强调意识、经验、观念和文化成为可能，这一过程加速了而且扩展了在整体的历史发展进程中主体能动性的作用，更为重要的是把历史的结果看作社会存在和社会意识共同作用的结果，辩证合理地拒斥了决定论。英国马克思主义者显然也接受并发展了这一观点。

从早期的英国马克思主义历史学家小组到文化主义先驱无不遵循并践行这一观点。莫里斯·多布在《资本主义发展研究》一书的导言中明确主张要反对经济化约论的观点，确立对历史发展的唯物辩证的解读，"这些人似乎忽视了这样一种事实，即任何经济预测必然停留在关于趋向的某种假设之上，从而改变那种因为没有参考过去而无法估计的可能性。其次是特殊理论试图解答的问题的相关性，只能够依据关于过去的发展模式和系列事件的知识来判断"。正是在托尔、莫顿和多布等历史学家小组成员的努力下，一个总体辩证的、历史分析的、符合马克思主义传统的基本原则逐渐形成。

英国文化主义的先驱威廉斯和汤普森也很早就对这一问题进行了思考。威廉斯认为，经典马克思主义将社会形态二分为经济基础和上层建筑，在一定的条件下强调两者的辩证复杂的关系，是存在合理性和正当性的，但将两者的关系做僵化、教条的理解是马克思一直反对的。威廉斯通过考察上层建筑的含义，认为上层建筑在马克思主义理论中是不断发展的，因而上层建筑与经济基础之间的关系也在不断修正，历史唯物主义本质上是把社会生活和文化创造的关系看作一个双向互动的能动过程，而不是机械的反映与被反映的关系。威廉斯将文化视作"整体的生活方式"本身就是试图确立一种总体性的概念，找寻一种能够链接特殊艺术形式与一般社会生活的方法。汤普森也曾在一次采访中指出"我反对经济主义和简单化的经济决定论，反对那种认为历史必然经过某些前定的发展阶段的目的论观点，我希望把更丰富的文化范畴引进历史学"①。英国文化马克思主义都反对对马克思主义经济基础和上层建筑的关系做简化机械理解，通过强调文化在人类社会发展过程中的重要作用，强调阶级意识和文化构成的主体方面，以达到超越经济决定论、充实马克思和恩格斯没有进行充分讨论的领域，体现并传承总体辩证的传统。

关于这一问题，霍尔始终坚信理解文化必须与社会生活的相关问题联系起来，文化与社会总体的关系是一个首先需要探讨和阐明的问题。霍尔对文化与社会形态的关系的理解模式表现为双重拒绝。一方面对传统马克思主义机械决定论持拒斥态度。霍尔早期文章《无阶级的观念》就回应了当时工党内部安东尼·克罗斯兰和汤普森关于工人阶级的争论，既反对克罗斯兰关于工人阶级的物质生活水平的提高将会改变阶级构成的观点，也反对汤普森的物质生活的改善完全不会改变无产阶级的总体生活方式和社会地位的观点。霍尔认为，当下的工人阶级文化和生活环境已经发生变化，但并没有彻底颠覆原有的生活模式，经济基础与上层建筑之间不应当是一种简单的决定与被决定关系，相反，其间存在可供发挥的巨大空间，要辩证地看待英国社会出现的经济的、阶级的以及文化的变革。

同时，霍尔也反对一味地张扬意识的能动性和独立性，反对文化和意识形态完全脱离具体的社会关系的观点。他认为统一地理解这两种观点是可能的，"一个观点是物质利益帮助建构了思想观念，另一

---

① 乔瑞金:《马克思主义思想研究的新话语》，书海出版社，2005，第80页。

个观点是社会结构中的地位具有影响社会思想方针的倾向,而不是认为,物质因素单一地决定意识形态,也不认为阶级地位预示着某种保证,即特定阶级将拥有适当的意识形式"①。特里·伊格尔顿说:"文化的观念意味着一种双重的拒绝:一方面是对有机决定论的拒绝,另一方面是对精神自主性的拒绝……人并非仅仅是他们周围事物的产物,那些事物也非全然用作他们任意进行自我塑形的黏土。"② 在这个问题上,霍尔坚持了他一贯的"通过综合表面上对立的许多观点,来创造他自己的理论观点"③ 的立场,认为对于文化观念和物质条件之间的关系应当做更为辩证的思考。霍尔对文化的强调恰恰在于更为辩证地解决社会存在和社会意识的关系,以一个更为总体的视角来理解两者的关系。

二、文化功能在社会变革中的实现

"二战"结束之后的英国社会中,以电视为代表的新媒体技术的普及以及整体社会物质生活水平的提高带来的直接变化就是消费社会和大众文化的兴起,文化斗争成为变革时代新的动力形式,承担了更多的职责。英国社会的文化精英主义,即将文化看作少数人享有的果实的传统渐趋削弱,工业化过程中文化消费的普及使得传统社会主义的动力工人阶级不断退化,也催生了更为多元的消费群体和新的政治斗争形式,突出表现为文化成为斗争的新形式。

对于霍尔来说,文化研究学者所做的努力正是文化在新时期的功

---

① Stuart Hall. The toad in the garden, Thatcherism amongst the theorists. Nelson, Cary Grossberg, L. eds. Marxism and the Interpretation of Culture, University of Illinois Press, Urbana: 1988. 45.

② 特里·伊格尔顿:《文化的观念》,南京大学出版社,2006,第4页。

③ 丹尼斯·德沃金:《文化马克思主义在战后英国——历史学、新左派和文化研究的起源》,李丹凤译,人民出版社,2008,第354页。

能展现。文化研究作为一种话语形构,表现为"一组观念、形象和实践活动,它提供行为方式、知识形式以及与特定主题、社会活动和社会制度相关联的引导"①,此时文化研究成为一种谈论事物并由此生产观念的活动,可以对相关的关键概念、观点以及主题进行协调。在此背景之下,文化的功能与传统意义上的理解也发生了较大的转变。文化作为借助符号来传达意义的人类行为,准确表达其社会意义是社会实践发挥作用的前提,在这个意义上,所有的社会实践都可以纳入文化的范畴,文化因而被提升到一个更加重要的地位。但霍尔的目的不是要以文化决定论来替代马克思主义的经济是根源性的存在的论断,而是要呈现文化在社会形构中的相对独立性及其基础性维度。换言之,要重新阐释文化与社会的相对独立但并不互相排斥的关系。

正如霍尔所言:"文化的位置已经发生了革命性变化,你不能像原来那样仅仅把文化看作经济和物质之上的糖衣,你必须将文化看作人们的生存方式、机构和历史过程。"② 文化作为一个可以激发人们无限联想的概念,存在广阔的意义范围。保罗·威利斯认为文化包括"从微观人际交往到群体规范过程以及交流形式的价值,它提供文本和形象,并且扩展到制度形式与规范、社会表现和社会形象,扩展到经济、政治、意识形态的决定作用,这一切都可以追溯到它的文化作用和意义"③,文化不仅是承载社会关系的符号系统,也承担着霸权统治、文化表征、教育主体、塑造身份和组织抵抗的责任。

---

① 斯图亚特·霍尔编《表征——文化表象与意指实践》,徐亮、陆兴华译. 商务印书馆,2003,第9页。
② Martin Jacques, Stuart Hall. Cultural Revolutions. New Statement, 1997, Vol. 126.
③ 转引自克里斯·巴克:《文化研究:理论与实践》,孔敏译,北京大学出版社,2013。

（一）文化控制

文化始终承担着维护政治统治的职能。伴随着文化的精英主义理解的渐趋减弱，大众文化获得了栖身之所。正如布尔迪厄所认为的那样，文化的高低之分从本质上看体现着阶级差别，因为这种区别"无论是不是预设的、刻意的、审慎的，都旨在发挥将社会差异合法化的功能"①。显然，文化的精英与大众的二元对立、高低优劣之区分是一个意识形态的问题。统治阶级总是在制造和创设可以自主地复制优势的政治权力秩序的文化，霍尔常常使用文化控制来表述主导阶级对个人和社会组织的选择、身份塑造、资源分配与管理等方面的干预和介入。在他看来，文化具有影响和塑造我们的行为的力量，因为一种共享的文化意义可以为人们与自身、与社会、与他人的交往提供界限和资源，因而事实上对人类行为起到了塑造与控制作用，这种控制以一种散漫的形式实现。

（二）文化表征

霍尔从葛兰西的霸权理论中获得启示，认为当下政治霸权统治主要通过文化表征和教育控制等隐性手段来达成大众共识。霍尔认为，文化意义的生产是通过语言表征来完成的，文化关涉的是共享的意义，而语言是承载文化意义和价值的主要形式。在他看来，表征不是直接简单的反映，而是一种文化建构，语言是表征过程中具有特权的媒介，是对于意义和文化的传播有着极为关键的作用的媒介之一。在文化日益成为人的生活方式的现代社会中，文化成为人生存、生活的基础背景，是社会中的成员生产和交换意义所依赖的共同符码和理解世界的大体相似的方法。在霍尔看来，文化更为重要的意义不是存在

---

① Pierre Bourdieu. Distinction: a social critique of the judgement of taste. Translate by Richard Nice. Harvard University Press, 1984: 5.

于人的头脑中,而是它所产生的实际的后果。他强调文化实践所带来的真实的效果,即文化实践的主体给予客观事物及事件意义。霍尔认为,客观事物自身不具有单一的、稳定的意义,而是通过文化实践、通过表征来获得意义,换言之,是主体的解释框架给各种人、物及事以意义,事物意义的获得是表征过程的产物,而表征过程则依赖我们共享的文化系统,文化因此成为渗入整个社会的更为本质的维度。文化表征在呈现群体同一性的同时也体现差异性,客观事物意义的产生关涉表征过程中语词的使用、故事情节的编制、形象设计以及情绪调动等诸多复杂因素,而绝不仅仅是机械的程序性的过程。研究表征如何运作、语言如何生产意义不是霍尔的最终目的,他真正关心的是政治学意义上的表征的效应,是意义生产过程中"如何与权力相连接,如何规范行为、产生和构造各种认同和主体性,并确定表征、思考、实践和研究各种特定事物的方法"[①]。这里更重要的是表征的历史性特征,是各种文化实践在真实的历史实践中的运作方式和效果。其中意义生产表征的一个重要途径是现代传媒,现代技术基础支撑的大众传媒使得意义的生产与循环达到空前的水平,这一特征使得国家政治权力的统治职能必然和作为意识形态机器的大众媒体紧密相连。

(三) 教育功能

教育实践与政治斗争一定是相关的,是广泛的民主事业的重要组成部分。教育干预同权力和社会变革紧密相连,文化作为教育斗争和政治斗争的阵地,绝不仅仅是为了灌输真善美,更是作为一种教育力量把社会政治权力作为批判和改造的对象。霍尔认为,文化与权力的关系存在多种表现形式,教育是文化发挥其文化控制、主体身份塑造

---

① 斯图亚特·霍尔编《表征——文化表象与意指实践》,徐亮、陆兴华译,商务印书馆,2003,第9页。

以及政治表征等一系列功能的重要途径。他指出"文化的教育力量体现在它对表征对话和伦理对话的关注中,而这种对话依据学习、主体、社会实践功能以及政治本身的特定环境而定"①。霍尔认为,教育实践应当始终以主导阶级的表征策略、霸权运作机制以及权力所依赖的技术基础等为批判对象,达到深化教育的政治意义的目的。在教育实践中,文化不仅以制度形式、技术等形式为其提供物质技术支撑,也可以作为知识资源提高主体的认识和批判能力,因此,在霍尔眼中,文化绝不是单纯以知识形态而存在,而是权力斗争的场域,文化教育也不仅仅是传递知识,而是蕴含着深刻社会和政治变革的实践。正如亨利·吉鲁所说:"文化是首要的实体力量和知识论力量,我们应当强调其作为改变身份和展现权力之场所的教育本质。在这一语境下,学习本身成为目的,不仅是为了获得主体资格,而且是为了社会变革观本身。"②

(四) 身份塑造

文化的教育控制和身份塑造功能是政治霸权统治的另一隐性路径,文化"涉及社会和群体生活正在改变的方式,以及个人和群体用来相互理解和交流的意义网络"③,因为威廉斯意义上的"整体的生活方式"既是精英和大众交叉的地方,也是权力和知识交叉的地方,更是文化体现社会变迁和塑造身份的地方。霍尔始终将统治集团的霸权文化、主导意识形态的建构作为关注点,认为大众文化一定是受主导文化影响的。从统治阶级到后来的历史集团都是通过显性的或

---

① 张亮、李媛媛编《理解斯图亚特·霍尔》,北京师范大学出版社,2016,第199页。

② 张亮、李媛媛编《理解斯图亚特·霍尔》,北京师范大学出版社,2016,第200页。

③ 斯图亚特·霍尔:《种族、文化和传播:文化研究的回顾和展望》,陶东风主编《文化研究精粹读本》,中国人民大学出版社,2005,第308页。

隐性的意识形态教育来达到对主体的建构。阿尔都塞在否定意义上来理解主体，认为文化意识形态的功能就在于把具体的个人建构成主体，换言之，主体是被塑造出来的，是按照资产阶级的意识形态的规定性的要求塑造并呈现的。在实现过程中教育起着十分重要的作用，要在全社会范围内建立系统共识。不同的社会力量经过家庭、学校、宗教、传媒等市民社会形式的共同作用使得文化霸权可以被再生产，形成统一的文化秩序和自觉认同，最终达到对底层阶级和边缘群体的控制。霍尔想要揭示和批判的正是主导的意识形态和阶级权力关系运作和起作用的方式，其在日常的运作中掩盖权力的本质而自然地构建对现存社会秩序的共识的方式。

（五）文化抵抗

文化在承担教育和塑造身份的责任的同时也赋予人们权利，使得大众可以以各种形式参与其中并以风格多样的形式影响社会的进程，即文化具有大众抵抗功能。以霍尔为代表的伯明翰文化传统始终关注大众抵抗，在他看来大众文化领域不仅是争夺和确立霸权的地方，也是抵抗霸权的地方。这种抵抗可能来自阶级的、年龄的、性别的、种族的等因素。汤普森对工人阶级文化形成的论述开启了将政治抵抗作为文化的内在特质与功能的传统。汤普森从工人阶级意识的形成切入，以独特的文化视角，找到了工人阶级意识形成过程中传统与变革的连接点，表明阶级意识的形成是英国工人群众自身的传统、经历和体验的结果，是一个内在自我形成的过程，在这一过程中工人阶级对资本主义的制度从意识到实践进行了全方位的抵抗。他认为代表抵抗意识的阶级意识源自民众的生活经历和思想传统。其后霍尔以及整个伯明翰文化研究中心延续了这一传统，从青年亚文化到种族文化、女性主义，都在积极地挖掘其中的抵抗意识。

第三节　双向互动文化共识观的生成

从威廉斯、霍加特、汤普森到霍尔、安德森，文化研究发展过程中的危机与挑战始终存在，如果说文化主义和结构主义的争论是研究范式的危机，那么费斯克不加批判的文化民粹主义则是立场和价值观的危机，[①] 而在此基础之上的关于文化政治批判的模式的争论就是关乎文化实践的路径危机。文化研究的二元对立早期表现为对文化概念的精英和大众理解的对立，20世纪70年代后期则表现为一方面霸权理论衰落，一方面新修正主义崛起。同时二元对立也表现为文化政治批判模式的"自上而下"和"自下而上"的争论。霍尔秉承总体辩证的传统，在吸收葛兰西文化霸权思想的基础上打破了二元格局，形成了双向互动的文化共识观，既反对回归经济基础和上层建筑的机械模式，也反对将一切大众消费看作具有抵抗性质的文化民粹主义。他认为文化研究一方面致力于对霸权集团及其意识形态运行机制的批判，一方面致力于对被统治的社会边缘群体的文化反抗资源的挖掘和培育。同时他把社会的文化共识的达成看作自上而下的主导意识的霸权传递和自下而上的从属文化抵抗的斗争、妥协的动态过程。

一、文化的精英与民粹之争

在英国的文化主义传统中，从李维斯和阿多诺对文化所做的优劣与高低之分开始，就有了对大众文化贬斥与拒绝的传统。大众文化的表达被视为肤浅和低等的。文化精英主义最为精深的理论表现是法兰

[①] 陶东风、和磊：《文化研究》，广西师范大学出版社，2006，第39页。

克福学派的观点,他们认为以商品为基础的大众文化是用来欺骗大众的,他们创造出"文化工业"这样的词语来表达文化只是资本主义规模生产的结果。法兰克福学派以精英主义立场关照大众文化,认为消费社会的形成、大众文化的泛滥是资本主义社会发展的产物,代表的是资产阶级的阶级意识,是以文化工业的模式对大众人性和自由的剥夺与侵蚀,导致大众文化的庸俗化和大众精神的贫乏。李维斯主义和法兰克福的共同点在于对高雅文化地位的确认,他们认为高雅文化包含对资本主义的批判,也内含着知识分子的政治理想和对未来社会的想象。霍克海默曾经指出:"真正的文化取代宗教发挥了乌托邦的功能,激励人们冲出现实世界的阻隔,将自身从资本主义文化工业所生产的大众文化中解救出来,去追求一个更好的世界。"[1] 但区别在于对大众文化对统治阶级权力的作用的认识,李维斯主义认为大众文化是威胁和挑战,害怕因此出现无政府主义的乱局,而法兰克福学派则认为文化工业可以塑造人们的遵从和驯服意识,是控制大众的有效手段,大众文化可以维护现存的权力体制,在文化工业控制的环境下,一切政治变革都不可能。

与文化精英主义消极被动地看待大众文化的立场相对立,文化民粹主义强调大众在文化生成中的重要意义,认为最先进的思想观念来源于民众。以麦克盖根的定义来看,文化民粹主义是通俗文化的专业学者所做的知识分子式的界定。他认为事实上普通大众的实践经验要比那些所谓的精英主义文化更有政治意义,更值得研究。以这种定义界定为基础,对文化精英主义较早做出理论回应的是威廉斯。威廉斯认为,将大众和精英、大众和暴民做无意识的链接的做法是必须避免

---

[1] Max Horkheimer. Art and mass culture. Literary Taste, Culture and Mass Communication. Davison. Chadwyck Healey, 1978: 5.

的。所谓大众，本质上只是将人看作大众。而霍加特更是被麦克盖根看作文化民粹主义的代表之一，他从文化生产的角度展现其观点，《识字的用途》争论的不再是文化的高低，而是对多数人的文化经验的价值和意义的肯定，是通过对英国北方工业区社会生活的回顾而做出的对大众文化的批判性解读。霍加特强调的是工人阶级通过控制文化生产领域来创造一种纯粹、理想的工人阶级文化，因而被视作激进的民粹主义者。

如果从以上意义基础上来分析文化民粹主义，那么霍尔也可被称为文化民粹主义者，毫无疑问他对普通大众的文化实践的关注绝不逊色于其他任何英国文化研究学者。但事实上，我们这里所批判的和精英主义相对立的民粹主义指的是那种不加批判的大众文化研究的倾向，即完全脱离大众文化消费的历史和经济条件的，仅仅纠结于纯粹的阐释模式的毫无批判力的理论。约翰·费斯克被麦克盖根称作最具代表性的文化民粹主义者。费斯克曾以电视为例认为大众的理解始终是进步的，全然漠视经济基础和政治关系，换言之对大众文化持一种毫无保留也不加批判的态度，他甚至把文化研究看作一种纯粹的阐释学，也因此被称为新修正主义，被指责过度关注并夸大大众的快感、抵抗和辨别力，致使文化研究的批判力丧失殆尽，是"自由市场"意识形态的同谋。霍尔对这种观点持否定态度，对这种以牺牲经济和技术的决定力来为文化研究开辟一条纯粹意义上的阐释学道路的做法给予了坚决的批判，指出"很多人抛弃经济决定论，拒绝将经济关系看作其他实践的存在条件，其必然导致否定一切、陷入虚无"[①]。在他看来，将日常生活的文本与实践的存在条件作为我们分析的前提

---

① Stuart Hall. The Problem of Ideology: Marxism without guarantees. Stuart Hall: Critical Dialogues in Cultural Studies. eds. David Morley, Kuan-Hsing Chen. London: Routledge, 1996: 258.

是必要的，文化研究学者应当深刻理解"结构"和"行动"的关系，要两者兼顾，不可偏废，否则就会极大地损害文化研究范式本身的丰富内涵。

二、"自上而下"与"自下而上"之辩

在英国文化政治批判理论内部也始终存在两种相互对立的研究模式。一种是"自下而上"的批判路径，一种是"自上而下"的批判路径。"自下而上"的批判模式主张从劳动人民的文化传统思想意识出发考察历史进步的力量，认为人民群众是历史的真正创造者。"自上而下"的批判模式认为人民大众的文化传统和思想意识的进步性并不具有普遍性，相反，在很大程度上受到占主导地位的统治阶级意识形态的宰制，因此主张把政治国家作为主要的研究对象。

一般认为，以汤普森为主要代表的历史主义和以霍加特、威廉斯代表的文化主义的批判模式是"自下而上"的，他们主要从马克思历史唯物主义出发，认为人民群众才是历史发展的决定力量，因此他们研究的注意力集中于普通的下层劳动人民，从民众的日常生活中挖掘文化传统和革命意识，从人民大众的生活经历和斗争中探寻对政治国家以及社会发展进程的影响。持这一观点的学者还包括很多早期新左派历史学小组的研究成员——莫里斯·多布、埃里克·霍布斯鲍姆以及罗尼德·希尔顿等，希尔顿就认为"自下而上"的研究和批判模式是他们写作的基本特征，"我们把历史研究的侧重点从封建的和资本主义的统治阶级及其制度转向了劳动大众，无论农民、工匠还是无产阶级"[①]。汤普森的代表作《英国工人阶级的形成》以及霍加特

---

① 庞卓桓：《访英国马克思主义史学家希尔顿》，《史学理论》1987年第3期，第73页。

的《识字的用途》都是这一批判模式的最好体现。

汤普森通过对工业革命初期工人阶级意识和文化传统的形成历史做细致入微的考察,得出文化是不同生活方式之间的斗争的结论。应当说下层民众的历史是其著作的核心主题,其著作不仅涉及工人阶级的生活、经验、信仰、态度,也关涉劳动人民的实践。他认为阶级是由人民创造的历史现象,是社会关系和经验接合的产物。他肯定了英国工人阶级在他们自身形成过程中的积极和创造作用,认为自己正试图从子孙后代的强烈不屑中拯救那些"穷苦的织袜工,卢德派的剪绒工,落伍的手织工,乌托邦式的手艺人,甚至跟着乔安娜·索斯科特跑的人"①。汤普森将下层的民众推到了历史的中心,给予大众作为社会历史的创造者应有的地位,开辟了英国社会主义历史学的新时代。霍加特更是从自己童年生活的经验和记忆入手,展示出20世纪30年代工人阶级的生活和文化氛围,通过一种强烈的工人阶级生活的感性认知来重新确认工人阶级的文化传统。虽然《识字的用途》在某些方面延续了李维斯主义的文化传统,而且充满对工人阶级文化的怀旧的色彩,但霍尔认为霍加特留下的最重要的启示在于对工人阶级文化、普通民众的文化生活以及创造这种文化传统的意义与价值的肯定。无论历史主义还是文化主义都着力于揭示下层劳动人民的生活方式、思想观念,进而从唯物史观出发,肯定民众在历史发展过程中的决定性作用。如果把下层人民始终当成可有可无的陪衬或消极沉默的力量,就很难反映真实的历史。"自下而上"使我们可以获得对整个社会和国家更为确切的认知图景,② 可以正视工人群众的主观能动性和他们在创造历史过程中自觉做出的贡献。

---

① 汤普森:《英国工人阶级的形成》,钱乘旦译,译林出版社,2013,第5页。
② 乔瑞金:《马克思思想研究的新话语——技术和文化批判的英国新马克思主义》,书海出版社,2005,第58页。

第三章 文化是批判的本质维度

"自上而下"是第二代新左派的代表人物佩里·安德森所主张的批判视角，安德森作为霍尔之后的《新左派评论》的主编，从上任之初就和汤普森所代表的第一代有着重大的区别，在加速译介西方马克思主义的大量作品的同时，也使用这些理论来分析英国社会。其中结构主义的思维方式对他影响最大，因此安德森更加注重社会结构对主体的影响与制约，主张从对国家、社会的整体结构的宏观把握中研究社会历史的发展，而忽视了特殊性和个体的作用。安德森强调上层对下层文化的深刻影响，认为整体的民族文化根本无法摆脱社会的阶级结构，"国家暴力和精英势力使得那些地位较低者逐渐驯服于体现了地位较高者的支配权的习惯做法和其中所包含的残忍"[1]，认为要想获得关于社会的真实而完整的图景，仅仅从下层出发来研究是不够的，"一部'自上而下的历史'即关于统治阶级的历史一点也不比'自下而上的历史'逊色：没有它，后者最终只是单面的历史"[2]。

英国新左派历史主义与结构主义的对立在于，前者强调大众文化正是反对统治阶级意识形态的力量与因素的生成场域，强调大众文化所蕴含的现代无产阶级的主体能动性。后者是把大众文化看作统治阶级操控人民的手段，虽然安德森在强调"自上而下"的同时并没有极端拒斥"自下而上"的研究模式，但这两种认识都认为统治阶级的意识形态和被统治阶级的意识形态是严格区别的。而这一点是霍尔不认同的，在他看来统治阶级和底层大众的文化意识形态是相互斗争、相互交织的，是以动态形式呈现的。

---

[1] 转引自乔瑞金：《马克思思想研究的新话语——技术和文化批判的英国新马克思主义》，书海出版社，2005，第59页。

[2] Anderson. Lineages of Absolutist State. London：NLB, 1974：11.

三、文化共识观的生成

对于文化的精英和大众之争以及关于批判路径的争论,霍尔持双重拒绝的态度,很多时候寻求和创造第三种可能性是霍尔面对理论争论时的选择,即通过综合看似对立但本质上统一的观点来创造他自己的观点。因而霍尔从消费的角度进一步肯定威廉斯的"文化是普通的"这一基础观点,从文化消费的视角来肯定大众和底层民众的文化经验和文化活动,同时也反对过高地估计和评价大众的文化抵抗。同样他的批判路径也是双向的,既有对统治性结构的批判,也有对大众抵抗的肯定与激发。在霍尔看来,文化是统治阶级和被统治阶级的文化相互斗争融合而成,正是通过自上而下和自下而上的两种文化生成路径最终达成文化共识。

正如前文所讲,霍尔的文化观的葛兰西痕迹非常重,或者可以说正是葛兰西的霸权理论成就了霍尔的文化共识观。葛兰西在当代世界政治哲学研究中的巨大影响力主要来自他所构建的文化霸权理论,这一理论是葛兰西在意大利社会主义革命失败之后,在对当代西方资本主义社会做了深入细致的考察基础上创立的独特视角,成为我们理解当今世界,尤其是发达资本主义国家的社会权力形态和政治统治方式的理论源泉。英国文化主义在阿尔都塞的结构主义和语言学改造的基础上实现了葛兰西转向。尽管阿尔都塞在前,但是葛兰西的霸权思想所带来的被称为文化研究的"葛兰西转向"无疑是英国文化研究生命力和影响力的源泉,也是霍尔文化批判理论的重要渊源。霍尔认为是"葛兰西把文化带进了权力的概念中,使权力包含了文化与认同"[①],

---

① Stuart Hall, Martin Jacques. Cultural Revolutions. New Statement, 12, 5, 1997, Vol. 126.

第三章 文化是批判的本质维度

成为可以协商和谈判的存在。关于权力的形态,斯蒂文·卢克斯曾有过三种描述:其一为单向度的权力观,意指一方可以迫使另一方做其不愿做的事情;其二为双向度的权力观,指一方不仅可以决定有利于自己的结果,也可以决定有利于自己的游戏规则;其三为三向度的权力观,认为权力拥有者通过塑造人们的知识、观念以及爱好,使人们能够自然接受他们在现存秩序中的位置,在这种权力观之下,不平等的权力秩序实现了自然化和合法化,是人们毫无怨言地在自愿状态下实现的。第三种权力观和葛兰西的文化霸权有相似之处,占统治地位的权力都是通过赢得大众的同意来实现其秩序的。

在葛兰西的启示下,霍尔对文化与政治权力、文化与大众政治的理解摆脱了大众文化研究的二元对立的立场,大众文化不再被认为是单纯的统治阶级意识形态自上而下的编码过程,也不是自下而上的大众意识形态的解码过程,这一过程内含文化实践主体真正的主体性和能动性。霍尔不再将文化权力看作单向压制式的,开辟了一种双向的、互动的、谈判的文化权力模式,即一方面是自上而下的作为政治权力的国家意识形态的入侵和收编,而另一方面是自下而上的大众文化的抵抗与协商。霍尔认为霸权不是通过强力而是通过渗透,通过知识分子的宣传教育获取,以一种社会黏合剂的姿态通过日常生活的各种微观形式体现在具体生活中的普遍意义中。更为重要的是这种关系永远不会固定,霸权的统治不是一劳永逸的,而是在不断斗争变化过程中形成、转化的,是双方力量的此消彼长,换言之,在霍尔看来霸权就是永无止境的斗争。

正如葛兰西所指出的,研究霸权在实践中如何发挥作用"将是更为有趣的事"。霍尔认为"葛兰西意义上的霸权不是通过一个完整的阶级以其充分建构的'哲学'而获取权力,而是通过一个历史集团的社会力量而被建构和这一历史集团由此而确保其统治地位的过程。由此，我们概念化统治观念和统治阶级之间关系的方式，最好是通过'霸权的统治'过程来思考"①。其中，霸权文化是如何获得大众的认可以维持统治阶级的霸权，作为抵抗形式的大众文化如何兴起又是采取何种方式引导大众来反对或抵抗霸权控制就成为霍尔及文化研究学者要解答的问题。他们要揭示霸权意识形态的构造原则及其运作机制并且揭露其本质和生成基础，引导大众在各种文化实践中以进步的可行的方式展开抵抗。

在20世纪70年代后期，以约翰·费斯克和保罗·威利斯为代表的关于大众文化研究的后现代主义和后现代问题逐渐显现，同时意识形态和葛兰西的霸权理论渐渐被旁置，失去了原有的影响力，文化研究也几近丧失其原有的激进性和批判性的特质。费斯克声称，现代西方社会大众的抵抗有两种形式，一种是符号意义的抵抗，另一种是经由社会经济体系变革而来的抵抗。他认为大众文化抵抗主要在符号意义领域实现，统治性的霸权力量时刻面对来自大众的挑战与抵抗，其中文化经济是大众抵抗的坚实后盾，大众通过符号抵抗可以成功打破统治阶级在文化和意识形态领域的领导权。因此，在他看来，激发大众的活力和创造力，努力在人民的内部探求社会变迁的可能，并挖掘其背后的驱动力才是文化研究学者应当做的工作。

这种失去政治经济支撑的简单地将大众看作社会发展的进步力量的乐观态度显然是霍尔反对的。虽然霍尔反对机械的经济决定论，但他认为纯粹聚焦大众消费过程，过分关注快感的形态和意义的生成，将一切大众消费都看作有抵抗性质的行为，将霸权力量和大众抵抗过分地普遍化有新修正主义的嫌疑。20世纪70年代文化研究应该回

---

① Stuart Hall. The Problem of Ideology: Marxism Without Guarantees. Stuart Hall: Critical Dialogues in Cultural Studies. eds. David Morley and Kuan-Hsing Chen. London: Routledge, 1996: 43-44.

到马克思主义还是聚焦消费过程的争论类似结构主义和文化主义的范式之争,霍尔及其学生麦克罗比认为霸权理论始终是英国文化研究领域最令人信服、理论体系最为严谨最为可靠的理论枢纽,因此应当回到葛兰西式的文化研究,回归民族志的研究方法,使被文化工业商品折磨得了无生趣的日常生活重新焕发生机。换言之政治霸权和大众抵抗始终是同时存在的,社会共识的构建依赖两者的持续互动和不断斗争。

霍尔主张的双向互动的文化共识观一方面揭示作为霸权的文化不是静态的统治秩序的再生产,而是"通过一个复杂的序列或过程被构建,它不存在于现存的社会结构中,也不是固定于某种特定生产方式之下的阶级结构中"①,而是处于持续不断的重构过程中。换言之,霸权是动态的、无担保的、不稳定的存在,其中没有清晰的阶级界限和标准,是一个总体的斗争的历史轨迹。另一方面揭示作为抵抗力量的大众文化在社会的文化共识构建过程中既不是单纯的被解体也未在斗争中获得完胜,而是在霸权抑制和大众抵抗的双重作用中被重塑。

小 结

从英国传统意义上的文学批评到文化批判再到文化政治批判,我们必须承认霍尔这一路走来对英国文化政治批判发展所起的重要作用。在西方马克思主义的批判历史中,传统马克思主义较少涉及的文化问题是葛兰西最为关注的问题,他的理论有很强的当代感,一定程度上促使文化政治哲学成为哲学社会科学的一个重要研究领域。而霍尔则是英国社会文化政治批判的先驱和奠基人。霍尔认为现代化进程

---

① Stuart Hall. The Problem of Ideology: Marxism Without Guarantees. Stuart Hall: Critical Dialogues in Cultural Studies. eds. David Morley and Kuan-Hsing Chen. London: Routledge, 1996: 43-44.

是一个多元建构的过程，在多元作用中凸显文化维度，在影响社会发展的多重维度中凸显文化是本质维度。他强调文化解读的不确定性和差异性，甚至认为文化研究应当避免讨论"文化到底是什么"这样的问题。他以文化的总体逻辑为一切研究的着眼点，在承接威廉斯文化整体主义观点的基础上，进而认为文化不仅是整体的生活方式，更是一种存在复杂结构的斗争方式，这一结论更为彻底地坚持了英国左翼马克思主义的立场与观点。霍尔以英国新马克思主义特有的辩证立场解读文化，拒绝法兰克福对大众文化消极被动的理解，也拒绝费斯克式对大众文化的民粹主义理解，而是将大众文化置于和主导意识形态的关系中来把握其实质。因而，霍尔既对作为政治权力的主导意识形态文化控制进行批判，把现代媒体确立为主导意识形态控制的主要介质，同时也对大众文化本身包含的挑战和抵抗因素进行挖掘，认为大众文化内含主体抵抗的多样性资源和样式。霍尔强调大众文化作为具有抑制和抵抗双重性质的斗争场所而存在，着力于思考大众文化和政治权力的关系，认为知识的生产不只服务于支配者的利益，也服务于挑战支配者的那些从属群体的利益，大众文化与大众政治必然是结合在一起的，因此，关注大众文化的意义即在于它是社会主义可以被创立的地方，是体现大众文化的本质和人的解放的场域。

第四章 作为政治权力的霸权文化

霍尔的文化政治批判的核心之一是权力与文化控制。现代社会"文化已经改变了权力的概念,曾经我们只认为权力存在于政府或军队,而今,权力无处不在,从家庭到性别关系,到体育活动和人际关系,我们自己的身份和主体性都是文化地构成的。"① 通常国家的政治制度、权力机构运作被看作权力实现的基本领域,今天看来权力已经不再拘泥于单纯的政党、国家制度等传统领域,种族政治、性别政治以及日常生活政治都被涵盖了。对文化的政治维度的强调使得霍尔以及整个文化研究领域对政治领域始终保持批判性介入,这种介入在一定程度上扩大了政治的范围。这也契合了霍尔一直以来对文化研究的定位,他认为其研究宗旨在于对英国社会和政治巨变做出理论回应。当然文化研究不仅仅以描述、解释当代文化和社会政治实践为目

---

① Stuart Hall, Martin Jacque. Cultural Revolutions. New Statement, 12, 1997, Vol. 126.

的，同样致力于改造现存的权力结构。霍尔认为英国社会存在的阶级、性别、种族等诸多不平等不是必然的和合理合法的，这样的现状在他看来是文化使然，是文化以其特有的方式遮蔽了这些不平等和政治之间的联系。他对文化不再做简单的精英和大众的二分，而是用权力、阶级等话语来阐释，认为差异的根源在于意识形态的表征。其中统治阶级的霸权文化在不平等的社会关系中如何起作用就成为文化研究重要的反思和批判对象。

本章将从文化与权力关系的一般理论中阐明霍尔如何思考和认识资本主义国家与大众文化之间的关系，以及国家政治权力如何实现对文化的隐性调控，媒体作为主要的介质又是如何发挥作用并构建霸权。

第一节 政治国家和大众文化

国家在历史发展过程中有多种形式，这是一个有太多不同意义的词汇，我们很难精确地为现代国家下定义。葛兰西将国家定义为统治阶级借以使其主导地位合理化而又能赢得被统治者积极认同的实践和理论的全部综合。霍尔认为葛兰西给出的定义几乎完全消弭了政治国家与市民社会之间的界限，但这一论断的革命性意义在于将大众文化当作政治国家的中心环节。文化研究的葛兰西转向开启了把大众文化置于整体社会发展与文化政治实践的大背景中审视的研究路径。霍尔认为葛兰西的国家理论的革命性的突破在于赋予大众文化以国家层面的地位，肯定了国家的社会职能的积极方面。而大众文化研究也被认为是积极介入社会、参与政治的表现。

第四章 作为政治权力的霸权文化

一、文化与权力的理论逻辑

霍尔对文化与权力关系的一个重要贡献在于他对各种微妙而强有力的社会差异形式的洞察。他认为在全球化条件下关于权力、不平等、差异的关系的论述中文化的维度越来越重要，指出要考察现存的权力体系中差异和不平等的根源以及其为什么可以持续存在都必须参照文化的作用。沃洛西诺夫的"符号物质化"思想为霍尔将马克思主义的一些基本概念应用到文化领域提供了理论引导。霍尔指出："所谓意义，一旦深思起来，必定是一种结果，它不是语言对世界功能复制的结果，而是一种社会斗争的结果——这种斗争是一种争夺话语领导权的斗争——围绕这种话语领导权，必然会有某种社会观点占据上风并赢得信任。"[1]霍尔在这里提出了"不同社会利益"以及"斗争场所"等符号概念，使它们成为语言和研究工作的对象。托尼·本内特曾这样描述权力与文化的关系——文化研究就是一个用来指代一系列的理论和政治观点的领域，"这些观点都是从它们与权力之间的复杂关系以及权力内部复杂结构的角度审视文化行为"[2]，即文化研究就是从权力角度看问题的，权力是这一领域的一个出发点。

权力处于文化研究的核心位置。在霍尔看来，权力可以被用来理解阶级关系，也可以用来解释种族差别、性别差异以及年龄的问题，所有的表征——实践都与权力相关。正如福柯所言，权力无所不在，不是因为它包含一切事物，而是因为它来自所有地方。霍尔认为福柯不是简单意义上的政治活动家，但是又与政治相关联，因为当我们在

---

[1] 斯图亚特·霍尔：《意识形态再发现——在媒介研究中受抑制后的重返》，《媒介批评》第一辑，广西大学出版社，2005，第77-78页。

[2] Bennett Tony. Putting Policy into Cultural Studies. L. Grossberg eds. Cultural Studies. New York and London, 1992: 23-33.

阅读福柯时,"你会立刻意识到他的著作带有抵抗政治、性别政治、1968年的布拉格之春、对西方的评论、国家权力的本质以及古拉格的影子"①,无一例外地具有政治含义,与权力相关。"我们无论在哪个方面都能对权力做出深刻细致、无休无止的系统阐述——政治、种族、阶级、性别、征服、统治、排斥以及边缘化等等。"② 从对英国文学传统的摒弃到向马克思主义的转变,从对阿尔都塞和葛兰西的借鉴与改造到女权运动和后殖民主义的兴起以及向福柯的靠拢,文化与权力的关系是霍尔始终如一关注的主题,每一个转变都得到认真的研究和深入的讨论。

霍尔在他的学术历程中对马克思主义的权力观经过一个从反对到和解到审慎的使用过程。正如我们所知,霍尔认为文化研究是在反对马克思主义的机械决定论的过程中兴起的。霍尔遇到阿尔都塞之后,提出经济基础只是在最后的时刻才会起决定作用,此时他对待马克思主义的态度才变得相对平缓。阿尔都塞对马克思主义权力分析的意义在于指出了"使用意识形态为其效劳的阶级也屈从于阶级的意识形态。我们说意识形态有阶级的职能,就是说,占统治地位的阶级的意识形态是统治阶级的意识形态,它不仅帮助统治阶级统治被剥削阶级,并且使统治阶级把它对世界所体验的依附关系作为真实的和合理的关系而接受,从而构成统治阶级本身"③。显然,阿尔都塞不是笼统地拒绝意识形态,而是把意识形态当作社会总体的有机组成部分强调意识形态的无意识。可以说阿尔都塞为霍尔创造了策略性的吸收统

---

① David Morley, Kuan-Hsing Chen. Stuart Hall: Critical Dialogues in Cultural Studies. London: Routledge, 1996: 397.

② Stuart Hall. Cultural studies and its theoretical legacies. Stuart Hall: Critical Dialogues in Cultural Studies. eds. David Morley, Kuan-Hsing Chen. London: Routledge, 1996: 286.

③ 路易·阿尔都塞:《保卫马克思》,顾良译,商务印书馆,1984,第202页。

第四章 作为政治权力的霸权文化

治观念的可能。

对霍尔的文化权力观念意义更为重大的是他对葛兰西的文化霸权理论的接受。葛兰西的霸权理论是霍尔考察文化与权力的关系的重要理论支撑。在霍尔看来，在文化与权力的关系方面，葛兰西比阿尔都塞更为彻底地纠正了传统马克思主义的机械性，虽然葛兰西属于在文化研究领域曾被看作问题和麻烦的一部分，但是正是在文化研究领域葛兰西更新了马克思主义的某些传统，强调了文化意识形态领域，因此他对于文化研究才显得如此重要。在葛兰西看来，文化霸权的形成是国家权力实现统治的先行条件。众所周知，作为意大利共产党总书记，葛兰西最关心的是为什么无产阶级革命没有在意大利发生，他迫切想要破解的问题是发达资本主义国家的统治集团是如何组织他们的统治的。他认为，在发达资本主义国家，统治的组织实现有两种路径，一方面是依靠暴力机器实现的控制，另一方面是依靠霸权，即文化的力量来建立统治的合法性基础。霍尔认为这一观点有效地解释了西方发达工业资本主义国家的统治基础，即资产阶级不但取得了政治上的领导权，而且通过理性化的程序取得了文化霸权。资产阶级国家的职能也随之发生变化，暴力和强制的因素逐渐减弱，而国家的文化职能和教育职能则明显增长。国家摆脱了单纯的暴力特征，逐步取得了伦理和文化的规定性。"国家具有教育和塑造的作用，其目的在于创造更高级的新文明，使'文明'和广大群众的道德风范适应经济生产设备的继续发展，从而发展出实实在在的新人类。"[1] 霍尔引用大段的葛兰西关于国家职能的表述来佐证自己的观点，指出国家教育和协调职能的最为重要的作用就是提升大众的文化与道德水平，使得

---

[1] 葛兰西：《狱中札记》，曹雷雨、姜丽、张跞译，中国社会科学出版社，2000，第198页。

民众的道德文化水平与生产力和生产关系的发展水平相适应，从本质上与统治阶级的利益相一致。换言之，学校的直接正面的宣传教育和国家的强制机器的强制与负面教育都是极端重要的国家行为，它们都是实现统治阶级政治文化霸权的机构。

霍尔反对后马克思主义理论家对统治阶级权力的弱化，认为完全丢弃统治阶级和统治观念的主张是危险的。同时霍尔也指出，我们必须对统治的理解进行重大的调整才能拯救权力的概念。事实上，霍尔对文化与权力的关系的直接论述并不多，而是通过和社会学的实证主义以及马克思主义的阶级分析理论相结合，在理论和实践的互动中呈现观点。霍尔的文化与权力的概念在某种程度上有着深刻的社会学的痕迹，有严肃的社会学特色。赫布迪奇在伯明翰文化研究中心关于亚文化的著作中有这样的总结："像我们这样一个高度复杂的社会，是通过精细的劳动分工系统进行运作的。在这里，权力这个重要问题与那种具体的意识形态有关，代表了那个具体集团和阶级的利益，在任何时候、任何场合都显得相当重要。为了应对这个问题，我们必须问一问在社会里哪个集团或阶级具有更多的解释权、命令权和归类权。"[①] 赫布迪奇将英国青年亚文化的研究史定义为一部权力的文化史，显然其观念与霍尔一致。

二、政治国家和大众文化关系的历史描述

在国家职能形式及其实现模式的演变中，国家对大众文化的影响和管理不是线性发展的。充满争论、冲突的葛兰西扩展了的国家定义和国家职能形式无疑动摇了国家和市民社会的传统意义上的区分标准，市民社会成为实现国家文化功能的主要领域。

---

① Dick Hebdige. Subculture: The Meaning of Style. London: Routledge, 1979: 14.

第四章 作为政治权力的霸权文化

（一）政治国家规定着大众文化的发展趋势

现代国家与最高统治权是密切联系的概念，国家意味着至高无上的权力，在它自己的国界内既不屈从于外在的权力也不屈从于对手的权力，一个国家的其他权力中心皆从属于它，必须通过国家来获得授权。大众文化在霍尔的意义地图中是以特定阶级的社会和物质条件为基础并体现大众传统和实践的形式和活动。区别于对大众文化的描述性定义，霍尔认为，应当在阶级和文化的关系中来呈现大众文化本身的对抗和不稳定性。①

一方面，霍尔认为，大众文化的历史变迁可以反映社会阶级关系的深层变革。18世纪斗鸡的娱乐方式的兴起意味着封建农业经济的分裂，20世纪从乡村足球到足球联赛的演变正是主导文化对大众文化的引导性改造与重塑，其中不仅体现了传统小规模、散漫的社区生活方式的解体，也以另一种角度再现了城市中心化社会的大型的、有严格组织规则的系统规范的生活模式的特质。两者反映的都是大众文化和主导文化关系的转变，是阶级关系变迁的文化映射。从大众文化发展的历史来看，重要的不是描述性的记录，也不是其间的连续性，而是大众文化和主导文化关系的重建和转折的关键时间点的分辨与确认，是断裂和非连续性。我们应当关注的不是大众文化内容的连续和相似性，而是立足于差异并寻找差异所潜藏的社会发展的文化意义和深层本质。

另一方面，国家对大众文化的调控历史规定大众文化历史变迁的趋势和方向。霍尔认为，在历史的"断裂和不连续"中才能更清晰地辨识阶级文化关系的转折与重构。霍尔以乡村足球和现代足球为大众

---

① 斯图亚特·霍尔：《解构"大众"笔记》，陶东风编《文化研究精粹读本》，上海三联书店，2001，第51页。

文化的一种具体形式来说明大众文化形式的发展所表明的正是前工业时代的乡村社会与工业时代的城市中心社会的主导文化的差异。乡村足球展现出的无规律、无标准、散漫无约束的大众文化传统是现代工业社会的主导阶级和政治国家无法容纳的和加以拒斥的。而现代足球的高度规范和标准化则与城市工业阶级和统治文化所期望和倡导的规范而勤勉的品质相一致。因此，从乡村足球到现代足球的文化形式的历史演变过程中，无论规则还是场地都基于旧的生活方式的瓦解而改变。大众文化形式的变迁反映着阶级关系的深层变化。霍尔认为，这种大众文化形式的变迁的实质在于对主导的阶级文化关系的维护与协调，是以新的形式重组了的、在中断和不对称中展现出的大众文化与国家关系的变迁。

（二）政治国家职能形式的发展直接影响大众文化的发展

正像大众文化有其演变的历史一样，国家作为人类社会发展的产物也是一个历史范畴。国家作为一个历史范畴，无论表现形式还是职能范围都在随着社会历史的发展而不断变化。霍尔指出，虽然政治国家和市民社会始终难有严格的界限，但政治国家职能形式的历史演变只有在对国家和社会的关系的历史分析中才能阐明。

从16世纪开始到18世纪中期，英国通过立法、制定规范等方式，在经济、贸易等领域发挥直接的作用。自由竞争准则的确立直接带来了19世纪自由资本主义经济的繁荣。与此同时，"国家的政治构成也发生了同样剧烈的变化"①，主要表现在大众阶层要求扩大选举权的斗争。国家的作用只有在和社会的关系中才能被清晰地理解。只有在对国家和社会关系的历史分析中才能呈现国家职能在每一时期的特征。

---

① 斯图亚特·霍尔：《大众文化与国家》，陶东风主编《文化研究精粹读本》，中国人民大学出版社，2006，第265页。

第四章 作为政治权力的霸权文化

就国家和家庭的关系而言,在19世纪家庭还属于英国人的私人生活领域,但到了20世纪家庭就被渐渐卷入了国家的公共领域。同样在19世纪教育和媒体也大多属于私人领域,但20世纪以后却很大程度上成为公共领域。因此,霍尔认为,葛兰西的国家和市民社会的理论必然也需要历史分析。

从16世纪到20世纪,国家的政治结构随着社会经济形式的变化以一种非连续的不稳定的形式呈现出剧烈的变化。17世纪末到18世纪的英国处于资产阶级完成原始积累的过程中,历史学家们认为这一时期的国家表现为一种寄生的形式,是一种高度同质化但又极其脆弱的存在。国家表现为少数精英的联合,无论在思维模式还是价值追求上都体现资本主义的经济基础和资产阶级文化的基本原则,此时的国家形式并不能实现对社会生活的有效管理。国家权力向地方的转移、权力实现方式的不确定性都成为腐败寄生的形式,但由此却带来了商业的急速增长和财富的迅速积累。

在霍尔看来,这样的结果部分源于法律的权威和控制力。尽管此时的法律并不具有统一的、正当严格的程序,很多时候表现出社会阶级关系的印迹。正如霍尔所言,18世纪的法律不仅是具有强制力的令人畏惧的国家机器,也是混乱且不成文的、任意的、严酷的。任意性在霍尔看来指的是处于主导地位的社会阶级是社会法律权力的实际操纵者,他们正是通过法律权力来达到维护和推进他们的经济权益和提升他们的政治权威的目的。显然,无论"自由出身"还是"私有财产的保护"都深刻地带着18世纪市民社会阶级关系的痕迹。但与此同时,主导阶级也被迫通过法律的程序及约束力来保护自身,这使得法律不再是一种形式的存在。尽管鲜有真正的公正与平等,"法律提供了一个框架,在这一框架中有产阶级的自由和穷人的不幸得以协商、斗争并解决"①。此时作为政治国家职能形式的法律不再是单纯的阶级统治的强力工具,已经通过大众的认可而获得了合法的尺度,因此而享有了共识的权力。通过斗争和协商,法律成为"财产和市场力量的法则"②。作为国家职能形式的法律的演变影响了大众文化的历史变迁。

霍尔认为,在这一时期的社会结构的基本要素发生的重大变化中,真正起关键作用的是大众文化的力量。因为这种改变一方面贯穿真实的经济活动,另一方面也根植于意识形态与信念。霍尔指出,汤普森称之为"道德经济"的市场规律是一种更有力量也更强大的存在。可以看出,在农业社会家长制的文化习俗向自由市场法则文化转变的过程中法律发挥了重要作用。换言之,"文化的瓦解、社会的重构、人民的再教育"③,以及一种新的资本主义文化模式的形成,都与法律和政治国家的调节职能密切相关。

大众在被法律束缚于自身的阶级地位的同时,也必然产生对统治阶级地位和权力的抵抗。但霍尔认为这种平衡事实上有助于资产阶级维持统治秩序,其中主导阶级的文化与大众文化是整个过程的作用场所,在这里实现了文化习惯的打破、文化观念的更新、文化实践的完成以及文化传统的重组,也体现了作为政治国家职能形式的法律在确立统治阶级的文化权威和被统治阶级的文化共识中所起的重要作用。

(三)政治国家对大众媒体的控制从显性到隐性转化

霍尔给予政治国家隐性的文化职能机构——新闻界持续的关注和论述,在他看来这是一种具有直接意义的文化机构。在新闻自由的资产阶级意识形态前提下,通过这一文化机构可以使一整套特定的历史

---

① 斯图亚特·霍尔:《大众文化与国家》,陶东风主编《文化研究精粹读本》,中国人民大学出版社,2006,第267页。
② 同上,第268页。
③ 同上,第269页。

第四章 作为政治权力的霸权文化

文化关系制度化。新闻界在葛兰西的政治国家和市民社会的划分标准中属于市民社会,相对于政治国家是独立的存在,因而人们总是在新闻自由的意识形态前提下相信新闻和舆论是大众可以依靠的对抗国家权力的屏障,是自由的维护者和独立于国家之外的声音。但霍尔认为,这种出现在19世纪的新的文化权力机构已经成为国家、文化和阶级关系的整合平衡器。霍尔认为,"独立的民意、市场导向的文化生产以及自由新闻的兴起,都与城市资产阶级的发展密切相关"。即相对独立的媒体领域和各种新的媒介形式都是伴随着城市资产阶级的成长和资本主义生产关系的出现而发展起来的,因此,霍尔关于媒体表现形式的分析从17世纪末18世纪初开始。

社会分工的精细化、商业与制造业社会阶层的扩大以及性别差异导致的工作性质的分化导致的变化首先是形成了新的读者阶层,包括通过自学获得教育的劳动者、小资产阶级、技术工人、文职人员,也包括大量的女性读者。其次是出现新的媒介形式和实践形式,从一般文学到文学期刊、从报纸到礼仪杂志,从宗教性的行为修养书到营利性的作品。这些形式无疑为新兴的资产阶级做出了非常独特的文化定义,为作为整体的资产阶级建构了一种极端"私人的"文化规定。伴随文化形式的种类和规模的飞速发展,独立存在的中产阶级已经成为重要的政治、社会和文化力量。在霍尔看来,中产阶级并没有真正脱离政治国家的控制和约束。事实上,这种控制无处不在,从早期的政府直接收购以及国家行政人员参与发行,到征收印花税,再到对出版的积极控制,都体现出国家在其中的参与程度。霍尔认为,这种被标榜的独立性能够被生成并被保持的原因在于它与国家的基本制度一致。唯其如此,这种独立性才能在"不受国家直接控制的和监督的市场上流通"。

霍尔认为,和中产阶级对立的真正的大众媒体领域出现于18世纪

90年代到19世纪30年代，它是与工人阶级一起出现的，被霍尔称为激进的工人阶级新闻界，也被统治阶级当作反动的颠覆性力量，它的出现对那种和支配阶级利益一致的独立媒体产生了巨大的冲击和挑战。在长达20多年的斗争历史中，知识税被废除、宣传税被废除、印花税税率大幅下调，都表现出争取观念自由所获得的胜利。汤普森也认为如此显著的胜利是来之不易的。但是，这种经过长期的尖锐斗争所收获的媒介自由在霍尔看来却被商业资产阶级的新闻界所继承。

霍尔认为，这种努力使得一种新兴的阶级文化关系广泛流行，媒介自由意味着由自由市场竞争法则、私有权和获利至上原则来规定自由的秩序，媒介不再是独立于权威之外的理性存在。换言之，这是一种代表了资本利益的市场形式的自由，国家通过立法等形式外在地作用于它，并以此保证自由秩序的存在和发展。对于大多数人而言，自由是外在的形式，自由只表现为他们消费别人提供的观点的自由。虽然大众不是大众媒介的积极参与者，这并不意味着大众远离大众媒介，相反大众作为大众媒介的接受者和购买群体成为大众媒体的经济支撑。这种商业性的媒介以一整套的自由市场规则为主导，成为整体的社会构成的一部分，其中自由获得了有限的定义，"不受国家干预的自由、竞争和生存的自由、自由权和市场竞争无限运行的自由"，却失去了激进大众的应有内涵，因而，这种自由是以商业为基础，而不是以民主为基础。

从19世纪中期开始，这种以商业为基础的大众媒体关系渐渐成为国家主导型的媒体关系，也成为现代国家和阶级文化关系的根源。"它促使社会分裂为两个不同的、简单化的'公众'"，进而媒体被区分为精英媒体和大众媒体。霍尔认为，此时的大众媒体形式就其本质而言是从文化上来解决有关民主的问题，即解决大众阶级的民主权利与国家权力和媒体之间的关系问题。国家在其中的作用在于允许大众阶级表达意见,又能够将其控制在主导的统治阶级文化的运行轨道及其文化权威之下。因此,大众媒体是关于大众的非政治的新闻,为大众所消费,但是这种以大众为内质的商业化经验也必然呈现出流散性和被操控性。

这样的历史描述体现的是国家在媒体管理中作用和职能形式的转化——从显性到隐性,从直接到间接的转变。在霍尔看来,19世纪中期到20世纪初国家处理阶级文化关系的方式的转换是通过将媒介作为新的文化机构来实现的。但媒介领域却存在大众和精英的分立局面,大众进入了由精英们在资本逻辑之上建立的、资产阶级观念领导和支配下的所谓的"自由观念"的领域。

三、大众媒介显示出鲜明的权力特征

在国家职能由显性向隐性的转化过程中,作为国家文化工具的大众媒体却开始呈现出越来越明显的文化权力特征。19世纪末开始的英国社会的深刻危机不仅表现为帝国的衰落,也表现为由此而出现的政治理念和结构的分化与重组。最为显著的表现就是工党的出现。独立的劳工的政党第一次出现在英国的政治中心。这种危机最终以民主问题的形式动摇了阶级和文化权威的早期形式。"国家不再是当权阶级仅仅记录或照顾一下国民中未被代表的那部分人的观点和利益的场所了,至少在形式上……不得不伪装出全民性,即平等地对待所有的公民。"由此而产生的后续问题是,在一个号称民众已经获得平等的政治权利的国家如何实现意识形态的主导,换言之,在一个经济发生深刻变化、竞争日趋激烈的国际环境中,英国这样的"民主化"国家怎样在保持大众赞同的同时限制民主。霍尔认为,这不是一个关于民主的问题,而是关于文化霸权的问题。国家的职能形式以及职能实现形式都必须发生彻底的重构或革新。能够在这样的环境下维护国家权威并实现领

导职能的只能是一种新型的国家形式。霍尔指出,这种国家表现为"普遍中立的、代表所有阶级的、人民的国家,代表共同的普遍利益的、能够按照某一明确路线引导、鼓励和教育社会而同时保留其全民性和独立于各阶级,即超越斗争,不参与任何一方的国家"。这使得文化不再是精英群体的特权而成为国家负有责任的公共事务,霍尔认为这是一个具有重大意义的转变,展现出国家对大众文化的调控和国家与文化的关系都发生了质的转变。

无论超越阶级对抗,树立文化权威,还是限制大众民主,获得普遍认同都是文化问题。霍尔认为,这些文化问题的解决一定与国家权力相关。国家主要是通过对日新月异的传播手段和大众媒体形式的持续控制来实现管理。在新的时代条件下,在一个大众民主的社会,国家的文化权力是建立在具有强大的社会政治权力的技术媒介基础之上的。大众媒介在职能和构成上以大众机构的形式出现,而不是政府的权力部门,但是它们又从国家内部获得权力。这种既不属于国家又拥有国家权力的媒体形式和构成使得媒体和国家形成一种依赖性和独立性并存的微妙关系。霍尔认为,大众媒体的发展反映了国家的发展,作为主导文化的代言人,媒体在成长中会"将整个人民的文化作为有机的国家的文化来反映,而且同时维护传统价值和尺度,并教导大众趣味趋向'更好的自我'这一公共职责",显然,这是按照国家的职责而不是依据市场的规则来定义的媒体。

一些大型的垄断性媒体在"二战"期间从公益性的存在转变为国家的一个文化机构,一方面它们获得了国家的授权,另一个方面它们仍然是企业。霍尔认为这是经济上的垄断资本和人民以及政治国家确立的新型关系。霍尔通过回顾英国广播公司是如何将自己打造成国家文化的代言机构来证明垄断的媒体机构在法律上保有其独立于国家的性质,但内在却与国家相关联并为其服务。其一方面作为国家意识形态的代言人，向人民传递资产阶级的主导价值观念，另一方面也化作全部人民的代表来传递大众的心声。

20世纪50年代出现的新媒体——电视再次挑战了国家的文化职能的实现形式。和广播阶段相比，此时的国家权力的规范和管理活动更多是基于市场逻辑，通过渗透自由市场来起作用，表现出对大众消费者的迎合，这样的变化最终导致大众媒体都表现出强烈的通俗化和平民化的趋势。但是霍尔也指出，尽管国家的干预和介入显示出其隐性温和的一面，但是媒体的运行和发展和国家之间总是存在大量的有形或无形、直接或间接的联系。比如广播或电视台的运营总是在国家的权力范围内，并且国家设定了详尽的标准和要求，要求节目既要服务于大众的公共事业，也要满足大众的趣味和爱好，尤其是新闻时事节目被要求在宪法基础之上独立表达，这些为广播和电视的自由市场性提供了合法的限定。霍尔认为，在这种新的媒介模式中，媒介实践都与国家的文化实践相联系，或者直接成为国家的文化实践形式，表现为和平团结时期以及政治分裂时期，媒体都展现出霍尔称之为"影子国家"的特质。

第二节 大众媒体是霸权实现的主要介质

一直以来，作为文化生产和传播载体的媒体与文化总是密切相关，尤其是电子媒介的出现，不仅改变了媒体传播的形式，也改变了作为人的生活方式的文化本身的存在状态。在全球化数字化的今天，媒体已经成为我们生活不可或缺的部分，我们甚至无法想象离开媒体的生活。无论在发达国家还是发展中国家，媒体信息都是开放的资源，通过媒体我们可以接触到与自己不同的生活方式，它们"涉及社会知识和社会形象的提供与选择构建,通过它们我们了解世界以及他人的'生活真实,并想象性重建他人和我们的生活,使其成为可以理解的'整体世界'"。

霍尔的文化政治批判一直和媒体研究交织在一起。以电视为主要代表的新的媒体形态一方面通过对人的日常生活的渗透无限地扩大它的势力范围,也扩大人类的公共生活领域,另一方面以隐性的方式不断蚕食和压缩各种异质性的事物的生存空间,以信息供给的不可逆性等体制资源的优势地位消解大众的批判空间。媒体以它特有的方式塑造和改变我们的日常生活方式甚至思维模式。与大众文化、霸权意识形态的接合无疑是现代媒体所面临的真实的文化境遇。大众媒体也成为实现文化霸权的主要介质,其中媒体意识形态的生产、传播和消费的模式正是霍尔主要的分析和批判对象。

一、政治国家、大众媒体、阶级关系的复杂统一体

文化霸权的实现依靠国家不断扩大的文化职能。国家的大众文化职能在不断扩大。葛兰西的国家和市民社会理论是在新的历史背景下重新思考资本主义国家与社会关系的结果,他认为一个阶级只有占有了市民社会领域才能真正获得一个社会的控制权。葛兰西的"有机知识分子"的主要施展的场域正是市民社会领域。马克思主义的辩证法在葛兰西这里被具化为知识分子和大众之间的辩证法,塑造差别意识,包容差异,在新的思想原则与传统实现原则的对话中包容、扬弃,是主导阶级获得革命主导权的基本路径。霍尔认为葛兰西"扩展了的国家定义旨在特别应用于现代民主国家及其扩展了的功能范围,这种意义上的国家如此深入地深入到市民社会内部……不仅表明其文化调控

作用有了质的提升,也表明国家文化关系的一系列质的转变"①。

国家是文化再生产的积极力量。在近代,尽管英国没有专设的文化机构,但国家以其独有的方式在很大范围内承担了发展文化的职责。国家的文化职能主要是通过教育制度和媒体机构来完成的,霍尔指出,包括"文化传统及其价值的定义与传递,知识的组织,为不同的阶级分配被皮埃尔·布尔迪厄称为'文化资本'的东西,作为文化传统的守护者的知识分子的生成及甄审"等内容。大众媒体在现代政治国家生活中扮演着越来越重要的角色,它与国家权力相结合,虽然没有改变政治国家的内在形式,但无疑改变了政治国家的意志的存在形式,也改变了政治国家霸权统治的外在形式。从大众媒体与政治国家和意识形态的关系角度来理解和分析媒体是霍尔的媒体批判的基本路径,他强调文化与社会、文化与政治的关系维度,指出大众媒体是现代政治国家文化和意识形态的主要载体,并反思和批判大众媒体在政治国家意识形态霸权再生产中的工具作用。

在对电视媒体进行深层分析的努力中,霍尔将其看作意识形态机器,是无数的民众在日常生活中无法逃离的了解和理解世界的工具。尽管媒体机构貌似有专业的技术编码和处理的流程、机制,但是在霍尔看来这种媒体信息也会复制资本主义的社会结构。霍尔认为包括书籍、报纸、广播、电视等各种大众媒体形式和政治国家以及阶级文化的关系不是一个简单的图景,而是相互交织的复杂统一体。借鉴阿尔都塞的意识形态机器理论,霍尔将大众媒体定义为政治国家意识形态的主要传播介质,尝试揭示在发达资本主义社会的现实条件下大众媒体作为一种意识形态机器所表现出的独立运作的自主模式背后隐藏的

---

① 斯图亚特·霍尔:《大众文化与国家》,陶东风主编《文化研究精粹读本》,中国人民大学出版社,2006,第266页。

阶级权力关系。霍尔指出，那只是一种假象，掩盖了其与现存的资本主义主导意识形态和统治秩序的联系。事实上，大众媒体，尤其是新的媒体形式和政府一定是相对自主的，外在的自主性和独立性更有利于对资本主义基本秩序的维持与巩固。把媒体仅仅看作观察世界和反映事件的窗口和媒介的自由主义观点是霍尔着力批判的。同时，霍尔也反对将大众媒体和国家权力之间的关系理解为严格机械的专制主义的控制关系。在霍尔看来，电视、媒体所传达和表现的意义绝不是单一固定的，而是一个意义的范围或界限。其中，优势的或被推荐的意义可以复制主导的政治权力秩序。

霍尔认为，"意识形态并不是'媒体的一个骗局'，而是一套结构装置，它为看似开放和明确的一切提供框架，反过来又成为特定的政治含义的一个标志"①。威廉斯认为，我们只有认真分析这些运行机制的形式，才能对现代社会中一般传播的程序展开研究。在此基础上，霍尔实现了文化主义与结构主义的接合，将阿尔都塞的意识形态理论和葛兰西的霸权理论接合起来对媒体展开研究。霍尔的努力赋予了媒体理论更为深层的政治内涵，霍尔对媒体内在机制的研究和揭示可以让文化分析多维度地实现其批判和斗争武器的功能。

《时事电视的"团结"》②是霍尔领导下的文化研究中心于1974年写的文章，是对1974年英国大选之前的媒体造势中的一则节目所做的批判分析，其研究对象是媒体呈现的官方文件和报道。在研究中他们认为，媒体和政党之间的关系既不是自由主义所宣扬的那样，即节目和政党是完全独立不相干的，把媒体仅仅看作人们观察世界反映事

---

① 安吉拉·麦克罗比：《文化研究的用途》，李庆本译，北京大学出版社，2007，第21页。

② 这一文章最初由伯明翰文化研究中心的媒体小组完成，后来由霍尔等人改写，其中霍尔无疑起到了关键性的作用。

第四章　作为政治权力的霸权文化

物的中介,也不是当时流行的媒体和政府是同谋,即节目制作过程被描述为公众的声音,但事实上却表达了占统治地位的政治意识形态。后一种观点认为媒体对大众思想的控制是通过机械的专制的方式来进行的。霍尔等人反对这种观点,认为电视和政府是相对自主的,电视传达的意义是一个范围,媒体节目的效果在于使意义范围中的推荐性或主导性的意义成为被观众接受的意义,这一过程需要诸多方面的努力,因为意义不是固定的。

《时事电视的"团结"》被他的学生麦克罗比认为是关于媒体与权力关系分析的范本。她指出这篇文章运用了符号学理论以及阿尔都塞和葛兰西的理论,揭示了编码、视觉以及词汇语言和身体语言如何在电视的技术机制基础上联合起来。时事编码的目标是达到一种透明的效果,将推荐的意义和盘推出呈现给观众。但这本身是一个复杂的过程,因为"每一层面都各有含义,但每一层面若离开了其他层面,在电视话语中就是不完整的。因此通过一个系统对另一个系统的绝对决定性使两个层面相互结成联盟的时候也就是编码过程中特定含义已经完成其使命的时候"[①]。此时编码完成,共识的前提形成,但意义并不固定。推荐意义最终发生作用既需要政治家遵守媒体规则,也需要媒体杜绝倾向性言论,提供一个貌似中立的媒体映像。

对媒体文本与政治和政府的微观政治逻辑的剖析是霍尔文化政治理论的特色,也是其巨大成就。霍尔揭示了媒体意识形态为维护现存的阶级关系所做的努力总是面临被瓦解的危险,其推荐的意义从来不可能准确无误地到达。这些观点的提出与分析改变了简单地将媒体与政治权力看作同谋的线性理解,通过细致深入的分析呈现出一个电视

---

① 转引自安吉拉·麦克罗比:《文化研究的用途》,李庆本译,北京大学出版社,2007,第19-20页。

节目在大众传媒环境中运作所需要的复杂的社会条件和可能产生的政治影响。

二、对媒体理论的批判与重构

大众媒体批判是与大众社会的兴起相伴而行的,如果从时间上溯源的话,应当将18世纪都市商业文化的兴起视为开端,这一时期文化产品在商业资本市场上获得了相对自主的定位,以至于被视为对传统文化价值的威胁。在那个时期,人们已经开始关注并争论文化、社会和工业资本主义的发展之间的复杂联系。霍尔认为,这种争论已经揭示了发达资本主义社会整体结构的一个深度的转型和重构。

(一) 媒介研究模式的差异及其理论实质分析

在霍尔看来,20世纪以来关于媒体影响力的批判主要存在两方面的观点。一方面是法兰克福学派的悲观消极的看法,认为在文化上产生的影响表现为在新媒体的参与下大众文化得到有力传播,这样会导致对精英文化标准的威胁,会损害精英文化的整体质量;在社会上的影响表现为,大众媒体造成了社区关系的断裂、礼俗社会的颠覆、面对面的调解组织的消失等后果;在政治上的影响,不仅表现为通过媒体的虚假诉求、宣传和影响而体现出来的大众的弱点,也表现为法西斯主义在欧洲的大行其道中大众媒体起关键作用。另一方面是美国的行为主义对大众媒体作用相对乐观的解读,认为媒体的效果虽然已经显示出来,但也存在强大的抵抗和消解的力量,同时媒体的影响是通过其他的社会结构和程序间接地呈现,而不是直接地产生作用。

霍尔认为,这两种对大众媒体影响的不同解读所呈现的方法论差异是真正重要的。法兰克福学派的批判是历史的、思辨的、内容丰富的,同时却停留于假设概括阶段。而美国的研究者却重视在经验性和实证性的框架下作假设和结果之间的测试,通过动力和影响模式来测试媒体影响力。但霍尔尖锐地指出，美国的行为主义研究所做的事情是确信存在一整套已经给定的想当然的客观现实，否认存在一种可以对其进行确认、查证、鉴别的，以普遍的科学方法为基础的经验主义的理论结构，总是期待假设与结果一致的研究。在霍尔看来，对大众媒体的影响力的行为主义分析都是在政治程序和结构问题、社会和政治权力的问题、社会结构和经济关系问题缺席的情况下完成的，其深层的本质在于它以"一套非常特殊的政治和意识形态的假设为基础"[1]，尽管这种理论假设尚处于未被证明的阶段。

霍尔将强调媒介效果的实证主义的研究方法看作现代媒体研究的主流模式，认为它实质上是"语言和希望的混合物，和严酷、顽固、行为主义的实证主义一起，创造了一个让人兴奋的理论混合"[2]。在行为学的媒体研究模式中，媒体的影响力可以通过直接和间接的方式加以体现，直接的影响在于导致个体行为改变，而间接的影响主要表现在媒体意见的后续的影响力。但如果在更为广泛的文化领域思考，媒体必然是倾向于加强和巩固那些已经拥有较为广泛的群众基础的文化共识和价值体系。因此，无论帕森斯还是他的合作者爱德华·希尔斯的行为学研究理论都存在一个假定已经达成共识的文化定义，而这样的社会文化共识作为一种价值舆论对维护社会的统治秩序起到了关键的作用。他们的逻辑是公民的政治解放和消费者的经济解放会随同文化吸收所产生的多元文化主义的产生而被解决。但是霍尔提出并试图解决的问题是，这些价值的内容和结构是什么，它们是如何产生的。

（二）媒体的积极表征功能

在社会共识和道德秩序的形成过程中媒体的作用不是被动反映，

---

[1] 斯图亚特·霍尔：《意识形态再发现——在媒介研究中受抑制后的重返》，杨蔚译《媒介批评》第一辑，广西大学出版社，2005，第173页。

[2] 同上，第174页。

而是积极表征。霍尔指出，社会中的道德差异与文化共识不具有先在性，而是被社会定义的，主流文化与亚文化关系的实质在于亚文化总是在与主流文化的对比中被定义，其中被遮蔽的和体现的都是文化和社会权力的力量。霍尔试图解决在共识和差异的定义中媒体是如何发挥作用的问题，究其实质，就是探究媒体在社会共识的达成中所起的作用以及在社会控制和维持社会秩序过程中所扮演的角色。

在他看来，现代社会道德与统治秩序不再是以一种强迫性过程来实现，而是在某种特定的社会结构基础之上的价值和舆论共识，"是对一套非常确定的社会、经济和政治结构的规则的内部综合"，"它必须承担社会、政治和法律规则的压迫。它与已出现的事物，对阶级、权力和权威的划分，以及社会已建制度关联密切"，它的形成过程与媒体的社会角色相关联。媒体在其中所起到的不仅是补充和加强的作用。媒体在运作过程中无法做到直接客观地反映和传递现象或事件的原貌，而总是趋向于赞同现有的社会结构并维护其价值共识。媒体的功能不是复制，而是表征，是一种包含积极选择、表达、构建和塑造的主动性过程，是意指实践。这种积极主动的选择必然与权力相关，但不是单一的线性的确定的关联，权力的分散性特征决定了二者联系的形式具有多样性。霍尔通过分析卢卡斯的权力实现模式，指出三向度的权力观是通过影响个体的特殊需要来发挥作用的，这种媒体权力的实现模式开启了对意识形态环境的塑造工程，是权力朝着具有普遍的有效性和合法性方向的运动，而此时媒体研究的意识形态批判模式出现了。霍尔关心两个相互关联的问题，一个是意识形态话语如何生产和转化，另一个是如何在社会结构中将意识形态实例概念化。这是两个相互关联且需要在理论和实践中阐明的问题，霍尔从一个宽广的多学科的理论领域和实践领域来回答。

三、媒体意识形态话语生产的实现机制

语言人类学家萨培尔·沃尔夫和列维·斯特劳斯基于文化划分世界,斯特劳斯转向对普遍的规则结构、认知功能的研究,罗兰·巴特进一步拓展。霍尔认为,他们的功绩在于呈现了"一个显然'自由'的特定意识形态话语的结构是怎样被认为是一个致力于相同的基本的意识形态层面的转型",开启了媒体研究的结构主义符号学向度。从符号主义的向度出发,意义就成为媒体意识形态研究的关键词,符号学基础上的文化概念也成为共享的意义。意义不是既定的、给予的,而是生产的、建构的。语言是传送意义的载体,表征是产生意义的路径,意义的生产是文化实践。被称为国家影子的媒体,作为描述和再现社会现象和事件的公共机构,如何在实际的运作中保证国家的统治话语体系持续有效地被表达,同时限制、禁止其他的话语体系,这是霍尔更为关注的问题。他认为,这显然不是一个纯技术的问题,媒体研究范式转变的核心就是,基于意识形态的再发现,接合语言的社会意义和政治意义、符号与话语的政治立场。因此媒体意识形态的运作机制是霍尔必须讨论和阐明的。

(一) 编码解码理论是对意识形态话语生产的基础解读

编码解码理论是霍尔对马克思主义方法论与结构主义符号学理论的综合应用。作为最早传入中国的霍尔文本,《编码解码》在媒介传播领域被反复引用和论证。从理论的渊源来看,我们可以从这篇文章中看到浓厚的马克思主义色彩,其是马克思主义方法论在媒体问题上的运用和展现。

一方面,受到马克思主义经济学中的生产、流通、分配/消费、再生产的循环的启发,霍尔认为这样一个"主导的复杂结构"比传媒领域的传统线性传播结构更能够真实清晰地再现媒体信息传递的本质。

马克思在《〈政治经济学批判〉导言》中认为生产与消费是直接同一的，相互依存，互为手段，认为分配并不是与生产相并列的独立自主的领域，分配方式与分配关系完全由生产的结构决定。关于交换和流通与生产的关系，马克思同样认为，交换就其要素来说，或者是直接包含在生产之中，或者是由生产的发展和结构决定的。总之，生产、分配、交换构成一个总体，一定的生产决定一定的分配、消费和交换，并决定这些要素的关系，同时，生产也决定于其他要素，各个环节之间是辩证统一的。

霍尔也将媒体信息的生产、流通、消费、再生产等环节看作一个总体的各个环节，指出"这一方法的价值在于，虽然每一个环节在表述中对于作为整体的流通都是必要的，但没有一个环节能完全保证下一个环节……所以每一个都是对'形式渠道'的打破或中断，而有效生产的流动（再生产）就是由这个'形式渠道'的连续而确定的"[①]。意义生产的有效依赖各个环节的连续或总的有效。与马克思不同的是霍尔认为任何一个环节都不具有特殊的地位，每一个环节都无法保证下一个环节的有效性，且这样的总体是开放的而不是封闭的，所关涉的内容是社会的、复杂的、综合的，是编码主体和解码主体自身在不同的社会文化结构中生成的不同的个体文化，这就与马克思主义的历史唯物主义基本原则联系在一起。

另一方面，编码和解码对线性传播路径的突破，从整体上承接了马克思主义历史唯物主义的基本观点。霍尔认为社会意义的生产必然要受到社会生产关系结构影响，他突破传统的线性传播的视角，强调处于不同社会结构中的信息发布者和接受者的文化结构不对等，这种

---

① 斯图亚特·霍尔：《编码解码》王广州译，罗钢、刘象愚编《文化研究读本》，中国社会科学出版社，2000，第352页。

差异要求我们从单纯的技术思路转向哲学的思路,重新思考传播中的社会文化和政治因素。霍尔指出,话语主体所处的社会生产关系结构发挥重要的作用,以符号为载体的各种意义和讯息在流通过程中与意义流通的物质工具相联系,而更为关键的影响来自意义被编码和解码阶段整体的媒体制作结构、实践和生产网络以及制作主体所融入的社会文化和政治结构。这体现出霍尔在马克思历史唯物主义基本理论指导下对个体"差异"的坚持。

正是马克思主义成就了编码解码理论的意识形态特色。霍尔认为电视话语的传播是意义的政治策略的展现,处于相异社会技术基础上的编码者、解码者由于知识架构不同,会拥有与个体的文化、知识和历史相关联的、被深深自然化的认知符码,这些符码成为权力和意识形态在各种特定语境中传递意义的有效途径,并且会有意无意将其利益诉求融入传播和接收的过程中,进而参与并影响电视话语的生产过程。换言之,透过电视话语生产过程的表面,我们可以看到其中充斥着意识形态斗争的硝烟。其核心的观点是主导的霸权文化试图使意义稳定地流通,可以按照其最初的规定到达,但事实上意义总是不断地被改变,在传播的过程中任何一个环节都不能保证它的含义不被改变,因为信息传递总是与现实社会的各种权力相交织。编码解码理论突破传统文本中心而转向受众中心,是对精英主义的挑战和对大众抵抗的强调。

(二)表征是媒体与意识形态的接合机制

霍尔在对文化产品或文化现象的生产消费的循环的描述中,通过接合的概念来解释单一现象所无法呈现的文化产品获得意义的过程,通过几个相互链接的环节来解释一个文化产品如何被表征,与表征相联系的是怎样的社会认同以及它是如何被生产和消费的。

表征——意义的生产阶段。霍尔对于表征的含义有清晰的界定,他认为表征是意义的构建过程,其中包含两个相互关联的意义:其一,表征某物即描绘和摹状它,通过描绘或想象而在头脑中想起它;在我们的头脑和感官中将此物的一个相似物品摆在我们面前。表征的这一层含义主要体现为对事物的反映。其二,表征还意味着象征、代表、做标本或替代。① 但霍尔认为表征不是单纯传输一个已经存在的意义,而是主动赋予意义,是意义的生产与实践。霍尔的表征概念暗含的是选择、表达、构建和塑造过程的积极主动行为。表征是霍尔理论中的重要概念。在霍尔看来,表征是意义生产的阶段,是意义产生的方法,是一个实践的过程。媒介就是为生产出一个有意义的具有表征功能的文化产品而被组织起来的社会实践。表征的方法多种多样,通过图片、绘画、讲话、技术等人们都可以表征或再现世界上的一切有意义的概念、观念和思想。②

认同——意义被社会认可。认同是作为表征的结果出现的,表征的目的就是构建对意义的认同,认同是表征发挥作用的方式。在霸权政治中认同就表现为共识的最终达成,在霍尔看来这不是一件简单的事情,但是他也指出从普遍性和趋势性来看,这一危机是由主导阶级的意识形态所构建的。对意义认同的程度与表征的策略相关。首先是对意义的链条的扩展,就是将现有的意义向我们已经知道的意义扩展的方法。在霸权实践中,与特定的话语结合从而产生新的意义并获得认可是惯有的做法。其次,对差异重要性的强调也是产生新意义和认同的策略之一。再次,已有的意义和不同的谈论和语义网络相联系而得到扩展。在霸权实践中,霍尔强调在接合中解释。

---

① 斯图亚特·霍尔:《表征——文化表征与意指实践》,商务印书馆,2013,第20页。
② 斯图亚特·霍尔等:《做文化研究——索尼随身听的故事》,商务印书馆,2003,第13页。

(三) 媒体研究的本质——意识形态再发现

霍尔对媒体与霸权文化的关系的分析大致开始于 20 世纪 70 年代中期，尤其是当电视成为英国社会普通家庭的主要休闲形式之后。发达资本主义社会的阶级权力关系如何在日常生活中呈现，霸权文化又是如何通过看似独立的意识形态机器服务于资本主义秩序就成为以霍尔为代表的伯明翰文化研究中心的重要研究域。霍尔对电视与政治国家霸权关系的分析被他的学生安吉拉·麦克罗比看作一名清醒的马克思主义者分析得最为精彩的内容。

从研究的方法来看，霍尔采取的方法是将实际的英国社会政治生活的宏大背景与对一个电视媒体的具体且有代表性的文本的结构主义阅读接合起来，这种结构主义阅读成为霍尔理解霸权文化在普通的媒体形式中运作的方式和对媒体与霸权文化进行微观分析的方法论基础。结构主义符号学对霍尔的影响至为关键，从媒体理论到文化身份处处都能找到结构主义的影子，其中重要的观点就是任何一个语言符号都是在和其他的符号的区别中来建立自己的意义。其中，选择和综合都是意义生产的重要机制，在意义建构的过程中，包含信息的象征价值处于优势地位，而交换和使用价值则要依赖象征意义，因而信息的象征意义即表征能力是其最具优势的价值部分。一个特定范围的优势意义是如何被维持的？霍尔赞同列维·斯特劳斯在语言学基础上所做的解释，认为象征意义绝不是单纯依靠某些个别术语的内在意义，而是依靠一个话语系统内部的相关因素的整体结构，指出意义的差别不是事物的自然差别，而来自共有文化。

批判的方法有一个突出的特征就是要实现从内容到结构、从意指到编码层面的转变，这样的对意识形态的重新定义有助于我们理解媒体意识形态话语的运作机制。霍尔认可贝隆的观点——"如果意识形态是一种结构，那么它就不是'意象'，也不是'概念'（我们可以说，它不是内容），而是一套规定一个组织的法则。意识形态是对现实编码的系统，而不是一套已确定或已被编码的信息。这样一来意识形态在涉及其根源的认识和意图时就获得自主：也许他们的观点在社会结构上是有意识的，但并不存在让这些观点成为可能的语义条件（规则、种类或汇编）。从这一点来说，意识形态能够被定义为产生信息的语义规则系统。从语义学的观点来看，这只是许多级别的信息组织中的一个。"[①] 人们可以用自己的语言轻松地说出合乎语法规则的话语，但是却很难准确地说出其中的语法规则，霍尔认为这种深层的结构即意识形态结构。

第三节 霸权实践批判

批判政治的实践指向是霍尔的一贯风格，我们的讨论以霍尔对撒切尔主义的批判为中心。随着1979年以撒切尔夫人为代表的英国保守党入主政府，在20世纪70年代末到80年代末的十年间霍尔对撒切尔主义所代表的新右派的政治霸权和左派政治所陷入的危机的分析批判为他赢得了巨大的学术和政治声望。人们普遍认为"撒切尔主义"是霍尔首先提出的，但在霍尔看来这其实不重要，重要的是这一概念所包含的政治和经济内涵以及如何再思考这一执政理念对英国社会政治和人民主权的意义。在霍尔看来，撒切尔政府从20世纪70年代末开始直至整个80年代所推行的从经济、政治到文化的激进改革，显然不仅是保守党的政治与经济重建计划，更是在文化上重塑英国的巨大工程，

[①] 斯图亚特·霍尔：《意识形态再发现——在媒介研究中受抑制后的重返》，杨蔚译，《媒介批评》第一辑，广西大学出版社，2005，第186页。

是一场关乎每一个英国民众和组织机构的价值观念和自我认知方式的改造运动。所以，文化成为与政治密切交织的主题，霍尔对撒切尔主义的批判也主要是从文化和意识形态领域展开的。

一、批判语境与概念分析

"二战"后的英国社会关系发生深刻变化，战争所带来的创伤让英国人反思民族利益和精神的重要性，因此无论左派还是右派都深刻认识到社会稳定对国家发展的意义，因此加强国家对社会的管控、构建和平稳定的社会秩序、保障人民的利益渐渐成为共识。从具体政策来看，在经济上实践福特主义和凯恩斯主义，实行混合经济，表现为国家管控之下的市场经济。但经济政策不仅仅是经济战略，它与整个社会的组织原则和文化关系相关联，表现在政治上则是在左翼和右翼相互妥协的基础上，由工党政府和保守党轮流实施领导，他们采纳中产阶级的价值观，也注重对工人阶级利益的强调，充分发挥国家在就业、福利等方面的强大职能，一时间似乎成为代表全世界的工业化逻辑。

在战后经济复苏和人民强调公平正义以及要求完善社会保障的呼声日渐强烈的背景下，以社会主义为基本主张的工党开启了福利国家的崭新局面。社会民主共识达成之后在很长一段时期内发挥了维护社会稳定繁荣和人民富足安稳的作用，这种状态持续到20世纪60年代末。此时各种社会危机相继出现，社会问题日益凸显，各种社会运动此起彼伏，在经济生活中，失业增加、通货膨胀导致工人罢工，在社会生活中，各种违法犯罪活动猖獗、种族问题凸显、人民的道德观价值观出现危机。伴随英国政治经济的不断衰退，福利国家运转过程中不可避免的矛盾不断出现，政府无法维持巨大的公共开支，高税收引发民众的不满，种种征兆显示"英国社会稳定的社会民主共识基础上的政治景观开始破裂,其合法性也随之丧失"①,撒切尔夫人正是在这样的社会历史危机中进入英国的政治中心。

确定到具体的年份,霍尔认为,英国政治的实质性转折发生在1975年,撒切尔主义领导下的向现代保守主义的转型是转折的主要表现。② 撒切尔主义是一个有着鲜明的时代特征和丰富内涵的概念,涵盖了撒切尔执政的从1979年到1990年的11年间的政治、经济以及文化等诸多领域的政策。尽管如此,霍尔主要关注政治和文化意识形态领域的变革,主要"分析了撒切尔主义:是什么使它团结一致,为什么它成功了,它的局限和弱点是什么,还有左派能够从中学到什么"③。

撒切尔主义从经济上来看是以自由资本主义为主要特征的,这一主要的施政理念有两个关键内容。其一是自由市场经济,这是撒切尔主义经济政策的首要特征,与其相对应的是二战后英国工党的福利国家政策。撒切尔主义正是在此背景下成功地开辟了新自由主义的理论场地,具体表现为以哈耶克的货币主义理论为基础,主张充分发挥自由市场的作用,政府的经济职能只限于以财政货币手段调节经济,并针对工党的福利国家和混合所有制的经济政策,大幅度消减社会福利,减税并缩减国有经济在国民经济中的比重,不断提高私有化程度。其二是维护资本主义的基本性质。当然这两者统一于自由市场经济,理论的终极或核心的意义在于维护英国的资本主义政治和经济制度。

撒切尔主义改变了政治游戏的规则,霍尔认为,它重新定义了政

---

① Stuart Hall. The toad in the garden. Thatcherism amongst the theorists. Nelson, Carl Grossberg eds. Marxism and the Interpretation of Culture. University of Illinois Press: Urbana. 1988: 37.

② Stuart Hall. The Hard Road to Renewal: Thatcherism and the Crisis of the Left. Verso: London and New York, 1988: 166.

③ 丹尼斯·德沃金:《文化马克思主义在战后英国——历史学、新左派和文化研究的起源》,李丹凤译,人民出版社,2008,第350页。

治与文化，取代工党政府的主张与政策，迅速整合意识形态领域的声音，消解共识，构建新的政治意识形态。撒切尔主义将企业文化与自由市场当作社会发展的核心因素，致力于消解改良主义和福利国家的思想和人民的期望，以自由市场为中心构建新的话语体系，将效率作为考量社会价值的基础标准。霍尔指出撒切尔主义在文化上完成了对两种存在巨大矛盾的传统的整合，一方面是保守主义的民族性、国家责任以及权威标准等，另一方面则是新自由主义的个人主义、私有化和反国家主义的主张。撒切尔似乎成功地实现了两者的无缝结合，也正是基于此，霍尔将撒切尔主义的政策定义为权威民粹主义，是一个包含内在矛盾的统一体。

二、霸权与接合的逻辑

尽管霍尔认为媒介是政治国家意识形态发挥作用的主要介质，但是在对撒切尔主义进行批判分析时，他主要从文化霸权和接合理论切入。葛兰西的霸权理论为霍尔提供了分析撒切尔主义是如何保持活跃性的基础养料，但为了防止对概念的机械依赖，霍尔总是谨慎地使用其理论。

（一）霸权理论

首先，霸权需要持续建构。撒切尔主义不同于传统的统治模式，通过强力来进行权力的争夺，而是通过"对社会中包括经济、市民社会、知识与伦理生活以及文化等多个领域的带领"[①] 来获取权力，是一种讲究策略的获得大众认同的方式。撒切尔主义绝不停留于获得表面权威，而致力于确立一种能够充分深入地和社会整体发展规划契

---

① Stuart Hall. The Hard Road to Renewal: Thatcherism and the Crisis of the Left. Verso: London and New York. Dec01, 1988: 7.

合的权威，树立权威不是结果，而是过程，换言之，这种霸权永远处于未完成的状态。这个过程是通过意识形态的作用不断地建立新的伦理体系、新的道德秩序，进而构建新的国民性。

其次，霸权斗争的场所包括社会的每个领域，从社会组织到大学，从大众媒体到地方政府。有机的意识形态的目的在于将社会群体吸附在一套全新的观念系统之上，而这需要所有的社会阶层参与，政治家的霸权机制需要获得最大限度的延伸——借助各种政治组织和大学的思想精英群体以咨询、建议、评论等手段达到影响公众的目的，通过大众媒体将思想转化为生活常识，也通过各级地方政府的政策来改变大众的信仰基础。撒切尔主义不是单线作战，而是多领域同时出击。在教育领域其强调建立适应经济政策的教育原则，认为成功的教育要为经济发展提供人才，凸显教育的现实价值。这种全方位的深入的解构与重构无疑是实现霸权的基础。

再次，民众在霸权实现过程中极端重要，这是葛兰西霸权理论的关键。撒切尔主义最为成功的地方就是成功地获得了政治的群众基础，被霍尔称为"权威民粹主义"的执政模式表达了普通老百姓的立场，而且是通过批判工党政府的话语体系来建构的，甚至改变了普通大众对资本主义的认知。因为在撒切尔主义的话语体系中，资本主义作为一种生产关系，不只是服务于资产阶级，也为普通的民众服务。其一方面通过大量释放普通大众对官僚作风盛行的左派、工会以及地方政府的抱怨来解构原有的社会民主共识，一方面在急剧变化的政治氛围中及时建构新的观念和新的思想并获得同意。民众是所有努力的效果检验者。

（二）接合理论

霍尔开始关注接合概念是为了回应后现代主义思想，也是为了应对文化研究的危机。在关于撒切尔主义的分析中，霍尔的接合概念代

第四章 作为政治权力的霸权文化

表的传统可以通过克拉劳追溯到阿尔都塞。因为在经典马克思主义的传统中，经济被看作最后的决定性因素，其他因素则是从属的、第二位的，而阿尔都塞的结构主义则认为政治、经济、文化是相互接合的，换言之，它们在一定的条件下相互联系，但在特定的历史条件下又各自保有其相对独立性。霍尔试图解释撒切尔主义如何将两种或多种存在巨大差异的因素连接在一起，建构全新的政治局面，接合概念因此被引入。在多篇文章和访谈中霍尔探讨过接合概念，试图为大家解释这一概念在他的理论应用中的含义。

首先，接合意味着存在差异的因素在特定条件下的统一，意味着流动的意义在特定实践中的相对确定化，是理解意识形态要素如何在特定的社会背景下、在特定的话语系统中被链接的方式。"通过接合这一术语，我指的是一种联系或链接，在任何情况下它都不是作为一种规律或一种生活事实预先给定的，它需要特定的存在条件，必须被特定的过程积极地支持。"[①] 换言之，接合理论关心的是特定的历史条件下意识形态怎样发现主体，赋予主体思想，即意识形态介入主体的方式，同时也规定了主体在意识形态中的位置。

其次，接合不是一次完成的，也不是固定不变的，而是被不断改造着的，会在新的情境中消失或再次生成。当原有的联系断裂，新的联系产生，再接合，再断裂，直接显示出接合的不稳定性和暂时性。霍尔的接合概念从拉克劳的表述发展而来，而拉克劳旨在用这一词语解释各种意识形态形式并没有必然的政治含义。霍尔以宗教为例来做解释，认为宗教作为意识形态的要素之一并没有确切的政治含义，我们也无法对其做一个纯粹的安置，因为它可以在不同的历史和社会中

---

① 霍尔、陈光兴：《后现代主义、接合理论和文化研究：斯图亚特·霍尔访谈录》，陈光兴译《思想》第四辑。

和特定的权力文化结构相联系，从而成为人类形塑世界的重要文化资源。换言之，宗教的政治含义是历史的存在，宗教在特定的时间段和许多不同的力量相连接，没有必然的、本质的和超历史的政治含义。

再次，接合是不做保证的，"它只是一种把文化、社会、政治联系起来的活动"①，接合不是必然的对应，也不是必然的不对应。"它的重要性还在于，一种不同的实践之间的接合并不意味着它们完全相同或一个会消融在另一个之中。每一个都保持着独特的决定性和存在条件。然而一旦接合被创造出来，这两个实践就会同时起作用。"②接合是动态的、变化的，但绝不是任意的。特定的接合可以被用来固定身份、形成意义，成为对身份的约束和对意义的捆绑，霸权政治就是要削弱或解除原有的或传统的接合，实现差异基础之上的再接合。霍尔这样描述接合的相对稳定性："我不相信任何事物都可以和其他的任何事物相结合……所有的话语都有其存在的条件，虽然条件并不能保证特定的结果，但它会限制或限定社会接合过程本身……并确实建立了趋势和边界。"③霍尔认为，接合是动态的暂时的，但绝不是无限制的漂移，是实践和历史基础之上能动性的展现，这里霍尔承接的是阿尔都塞的多元决定基础之上的有限决定。

总之，接合概念被学者看作英国文化研究"最具生产性"的概念，因而被赋予了理论的高度。接合概念被广泛地接受和应用是因为它具有灵活性，可以让存在差异的因素变为建构同一性的要素。在政治层面，接合为霸权意识形态提供了一种介入社会各阶层的有效的方法机

---

① 黄卓越：《文化研究：追忆与讨论——在伦敦访斯图亚特·霍尔》，《西北师大学报》，2007年。
② 转引自和磊：《葛兰西与文化研究》，中国社会科学出版社，2011，第158-159页。
③ 霍尔、陈光兴：《后现代主义、接合理论和文化研究：斯图亚特·霍尔访谈录》，陈光兴译《思想》第四辑。

制，使用这一方法可以有效地避免落入还原论或本质主义的洼地。

（三）霸权的话语接合

话语范畴中的接合概念更具理论色彩，霸权的话语接合是揭示撒切尔主义获得文化霸权的方式的有效武器。接合重新组织文化实践的各种要素，要素的政治内涵来自被接合的新的话语体系和被接合的方式。霍尔的话语接合虽然源自拉克劳，但和他又存在严格的不同。在他看来，拉克劳意义上的主体性均来自话语的建构，而霍尔反对那种将主体与社会实践分离的话语建构存在的观点。阿尔都塞认为意识形态不是由主体产生的，相反，主体是由一种实践和仪式的物质存在所构想的意识形态建构的。在霍尔看来，拉克劳只是关注主体的位置而并不强调主体实际的位置，这种主张无疑是将阿尔都塞的无主体的结构主义观点演化为话语建构主体，认为主体只存在于话语当中，而与社会实践相分离。拉克劳的观点是主体、社会实践作为语言而存在，而霍尔要表达的却是主体、社会实践和语言一样地运作，显然两者之间有本质的区分。

霍尔承认社会力量与话语之间的接合会产生重要的联盟，但实践不能简单化为话语实践，历史主体也不能被理解为纯粹的话语建构，语言只是连接社会实践的方式，而不是本源的东西，过度强调话语对主体和社会实践的建构作用会导致完全无视物质实践和历史条件的作用。在这个问题上，罗杰克认为霍尔"保留了一名马克思主义者对政治和文化分析的历史特征的坚持"[①]。霍尔的贡献或独特之处正在于他实现了话语和社会实践的接合，且坚持了话语接合的历史性，接合成为霸权统治和各种社会力量之间关系的展现方式。

---

① Chris Rojek. Stuart Hall. Polity Blackwell, 2003: 126.

三、霸权实践批判路径

撒切尔主义出场时正值工党政府从20世纪60年代末开始的危机渐趋深化,危机中的英国社会对于撒切尔政府而言却有双重意义,因为危机不仅意味着困局,也意味着重建,危机甚至成为撒切尔主义颠覆和重建的最好理由。对于霍尔而言,"正是凭借对撒切尔政府极具预见性的分析和评论,霍尔成功实现了从文化研究学者向政治理论家或政治评论家的身份转型,并一举成为当时英国左派的思想旗手之一"①。

(一)打击左派,解构社会共识

20世纪60年代末开始的英国社会问题的凸显为撒切尔主义的政策落地做了铺垫,撒切尔主义的政策体系建构以对工党政府的原有政策的抑制为目的。撒切尔政府大肆揭露工党政府以及工会的个人主义的工作作风,痛斥由此而导致的违法行为和效率低下,认为这些和英国的核心价值格格不入,同时从思想根源上改造人们对社会福利的看法。霍尔指出:"它改变了政治思想与流行观点,以前需要社会起作用的场合现在通过市场的力量来起作用,……这里发生了价值观念的明显转变:过去与社会福利的价值相联系的总体氛围现在与私人的东西相联系,或者说被私有化。"② 这些观点渐渐成为文化意识形态的主流声音,其实现的主要路径仍然是大众媒体。

尽管媒体编码只能给出意义的范围,但总是存在被挑选出来的主导的意义嵌入社会秩序的多领域,"在这些解读中镌刻制度、政治、

---

① 张亮:《社会危机、文化霸权与国家形式的转型——斯图亚特·霍尔的现代英国国家批判理论》,《河北学刊》2016年第11期。
② Stuart Hall. The Hard Road to Renewal: Thatcherism and the Crisis of the Left. Verso: London and New York. Dec01, 1988: 162.

意识形态的秩序,并使解读制度化"①,这种嵌入可以在意义、知识、实践以及伦理、信仰等层面展开。面对我们在谈论社会生活秩序、政治权力秩序以及文化意识形态秩序时不得不借助的符码力量,霍尔认为其中存在一整套规则体系,这些规则总是积极尝试强化某一特定的话语,通过对可选择意义的扩张和缩小,使其获得相对的意义强势或弱势,这种在实践中的阐释工作是媒体节目实践中的重要构成,而这种阐释不是单向的过程,而是既要关涉所谈论的事件被指涉的方面,也要"在事件获得的内涵意义的主导定义的限制之内加强对这个事件的解码"②。在霍尔看来,媒体对象绝不是单纯的客观事实,而包含大量的个体化的可阐释的内容。其中内含撒切尔主义的核心的价值体系,一方面是"保守主义的核心主题——国家、家庭、责任、权力、标准、传统主义;另一种是正在复兴的新自由主义的进攻性主题——私人利益、竞争性的个人主义以及反国家主义"③。

(二) 整合传统,重构人民意识

在撒切尔主义的执政时期,右派力量更成功地介入和塑造了霸权政治的想象性和象征性层面,在文化和传媒领域成功地将人民、权力集团以及国家等具有巨大差异的内容融入同一平台。葛兰西认为在一个特定的国家中考察其意识形态权力运作情况及其文化组织形式如何在实践中发挥作用不外乎两种路径,一种是强力统治,一种是占领知识和道德的制高点。没有达成广泛统一的文化政治共识是革命失败的重要原因,这是葛兰西在意大利革命失败之后痛苦反思的结论。在霍

---

① 斯图亚特·霍尔:《编码解码》,孟登迎译,罗钢、刘象愚主编《文化研究读本》,中国社会科学出版社,2000,第360页。
② 同上。
③ Stuart Hall. The Hard Road to Renewal: Thatcherism and the Crisis of the Left. Verso: London and New York. Dec01, 1988: 42.

尔看来这一结论也适用于撒切尔时代，左派的失败以及撒切尔主义的成功都归结为同一症结。政治上的霸权结构在任何时候都取决于经济状况及敌对力量之间的力量平衡，而这种力量不是强制，而是通过文化领域来实现的民众的自觉认同。"权威民粹主义"是霍尔在分析撒切尔主义政治时所提出的一个概念，形象地表达了撒切尔时期英国社会霸权政治保守主义的政治哲学与大众话语的接合的主要特征。霍尔认为这是一种英国特有的政治形式，它虽然和典型法西斯主义存在很大差异，但在一定程度上保留了其绝大多数的"代表性机制"，更为重要的是它为这些机制所成功搭建的"积极的大众共识"①，在政治目标与价值追求上与历史发展进程相背离。

撒切尔主义所处的历史阶段正是"二战"后英国殖民体系迅速彻底瓦解以及国际范围内美国与苏联两级对峙的时期，大英帝国的衰落是大部分英国民众不愿面对的现实，撒切尔敏锐地感知到这一深层的民众心理，通过大众话语激发民众内在的对大英帝国曾经的荣光的怀恋与尊崇，进而实现对所谓"英国性"的重塑，这种被霍尔称作"逆向的现代化"的政治转型从本质上看是以保守主义的政治哲学与大众话语的接合为基础的。利用左派与人民的矛盾来使大众文化朝着有利于其的方向发展是撒切尔主义的重要方式，将大众的因素和主导的政治经济政策有效中和可以大大加强其号召力。霍尔举例说，《每日镜报》的新闻发言人的语言绝不是他一个人的创造，也不是工人阶级读者实际使用的通俗的语言，而是两者的巧妙结合。要将主导意识形态改造成与大众的通俗语言和生动直接的特征相融合的、"被罐

---

① Stuart Hall. The Hard Road to Renewal: Thatcherism and the Crisis of the Left. Verso: London and New York. Dec01, 1988: 42.

装中和了的大众民粹主义"①，才能实现其政治策略。

（三）左派总结经验，开启"新时代"

"新时代"在英国学术界是一个有特定所指的概念，"新时代"特指从1988年开始的，由众多左派学者发起的，以《今日马克思主义》杂志为主要阵地的时期，旨在抵制当时英国社会形成的霸权政治并在社会发生深刻变革的新形势下为日渐衰落的左派政治寻求出路。在霍尔看来，就工党而言，通过学习撒切尔主义的政治主张重新起步应当是更为明智的选择。关于"新时代"，霍尔很信任的学生麦克罗必曾经做过概括，认为这是一个英国特色很浓的词汇，主要指20世纪70年代末到80年代末英国社会和政治变革的多样性，包括撒切尔主义的成功、传统工人阶级政治的衰退、身份和消费政治的出现等诸多方面。一种普遍的看法是，当时的英国社会正在经历一个社会秩序根本改变的阶段，传统的意义地图正在让位于全球化所带来的种种不确定性，经济、技术、政治、文化以及主体都处于相互交织的变化之中。

霍尔是这一讨论的主要发起人之一，在这场声势浩大的被霍尔定位为"巨大工程"的理论讨论中霍尔的功绩自然不容小觑，他的作品《新时代的意义》也是这场讨论中奠基性的文章。霍尔对"新时代"的性质、特征给予基本的定位——"新时代"正是新的生产结构、文化消费、生活方式、主体、日常生活景观等共同构成的一个新的社会存在状况。总之，从理论与实践定位来看，"新时代"是20世纪80年代末兴起的具有浓厚的英国地方色彩的、和英国共产党密切相关的政治性活动，是一次有计划的对左派政治策略的大讨论，直

---

① 斯图亚特·霍尔：《解构"大众"笔记》，戴从容译，陆扬、王毅选编《大众文化研究》，上海三联书店，2001，第49页。

接的实践指向是1978至1988年之间的英国社会所发生的多重变革。

  文化维度是霍尔切入新时代的方式。如果说整体的"新时代"包含政治、经济、文化、社会等多个层面，那么霍尔则更看重文化的层面，尽管这个时代的文化与物质产品有着扯不断的关系。威廉斯在《文化与社会》中开创文化唯物主义传统，认为文化具有物质性的作用。威廉斯对文化的词源进行考察，所得出的从植物的栽培到人的培养的理解已经暗含文化的物质性规定，换言之文化从词源上表现为从物质性的存在向精神性的含义的扩展和延伸。作为文化唯物主义的一个标志性理解，威廉斯将文化定义为"日常的、整体的生活方式"。霍尔也认为，在新的时代，文化的物质性内涵进一步凸显，同时物质产品有了更多的文化特征。对文化的生产与消费，一定程度上霍尔走过了一个从认知到批判认同的历程。霍尔认为当新兴科技、多样化的产品一步步侵入我们的生活时人类已经无法逃离物质世界的影响，但是霍尔看到这变化了的物质世界和无限多样的商品中也暗含一种可能性——发展民主文化的可能性。这让霍尔看到了新兴的消费文化的希望所在。伴随着消费文化崛起，文化与生产、消费、商品的相互渗透和相互交织是"新时代"呈现的基本特征。消费文化的兴起意味着商品本身的使用价值不再重要，而重要的是商品背后的符号价值。当各式各样的产品、服务让我们应接不暇时，事实上，它们都披上了文化的外衣，变成一种全新生活方式的有机组成部分。斯莱特在《消费文化和现代性》中指出消费总是而且无处不是一种文化过程，但是"消费文化"这个概念则是唯一的、有所专指的，它是西方现代化过程中形成的文化再生产主导模式。他认为，现代文化在其实践中已经无情地被物质化，但是商品的物质性世界，无论其生产过程中渗

第四章 作为政治权力的霸权文化

透的设计还是风格和美感都是"彻底的文化"。①

"新时代"的理论与实践表现出复杂性,这里的复杂性既体现开放性也表现出内容、主体、政治指向的不平衡性。从世界范围来看,新时代是指全球化浪潮所带来的资本主义社会的晚期现代性巨变,这种现代性不仅表现为当代资本主义的一整套社会运行机制,也是一种具有强烈反思性的意识形式,这使得霍尔认为身处"新时代"的英国社会有能力进行不断的自我批判和自我更新。就英国而言,"新时代"仅仅是撒切尔时代的延续,还是一个崭新时代的开端呢?霍尔认为这是一个要首先思考的问题。尽管这一概念包含许多的矛盾和太多的模棱两可,但如果它能够成功地激发"左派就社会如何改变展开辩论并为它试图去超越和改造的社会条件提供新的描述和分析"②,那么"新时代"就完成了它的历史使命。在霍尔看来,"新时代"与20世纪80年代英国以及美国和欧洲大陆的一些地区的新右派相联系,但是很显然"新时代"不是撒切尔时代的产物,"新时代"指的是"当代西方资本主义社会正在发生的深层次的社会、经济、政治和文化变革,这些变革无论为右派还是左派的政治策略都形塑了必要的物质和文化存在环境"。③ 作为一个整体存在的变化了的社会存在环境,"新时代"并不必然地刻有右派政治议程的天然特征,事实上,它有更多的历史选择与轨迹。其中出现许多新的概念,比如"后现代主义""后工业化""后福特主义""革命的主体"等,其中任何一个都难以完整地呈现这一时代的特征。因此在霍尔看来,对

---

① Don Slater. Consumer Culture and Modernity. Cambridge Polity Press, 1997: 8.
② Stuart Hall. The Meaning of New Times. Stuart Hall, Critical Dialogues in Cultural Studies. eds. David Morley, Kuan-Hsing Chen. London: Routledge, 1996: 222.
③ Stuart Hall. The Meaning of New Times. Stuart Hall, Critical Dialogues in Cultural Studies. eds. David Morley, Kuan-Hsing Chen. London: Routledge, 1996: 223.

"新时代"概念的思考与界定重要,但在争论中思考更有意义。这一声势浩大的理论论争始于《今日马克思主义》的一期特刊,"新时代"的参照物则是电影《摩登时代》中所呈现出的社会状态,由卓别林饰演的落魄工人让我们对自由资本主义时期工人劳动方式的规模化、机械化以及生活方式的刻板与孤立无助有了深刻的印象。

后现代性也是关于"新时代"的讨论中的重要的思维特征。关于后现代霍尔与詹姆逊有不同的观点。在詹姆逊眼中,现代性意味着团结统一,意味着一个激进政治的前提,意味着有一个统一的为之奋斗的理想与目标,而后现代的碎片化则将大众文化的浅薄直接反映在患了精神分裂症的当代大众意识主体中。霍尔的理解与他相左,霍尔认为恰恰在碎片化中他"看到了反映弱势边缘群体的历史现状的东西"。① 霍尔认为正是这种意识的分散性、碎片化使得他作为一个黑人可以站在后现代的舞台上,虽然是分裂的,可是得到了完全的展现。在他看来,正是在后现代这一特定时期,当大家都觉得分散的时候,他的主体性却获得了集中。

霍尔认为,"新时代"值得关注不是因为它能够准确地提出解决问题的清晰思路和决定性的、权威的方法,而在于它激发了左派展开关于社会变革的大讨论,能够"为他们所试图超越和变革的社会状况提供新的描述和分析"②。霍尔对新时代的讨论始终与左派政治实践相联系,从一开始就试图以文化层面切入"新时代"的讨论进而深入现实的政治实践层面,最终实现两者的接合。《今日马克思主义》是"新时代"讨论的发源地和主要阵地之一,在这里一群学术

---

① 安吉拉·麦克罗比:《后现代主义和大众文化》,田晓菲译,中央编译出版社,2000,第43页。

② Stuart Hall. The Meaning of New Times. Stuart Hall: Critical Dialogues in Cultural Studies. eds. David Morley, Kuan-Hsing Chen. London: Routledge, 1996: 222.

特点各异的知识分子对当时发生在英国社会的巨大而深刻的社会变化进行了多角度阐释，霍尔强调这是一项"行进中的工程"。

小　结

在马克思主义理论中，从权力的视角理解意识形态获得了充分的挖掘。在霍尔看来，政治国家与大众文化始终相互交织相互制约，但传统的政府和政党政治的合法性受到考验，政治国家从守夜人向伦理国家转换，虽然暴力控制仍然是维持社会秩序必不可少的一种手段，但在和平时期它已经让位给文化意识形态对大众的教育和塑形。主导的文化意识形态以现代媒介的专业工作实践为其实现文化霸权的主要介质，表征政治也因此成为霍尔文化政治批判的重要主题。被霍尔描述为"权威民粹主义"的撒切尔主义政府的成功在于认识到文化意识形态领域斗争的重要性。撒切尔政府通过批评福利社会的低效和工会组织的无能达到瓦解社会共识的目标，顺利完成了主导意识形态对个人生活的入侵，通过突出左派政治的矛盾和冲突确立新主体、实施新的文化政治实践，通过重新描述英国社会秩序和未来的可能性整合传统、重建意识形态霸权。

第五章　作为抵抗力量的大众文化

大众文化的意识形态批判是霍尔开创并引领的文化研究进行社会批判的主要视角，是对晚期资本主义社会的统治性文化以及社会机构的文化政治批判，旨在揭露与批判资本主义社会对于有内在道德价值的人的工具主义还原。在霍尔看来，大众文化本身不是独立的、先验的，而是以特定阶级的社会和物质条件为基础体现在大众传统和实践形式当中，尤其是表现在和统治文化辩证的动态斗争关系中。批判的目的在于为被剥夺者辩护，为被压迫的、沉默的、被支配的个体和群体发声，为在主导话语中无言的人们以及远离政治和经济中心处于边缘地带的人们代言。在霍尔眼中，文化不仅关涉社会和群体生活正在发生改变的方式，也与个人和群体相互理解和交流的意义网络密切联系。大众文化是展开斗争的阵地，是为确定我们的生活和生存方式而展开斗争的场所。大众文化实践表达着双重的价值，一方面阐释着具体的微观事件和活动的存在意义，另一方面也被放置于更为宏大的统治与抵抗的关系之中。大众文化内含既可以颠覆也可以生产主导意识形态的双重本质。文化研究的最初旨趣就在于通过各种社会介入和政治实践去探寻文化与权力的联系方式及其本质规定。霍尔认为社会变迁只有在文化领域才会表现得更为醒目，文化在社会发展的多重复杂结构中是本质的维度，对文化话语的借助是实现社会主义革命的必由之路。因此，大众文化与大众政治必然是结合在一起的。霍尔对大众文化的定义中最具标识性的规定就是其政治维度，与法兰克福学派把批判思维看作革命实践不同，在他看来关注大众文化是因为这里是社会主义可以被创立的场地。

第一节　解构大众文化

城市化和工业化的迅速发展成为大众文化的前提，也加速了旧式的文化关系的解体，现代工业的繁荣直接导致文化工业和西方社会文化危机，大众文化作为现代性危机的产物获得了巨大发展和多重解读。霍尔认为大众文化是一个复合概念，"大众"和"文化"都是有着极为复杂含义的词汇，因此霍尔声称面对这两个术语他遇到的困惑几乎一样多，那么当它们相遇时困难就会大得惊人。在托尼·本内特看来，这个概念也是极其麻烦甚至无用的，因为它植入许多复杂多义而且存在相互矛盾的意义，这样会给真相的探索设置种种障碍。

一、大众文化的抵抗性解读

关于大众文化的含义有着许多看似对立的观点，我们可以从比较分析中归纳这一概念的演变。

（一）从量和质的规定性来区分大众文化

大众文化从一开始就始终交织着多数人与手握权力的少数人之间

的斗争。大众文化是那些为很多人接纳并喜欢的文化,这是一种量化的理解,主要从一种文化现象所参与的人数来考察,比如无论碟片的销量还是电视剧的收视率都可以以数字标准来衡量,即以参与人的数量来判定文化现象或文本是否可以划入大众的行列。在这里没有质的区别,只有量的界限。那么与之相对应的观点就认为大众文化是被排除在高雅文化、精英文化之外的其他文化。在这里对文化所做的质的区别使文化有了高低之分,即大众文化是低等文化。马修·阿诺德从来没有对大众文化进行概念界定,但是他的影响却是至关重要的,正是他开启了对大众文化的消极和否定的理解,深刻影响了之后在英国文化传统中占重要地位的李维斯主义,其认为文化是少数精英人物的专利,伴随大众文化的蔓延而来的是权威的崩溃和不可避免的混乱状态。李维斯主义的精英文化与大众文化的严格二分所体现的是权威和等级制度之上的整体文化观念,虽然李维斯也承认在17世纪的英国乡村中曾经存在过真正的人民文化,但这种对文化的理想化倾向受到威廉斯的否定,威廉斯认为在人民的日常生活中也存在贫穷与无知、疾病与死亡等消极否定的因素。

(二)从大众对文化的能动性来区分大众文化

关于大众文化概念还存在法兰克福学派和文化主义的对立,或者法兰克福和伯明翰的大众文化观的分歧。法兰克福学派认为大众文化只是作为文化工业产物的群氓文化,阿多诺和霍克海默用"文化工业"来说明大众文化的特征和含义,认为其最为标志性的特征是同质性和预见性,这种文化具有标准化的模式,是很容易塑造并且控制的消费品,这种文化有去政治化的倾向,正像马尔库塞所说:"文化工业生产出来的东西是令人难以抗拒的……向人们灌输着某种虚假意识,操纵着人们的思想,让大众无法看清其欺骗性……因此就产生了一种单向度的思维与行为模式。"① 资本主义正是通过文化工业来消解和阻止无产阶级政治理想的生发。

与之相对应的是英国文化主义的观点,其认为存在来自民间生活的自发的纯粹的人民文化。霍加特就把工人阶级的文化理解为一种来自人民真实世界的极富浪漫色彩的大众文化,即大众文化就是人民的文化,而不是任何力量可以强制赋予的。在《识字的用途》一书中霍加特深情描绘了自己童年时代的工人阶级所共享的、自力更生的文化,以及20世纪50年代之后这种文化所遭遇的威胁与衰落。但霍加特反复强调工人阶级一定可以抵制和摆脱这种境况,"这并不是被动逃避,而是一种主动抵抗,尽管很多人没有意识到这一点。工人阶级先天就具有一种强大的能力,他们能够从新的环境中汲取所需,并对无用的东西视而不见,正因为如此,他们才在文化变迁中岿然不动"②。在霍尔看来,霍加特在描述工人阶级与大众文化的新形式之间的关系时所要陈述的一个主张正是"工人阶级受众并非中产阶级与大众媒介可以加以规划的空洞容器……他们并不仅仅是'虚假意识'和'文化荼毒'的产物"③。相反,工人阶级文化不仅拥有独特的文化内容,而且是具有自身传统的精致且有道德的人民文化。

可以看出在大众文化的发展中始终存在主导文化对大众文化的控制和教育问题。阿诺德和李维斯对大众文化的否定态度决定了他们对大众文化采取抵制和歧视的态度,阿诺德甚至认为为了控制大众文化带来的威胁需要一个强大的中央集权的国家,因为优秀文化只能为其提供一个没有强制力的道德标准。李维斯同样主张在整体的学校教育

---

① 马尔库塞:《单向度的人》,刘继译,上海译文出版社,2005,第26页。
② Richard Hoggart. The Used of Literary. Harmondsworth: Penguin.
③ 斯图亚特·霍尔:《理查德·霍加特:〈识字的用途〉及文化转向》,张亮编《英国新左派思想家》,江苏人民出版社,2010,第42页。

中要武装少数人主动出击抵制各种形式的大众文化。威廉斯和霍加特反对李维斯主义对大众文化所持的贬损和歧视的态度，但在某些方面还是不由自主受到其影响，正像霍尔指出的，他们使用文学批评的方式对文化进行研究正是对李维斯传统的沿用。但最大的不同也是最重要的突破是霍加特在批判的基础上所做的改进。被李维斯歧视的20世纪30年代的工人阶级文化正是霍加特极力歌颂的主题。在结构主义和葛兰西看来，大众文化没有优劣之分，是文化斗争的场所，在这里既有那种从上而下以维护统治阶级意识形态为目的的主导性文化，也包括从下而上的大众生成的对抗性文化，如霍尔所言大众文化是大众与权力集团的竞技场。这里的人民不是一个特定的指称，仅指他们与统治阶级或权力集团处于对抗的立场，在这里，大众文化不再是一种文化的种类而成为一个政治概念，无论大众文化还是意识形态概念的演变都深深根植于资本主义的工业化进程中。这种理解在葛兰西的霸权理论中被部分认可，即工人阶级内部存在一种抵抗的文化资源。

（三）霍尔解读

写于1981年的《解构大众笔记》是霍尔关于大众文化研究的重要著述，由于被文化研究学者广为引用，已经成为大众文化的经典之作。大众文化与影响其形成的社会关系之间的联系是霍尔期望首先解决的问题。文章中霍尔曾对三种不同的大众文化定义方式分别进行阐释评价。我们可以从中考察他的大众文化观。

其一是大众文化的商业定义。"拿最常用的含义来说：事物被称为'大众的'，是因为成群的人听它们、买它们、读它们、消费它们，而且也似乎尽情地享受它们。"[①] 霍尔对大众的这一含义做了评

---

① 斯图亚特·霍尔：《理查德·霍加特〈识字的用途〉及文化转向》，张亮编《英国新左派思想家》，江苏人民出版社，2010，第47页。

价，认为最为常用的"大众的"是从数量上讲，是成群的人的行为。这种含义似乎有社会主义的人民立场在里面，但更多却是与文化工业对大众的操纵和控制相联系，完全泯灭和否定了劳动大众的主体积极性。尽管霍尔对这种理解并不赞成，但是他认为它可以"迫使我们更深入地思考文化关系的复杂性、文化权力的现实和文化宣传的本质"①。在他看来，文化工业的操纵和控制显然存在，那么我们反对这种观点的常见方法就是将大众文化看作主导阶级文化的对立面，把它看作一个完全独立的、自足的、不受其控制的能动力量。这是不科学的，因为这完全斩断了统治阶级和附属阶级文化之间的对流渠道，这也违背了文化本身的形成规律。事实上，主导文化的教育控制、灌输操纵的作用无须质疑，而工人阶级的主体能动性也不可否认。大众文化就是在这样的对流中不断生成、不断重塑的。

其二是人类学意义上的描述，是指大众正在做或者曾经做的一切事情，包括大众的文化、社会习惯、民情风俗等一切能呈现他们的生活方式的特殊的、标志性的东西。将大众文化以描述的形式呈现出的定义无限扩大了其内涵，直接导致大众文化界限的模糊，也激活了大众文化构建的大众和非大众的对立，同时大众文化中大众和精英的界限也处在持续的变化中。霍尔认为这个定义的问题在于无所不包导致无法区分，大众之所以成为大众来自大众的对立面而非大众，而这种界限是动态的、发展的。因而对大众文化做出列表式的描述性定义也是不可取的。

第三种定义主要关注的是在特定的社会历史背景中以阶级和物质条件为基础的各种形式与活动，体现在大众传统和实践之中。这种定

---

① 斯图亚特·霍尔：《解构"大众"笔记》，戴从容译，陆扬、王毅选编《大众文化研究》，上海三联书店，2001，第49页。

义方式是霍尔明确表示赞同的,因为它不仅综合了前两种定义的有价值的内容,更为重要的是它从大众文化与主导文化的关系出发展开概念,依循辩证动态的逻辑构建,将大众文化的形成视作一个过程。霍尔看重的是这一定义所内含的对抗和斗争的因素。在这里,大众文化具有葛兰西意义上市民社会的含义,是大多数民众可以参与其中的、和主导意识形态相抗争的场所。

总之,霍尔将大众文化置于和主导意识形态的关系结构中来解读,挖掘其中包含的抵抗形式和因子,强调大众文化是具有抑制和抵抗双重性质的斗争场所,大众文化的建构是一个不断斗争的动态建构过程。正如占统治地位的文化不是同质的一样,大众文化也是一个复杂的、包含着不同历史轨迹的存在。

二、抵抗的大众文化特征

梳理霍尔对大众文化的定义,我们可以归纳出大众文化的本质特征。

(一) 对抗性

在资本主义发展的漫长的进程中,劳动阶级的文化与资本主义社会秩序之间始终存在教育改造和大众传统抵抗之间的斗争。这是大众文化与大众传统总是相联系的内在原因,在这样的对抗和斗争中,劳动阶级的生活方式不断解体和重新确立。"大众文化既非抵制这些进程的大众传统,也非叠加在其中或其上的形式。它是转型发生作用的基础。"① 文化变革是我们惯用的说法,其实质则是一些文化形式从中心到边缘的转化过程,其中大众是转型和改革的对象。但霍尔否定了文化工业理论将大众看作文化白痴的观点,在大众文化完全被动和

---

① 斯图亚特·霍尔:《解构"大众"笔记》,戴从容译,陆扬、王毅选编《大众文化研究》,上海三联书店,2001,第42页。

绝对自治之间霍尔又选择了第三种态度，一方面大众有能力识别自己的文化处境，一方面统治阶级的意识形态也的确在控制和重塑着大众的文化生活，这一双向的过程始终伴随抗争和妥协、破坏和重组、抵抗和接纳的相互斗争。

（二）复杂性

任何文化都以复杂的方式与资本以及霸权意识形态相联系而存在。霍尔认为，在后工业资本主义形成和发展的过程中，大众文化主要是指劳动者、劳动阶级以及穷人的文化，而对于主体的确定恰恰是研究大众文化的前提。资本主义社会秩序的建立要依靠持续的完善的意识形态教育，而教育过程本身即是对大众文化传统的修正与改造，所以大众文化领域首先是霸权文化的疆场。这样的观点意味着霍尔拒绝给大众文化固有立场，相反认为谁掌握了大众文化，谁就获得了主动权，大众文化成为意识形态争夺霸权的竞技场。当然霍尔更强调大众文化的"双重支点"，即这一场域内在包含着抑制和对抗两种倾向。

大众文化与资本主义的生产关系总存在复杂的联系，霍尔通过对18世纪以来的文化传统的历史演变的分析，指出"这一切从未超越社会力量和文化关系的巨大疆域"，大众文化总是以各种不同的甚至截然相反的方式与社会联系。有别于霍加特，霍尔认为并不存在一个"等待发掘的单独、自足、真正的工人阶级文化"，关于大众文化我们不能仅仅思考大众和阶级演变的历史，更要了解与之相联系的占统治地位的文化生产机制的运作方式。文化帝国主义会以各种复杂的糖衣形式对大众文化进行剥夺、挪用乃至消解。当然，在霍尔看来把大众单纯看作被动参与文化者一定是不全面的，也是不持久的，事实上并不存在所谓的独立于文化权力与统治关系的力量场的大众文化。

19世纪中叶中产阶级新闻界对工人阶级的替代隐藏着深刻复杂的原因，从文化产业的资本重组到科学技术的更新换代以及新的传播形式的推广都可以成为大众文化形式被替代被改造的原因。

(三) 历史性

大众文化的特定的形式总是与各种社会力量的重组相联系。霍尔认为,重要的是要动态地看待大众文化,把它看作一个历史过程。19世纪的企业家资本主义或者具有韦伯意义上的资本主义新教伦理特征的西方资产阶级社会,正在从原有的传统的分层级的严格强调其等级结构的社会转向一种基于资本和权力、重视消费的享乐主义的社会生活方式,其中大众社会、大众文化、大众市场以及大众消费主义的形成成为这一历史转向不可分割的一方面。当然大众文化的兴起与战后的社会经济发展的走向相关,作为大众文化的主要标志的电视出现,文化产品化以及以青年文化为代表的各种亚文化的活跃等因素使得文化的阶级性一步一步被替代。安东尼·克罗斯兰在他的《社会主义的未来》一书中甚至认为这些变化侵蚀了工党的阶级基础。大众文化的演变使得以阶级为标准来区分的文化对立被主导文化与各种亚文化的抵抗与整合的过程取而代之。

建构大众文化的基本方式不是那些带有大众标识的可描述的事物或行为的堆积,而是基于差异与对立的抗争。霍尔认为,真正的大众文化的建构是一种历史的建构,是在大众与他者的力量对比和关系描述中完成的。大众文化随着对立和差异的力量对比不断地变化,甚至可能呈现出走向差异或他者的内容和形式。正是对立面的力量的此消彼长决定了不同时期大众文化所呈现的内容和形式。因此,大众文化的内在规定性最为关键的是"与统治文化之间的关系……它的主要焦点是文化间的关系以及霸权问题"。"文化形式的意义和它在文化领域中的场所或位置并不是文化形式本身就含有的……其意义部分取决于其所属的社会领域、它借以表达自己和被用于回应的实践。"霍尔关于大众文化的这一理解表现出强烈的大众文化建构的动态辩证原则，在这里，重要的不是大众文化的对象本身，而是各种文化形式内部和之间的力量变化，是文化间的阶级斗争。

三、抑制与抵抗是大众文化发展的双重奏

在转向农业资本主义以及工业资本主义的漫长的历史进程中，社会关系的变革成为大众文化内容的基础，由于资本确立新的社会秩序必然借助各种广泛意义上的教育形式来改造民众，其与大众传统在这种被改造过程中所表现出的斗争与对抗共同导致大众文化的"积极解体"，即不是简单被废弃，而是成为新的东西。大众传统既是抑制的对象也是对抗的主体。霍尔认为大众文化既不同于有抵抗功能的大众传统，也不是作用于大众传统的各种改造和教育形式，"它是转型发生作用的基础"。通过对 18 世纪英国历史的分析，他指出相对于英国辉格派贵族的转变而言，平民阶级的大众传统从表面上看显示出相对独立的建构过程，但从本质来看它们始终和社会联系在一起，从未超出社会力量和文化的庞大关系网。19 世纪 80 年代到 20 世纪 20 年代间的英国社会的文化变革同样证明，并不存在一个独立的、自足的、等待发掘的工人阶级文化层，工人阶级的文化与资本主导的意识形态存在必然的复杂联系。因此，大众文化总是包含抑制和对抗的双重奏。

（一）抑制展现国家的文化控制性

大众文化作为主导意识形态的消费场所，从启蒙时代大众和精英二元分离基本法则的确立开始就存在文化控制与反控制的斗争。20 世纪 60 年代大众文化的兴起使得原有的文化格局发生了彻底的变化，这种变化一定程度上也推动了新兴的工人阶级的大规模的文化政治运动，以 1844 年英国的宪章运动为标志，大众文化的政治维度得以扩张。

葛兰西分析资本主义社会的阶级统治可以在存在较为普遍的不平等状况下持续的原因在于文化霸权，文化霸权的实现通过政治国家的核心机构来完成，学校、教堂以及大众媒体都充斥着维护统治阶级利益的思想框架、价值观念、信仰系统。这些霸权式的文化秩序企图把所有关于世界的定义都收归其范围，换言之，占统治地位的文化意识形态所建构的文化秩序为其他的边缘和从属的文化框定了思想和行为的范围。霍尔认为，资本主义国家的文化控制一定程度上被掩盖了，但霍尔也指出这种掩盖绝不是欺骗与阴谋，而是在复杂的意识形态运作中获得大众的同意，表现为政治国家的文化霸权将"从属的阶级嵌入了那些核心制度和结构中来运作，而这些核心制度和结构支撑着占支配地位的秩序的权力和社会权威"①，不仅限定了可选择的事物，而且提供和控制机会以赢得和塑造赞同，因而大众对统治阶级的合法性认可是自然的和发自内心的。

霍尔在后期的研究中使用了葛兰西的"历史集团"的概念来替换"统治阶级"的说法，是因为他认识到文化霸权很难通过一个单一的阶级或阶层来完成，而往往需要多阶级和阶层共同参与。在他看来，社会秩序获得权威地位，不仅需要政府机构的政策引导，也需要家庭、学校、教堂等各种文化机构的全力参与，以及媒体等文化意识形态主要阵地的防御和收编。正是在多方面、多阶层的参与之下资本主义主导的价值观念、思想体系才能够被再生产。

（二）对抗凸显大众主体性

英国文化马克思主义对主体性的强调有一个发展的过程。以早期文化主义为起点，汤普森在《英国工人阶级的形成》中就特别强调

---

① 斯图亚特·霍尔、托尼·杰弗逊编《通过仪式的抵抗：战后英国的青年亚文化》，胡疆锋、孟登迎、王蕙译，中国青年出版社，2015，第115页。

工人阶级的主体能动性，他反对把工人阶级仅仅看作工业革命的产物，指出"工人阶级并不像太阳那样在预定的时间升起，它出现在它自身的形成中"①，强调无产阶级的阶级意识的极端重要性。通过历史的分析描述，他主张为英国无产阶级输入法国激进的革命政治意识，让英国工人阶级能够展现出自身的能动性和创造性来解放自己。他的论述框架仍然基于历史唯物主义的基本原则，尤其其对文化意识形态和无产阶级的积极抵抗的强调已然捍卫了无产阶级的历史主体性地位。威廉斯的"感觉结构"进一步凸显主体经验，认为在某种意义上，感觉结构就是这一时期的文化，可以为链接文化与社会充当介质，使个人主体经验和社会结构形态的关系获得检验，成为抗拒传统马克思主义机械决定论的有力武器，突出了主体在其中的重要性。随着文化马克思主义的葛兰西转向，霍尔的编码解码理论开辟了大众主体抵抗的新时期，他通过三种不同的解码方式来释放大众主体对于文本的积极阐释力和其中内含的主体能动性。此时大众的主体性的伸张和法兰克福学派的文化工业中主体地位的丧失已经形成鲜明的对比。

保罗·威利斯、大卫·莫利以及约翰·费斯克在霍尔基础上的再解读显然进一步激发或释放了大众主体性的各种可能性。在《学习劳动》中威利斯想传递的观点就是学生不是主体意识形态消极被动的接受者，而是通过服装、烟酒等形式积极主动对正常秩序和权威进行挑战与抵抗。莫利的《全国观众》的研究的出发点是对霍尔的编码解码模式进行印证式的具体经验研究。莫利采取的研究范式本身就是对主体位置的强调，虽然最终的研究结果和先前的预测不一致，解码的过程要比预想的更为复杂，但其结论就是意义的解码过程必须充分考虑受众的主体特征和个体差异。费斯克以电视节目为例，指出大

---

① 汤普森：《英国工人阶级的形成》，钱旦乘等译，译林出版社，2013，第1页。

众文本所包含的复杂的意义是其无法掌控的,通过节目观众的阅读会产生新的意义。换言之,电视节目传递的意义从根本上是由观众来掌控的,这种掌控是外在的政治权力无法干扰和介入的,其中体现的正是大众媒介背后的社会抵抗。费斯克对电视意义的多元强调也体现出对大众主体性的肯定,是大众媒介对主导意识形态复制传递中主体能动性的呈现。

在众多学者对大众主体性的不同角度的透视和激发的基础上,我们可以看到,在晚期资本主义社会中阶级斗争以更为复杂的形式表现出来,大众作为积极的社会变革主体,以阶级、性别、种族等多条轴线展开的抵抗不同程度地彰显了主体性和革命性。霍尔认为这种革命性和能动性存在于大众的微观日常生活实践中,表现为多种多样的大众抵抗形式。

第二节 青年亚文化与日常抵抗

随着阶级意识的相对淡化,大众文化领域的主要张力表现为主导文化与被支配的从属或边缘群体的文化之间的对立,大众文化的研究更多地指向以种族、性别、年龄为标识的文化种类。在今天看来,边缘群体的亚文化和主导的文化与权力之间的整合与对抗依然是文化研究的热点。被法兰克福学派贬低的大众文化在英国文化研究中获得了不同的评价和阐释。霍尔以及他所代表的伯明翰文化研究中心在马克思主义的阶级理论的基础框架中,对大众文化尤其是工人阶级青年亚文化做了积极的解读,着重挖掘青年亚文化所展现出来的革命意识和全新的抵抗形式。青年文化是霍尔较早也是最为关注的领域,霍尔认为,青年不是一个普遍的生物年龄和自然标记,而是在特定的时代背景中出现的不断变化的社会和文化结构，青年文化是最能反映社会变革特征的风向标。

一、青年亚文化定义的双重维度

20世纪60年代世界范围内大规模的学生反战运动和反文化运动的浪潮将英国也裹挟其中，但与欧美相比，英国的浪潮以一种相对平和的形式出现，表现为20世纪60年代青年亚文化的盛行。霍尔领导下的伯明翰文化研究中心把青年亚文化的兴起看作英国文化最为独特也是最为引人注目的变化，对青年亚文化的研究也因此成为研究中心的优先选择，青年亚文化所引发的文化变革和抵抗形式就成为研究的主题。

文化研究中心在1976年集体完成的项目《通过仪式的抵抗》成为那一时期世界范围内青年亚文化研究的里程碑式的作品，其主旨在于解释青年文化现象在战后的表现，解释现象的目的是要从其外观特征中挖掘和揭示内在的更为本质的内容，是从更为广泛的文化和社会结构的视野考察青年亚文化得以呈现的缘由和呈现的方式。他们试图对青年文化做出定义和定位，这种定义和定位基于双重的考虑，一方面要完成对青年亚文化这一特定文化领域的深入而具体的民族志式的考察，另一方面要厘清这一领域和更大范围的文化和社会结构之间的链接模式和关系序列。

（一）青年社会群体的独特生活模式

霍尔在关于青年文化的研究中，对文化的定义遵循了历史唯物主义的阶级分析理论，是与社会存在相联系而给出的规定，即文化作为社会物质生活的象征性秩序而存在。文化被理解为"社会群体在其中发展出自己独特的生活模式，并且把他们的社会和物质生活经验以一定的形式表现出来"①,是群体生活的表现形式。在这里,文化成为特定群体协调和利用甚至扭曲他们所拥有的物质资料的形式和方法,存在于人类的制度和规则体系中。群体和文化相互塑造、彼此生成,同时受限于社会的物质条件。换言之,人民群众是历史的创造者,但他们在无法选择的既定的历史条件下实施创造,即享有同样的或相似的物质生活条件的群体共享文化,因而,与根据经济和生产方式划分阶级一样,社会也可以由共享的文化的不同而划分为不同的文化群落。文化成为呈现特定群体日常生活的意指实践,是可以区别社会群体的有力形式。但霍尔特别强调,文化群落不是单一纯粹的、稳定不变的,而是具体的、有历史内涵的,是存在于社会整体文化关系中变化的复杂的存在。

青年文化作为特定群体的独特生活模式呈现出鲜明的特征。青年文化具体地体现于各种文化实践当中,也存在于青年群体对于物品和物质生活的各种使用方法中,不同的使用方式表达了不同的意义,青年主体通过青年文化被建构被塑造,同时青年主体也不断地发展和创造着他们的物质文化条件。

从主体归属和地位来看,青年文化群体属于边缘性群体。从芝加哥学派早期对青年亚文化的关注开始,青年文化就显示出明显的边缘化特征。或者说他们对亚文化的定义本身就有主体弱势的规定性,亚文化本身就有底层和下层的含义,亚文化群体一般是指无家可归的街头帮派、有犯罪倾向的黑社会以及其他各类非正常的群体。伯明翰文化研究中心研究的亚文化也内含和主流意识形态相区别的独特性和差异性,或者说其定义本身就包含和主导的意识形态之间的差异以及其

---

① 斯图亚特·霍尔、托尼·杰弗逊编《通过仪式的抵抗:战后英国的青年亚文化》,胡疆锋、孟登迎、王蕙译,中国青年出版社,2015,第78页。

边缘和附属的地位。

青年文化抵抗显示出日常化的特征。日常化指的是对生活的不假思索的日常化表达，表现在青年文化的内容和形式上。正如伊恩·钱伯斯把黑人的摇滚看作一种生存策略，这种策略内含的回应方式和表现形式体现出日常化、反主流、多元化的特征。因为抵抗总是由与权力相对立的且服务于特定目标的行为建构而成，每一种形式都利用了日常生活中真实的物质和社会元素，将这些元素建构为青年群体"借以忍受或反抗其持续的从属状态的支持条件"，这种协商和抵抗的形式完全不同于革命年代相对固定的选择，呈现出多样化的形式。霍尔认为，应当去分析理解的不仅是外在的风格和形式，而且是青年群体在什么样的历史条件下以及如何利用他们的现实的生活要素去构建其抵抗资源。

（二）特定社会历史结构中的青年亚文化

对青年文化研究的历史维度的重视是伯明翰文化研究中心的核心特色。历史的延续性问题是霍尔一直强调的。青年亚文化生长、存在于一整套特定的社会制度和结构关系中，在这个总体的结构中存在不同的群体或阶级，也相应地存在多种社会群体或阶级的文化形式和思想。这是一个无比复杂的文化结构总体，无论占主导地位的文化意识形态还是从属阶级的文化传统都不是单一的同质的，都存在着历史传承和文化遗留。正如霍尔他们所说的那样，在任何的历史形态中，社会总是存在大量的文化结构，它们既以特定的形式相互关联，又无时不处于抵抗和收编的斗争中。处于整体的社会结构中的青年亚文化无疑处于无比复杂的文化框架之中。通过简单的梳理，我们可以得出以下结论。其一，父辈的文化是青年亚文化的历史与文化根源。青年亚文化作为特定群体生活模式的子系统，在它的身后就是其隶属的那个更大的阶级文化母系统，即我们所称的父辈的文化。青年亚文化有着和他们的父辈的文化相区别的足够独特的形式和结构，但同时也存在历史沉淀下来的可以被清晰辨认的联系。它们极不相同但又共同拥有一些无法抹去的标志性特征。因而在伯明翰文化研究中心的定义中，青年亚文化群体就是"有严格界限的群体同时也具有年龄和代际的特征"。青年亚文化群体总是能够表现出父辈阶级文化的稳定而且持久的特征，因为在生活的基本方面，无论教育还是工作他们都有与父辈相似的体验。但是必须强调的是，他们发展出了清晰而且连贯的结构特征。其二，主导意识形态是青年亚文化最主要的结构参数。因为占支配地位的意识形态总是试图将所有的文化形式都限定和收编于自己的范围之内，而从属的文化形态不会自动被收服被包容，而是会通过谈判、斗争等形式来争夺自己的文化领地。

二、青年亚文化是对抗主流意识形态的先锋

霍尔认为最能够反映社会变迁的本质特征的是一个社会的青年文化。青年亚文化是社会文化历史变迁的产物，青年亚文化的兴起有着特殊的历史条件和社会背景。青年亚文化的兴起被认为是战后英国富足和安定的生活最为明显的后果之一。战后经济发展带来的物质生活条件的极大改善与提高，被冠以"丰裕"之名。事实上，这是一个笼统的说法。战后经济的重组和现代化过程、对劳动力的分流、职业文化以及抵抗方式的变化等带来了崛起和衰落的不均衡的影响，从生活区域的重新划分到阶级和文化构成的改变都被打上了"丰裕"的标记。霍尔认为"丰裕"的假象掩盖的是"现实的不平等和许诺的即将到来的乌托邦——众生平等、消费不断增长之间的鸿沟"。因此在他们看来"丰裕"是作为一种霸权的意识形态出现的，"旨在让工人阶级望梅止渴，从而把这一阶级控制、黏合到领导权的秩序当中"。英国工人阶级文化自身强大的凝聚力和抵抗意识使得他们不可

能悄然地被改变和重构。青年亚文化作为工人阶级文化的一部分，必然处于这种文化构成的重塑与抵抗的中心。青年亚文化的兴起和发展是对其父辈文化即工人阶级文化所面临的困境所做的回应。

社会共识的达成也被认为是青年亚文化形成的重要因素，指的是战后英国所实行的经济及政治政策，包括混合经济、增加收入、福利国家等方面，而这些政策在保守党和工党彼此妥协的基础之上实行。但霍尔强调共识的脆弱性，认为其掩盖了长期存在的非常激烈的政治斗争。资产阶级化被看作丰裕和共识带来的后果，即工人阶级自身特征的弱化和资产阶级特征的凸显，这种变化是建立在前面两点的基础之上的。丰裕的物质生活以及社会共识的达成淡化了英国社会的阶级区分，制造业的渐趋衰落使得产业工人减少，工会的力量减弱，工人阶级的阶级特征不再明显，无论从物质还是从精神信念都加速向中产阶级靠拢。工人阶级的阶级意识弱化带来的直接效应就是消费社会的形成以及美国通俗文化的入侵。但也存在不同的声音，其以不同的角度来理解共识和资产阶级化，即认为工人阶级对政治的态度不是被认为的"漠不关心"，而是处于观望状态。20 世纪 60 年代到 70 年代频频出现的为争取工资而开展的工人罢工所显示出的战斗精神和持久性也直接回击了资产阶级化的观点。

20 世纪 60 年代的英国社会对青年亚文化的基本态度主要呈现为相互对立的两种。一种是传统的精英主义文化观，认为青年亚文化是由工业化带来的生产、消费的发展滋生的，这种文化所体现的叛逆和怪异的风格代表的是社会风俗和道德的失序。这种观点体现的不仅是青年亚文化与经济发展之间的关系，如果做更为深层的扫描，体现的是英国社会主流话语对工人阶级文化的否定和批判传统，是工人阶级文化水平低下在青年一代的表现。与之相对立的观点是积极大众文化观，认为大众文化的兴起和消费社会的形成、福利国家政策的实行、工人阶级的物质生活水平大幅提高、阶级差别渐趋弱化有关，原有的区分不同文化的阶级标准逐渐被年龄等非阶级的、消费特征明显的差异标准所替代，这种观点包含对青年亚文化的积极的肯定的评价。霍尔对以上两种观点实现了扬弃，认为青年亚文化是作为一种潜在的颠覆性力量存在的，是大众意识形态力量的表现形式。

霍尔在1968年曾经分析过英国青年文化的先锋派的嬉皮士风格，我们可以看到无论对英国工人阶级的青年亚文化，还是对以白人青年为主体的嬉皮士风格，霍尔都保持其一贯的政治向度，旨在"捕捉、描述和解读嬉皮士生活的符号模式"①。在《解构"大众"笔记》一文中，霍尔的普通大众并不是文化傻子的经典命题肯定了大众的文化接纳能力，这一看法与雷蒙·威廉斯提出的文化是普通的同出一脉。霍尔的观点原是针对批判理论中将大众看作消极被动的接受者的观点所做出的有针对性回应。早在其作品《流行艺术》一书中霍尔就有这样的观点，此书写作的初衷就在于纠正早期的文化理论家对大众文化的歧视和贬损所带来的危害性后果，倡导通过培养大众的文化分辨力来改变大众文化的消极影响，尤其是在学校教育中应当着力培养青年对文化的鉴赏力与分辨力，这是抵抗消极文化的主要方式。这一时期的霍尔关于大众文化的理解还留有李维斯主义的痕迹，他认为青年的音乐品味是极端低等的，因此是一定要放弃的。但霍尔强调青年文化是文化工业和青年的自我创造的接合，"这里既有年轻人的自我表达，商业文化生产者也提供了一片水草肥美的牧场"②，认为尽管主导文化与边缘文化的冲突无处不在，但在青年文化中格外醒目，其中

---

① 霍尔：《嬉皮士：一次美国的运动》，陶东风、胡疆锋，《亚文化读本》，北京大学出版社，2011，第106页。
② Stuart Hall, Whannel Paddy. The Popular Arts. Boston: Beacon Press, 1964: 276.

所彰显的文化抵抗思想已经一览无余。这已经奠定了青年文化研究的抵抗基调。

霍尔对青年亚文化的研究仍然以阶级作为分析的范式基础。《通过仪式的抵抗》以费尔·科恩的《亚文化冲突与工人阶级社群》的研究为理论前提。科恩认为青年亚文化与其背后的社会政治、阶级结构有密切关系。战后英国社会经济的发展并没有消减它的阶级结构，并没有出现一个由年龄差别取代阶级差别的无阶级社会，阶级依然是社会结构的主要划分标准。依循菲尔·科恩将青年亚文化置于阶级背景中思考的思想路线，霍尔对传统工人阶级社区的衰落和青年亚文化链接地展开批判性思考，认为青年亚文化从本质上看仍然没有超越原有的阶级结构，在其个性特征明显的叛逆怪异的表象背后依然是工人阶级文化传统和阶级结构。但是群体相似的外表特征也掩盖了阶级差异，代表了不同的文化意义和价值观念。霍尔认为阶级分析的社会条件并没有完全消失，阶级分析的有效性体现在20世纪70年代广泛存在的贫困和不断加剧的贫富分化中。虽然工作领域和家庭领域的分离使工人阶级改变了对工会的态度，使工人阶级的战斗精神渐趋式微，自我实现方式发生改变，但这种变化在霍尔看来并不意味着阶级分析的基础改变了。福利国家政策的实行虽然一定程度改变了社会面貌和居住环境，但并没有改变阶级结构，物质生活的改善和文化素质的提高拓宽了工人阶级的视野，也更有利于工人阶级产生新的诉求和抵抗方式。

霍尔尽管认为阶级分析仍然是青年亚文化分析的基础方法论，但是在《通过仪式的抵抗》的再版序言中仍特别强调"简单用阶级对亚文化现象进行解释,绝不是我们的研究计划所要做的"①。换言之,思考和确定阶级和亚文化的关系是我们的目标,但绝不是简单将一方简化为另一方。当下,由于受社会整体的个人化、去中心化和多元化影响,文化与阶级的联系变得松散,阶级不再作为解释亚文化和其风格的首要因素。事实上,除了阶级之外,代际、种族、性别都成为重要的研究维度。

三、通过仪式的抵抗

在伯明翰文化研究中心成立之初,青年亚文化研究就是其主要的关注点。霍加特在《识字的用途》中对青年文化及其表现形式全然否定,他痛斥青年文化是一种浅薄的、病态的存在,是对作为父辈的工人阶级文化的极大破坏。他认为青年群体被动接受美国消费文化的入侵,对其毫无鉴别力和抵抗力,受其浮躁和低俗的影响而呈现出举止怪异、低俗无趣的特征。显然霍加特的青年文化观还停留在精英和大众二元分立基础上的简单否定,尤其对其中所蕴含的抵抗和解放因素估计不足,也忽视了青年文化构成的历史性和复杂性。虽然霍尔与霍加特对青年亚文化有相似的切入点,但观点却大相径庭。霍尔也注意到战后消费社会的兴起和媒体科技的革命性发展对青年的影响,但从中他看到的不仅是消极的一面。他并不认为大众文化和消费社会的繁荣是工人阶级文化渐趋衰退的原因,而认为青年文化既包含着商业文化复制的因素,也包含着青年自身的表达。

通过仪式来实现抵抗是青年亚文化的最主要的模式。青年人年龄的特殊性赋予了这一群体情绪化特征,通过个性化的音乐舞蹈形式、

---

① 斯图亚特·霍尔、托尼·杰弗逊编《通过仪式的抵抗:战后英国的青年亚文化》,胡疆锋、孟登迎、王蕙译,中国青年出版社,2015,第43页。

另类的打扮以及独特的行走站立的姿势等表达抵抗是青年亚文化的标志。这些外在的能够招人关注的方式正是青年亚文化表达其离经叛道的、反主流姿态的抗争的模式，也是增强群体内聚力的方式。科恩在考察青年亚文化的主要的发源地——伦敦东部地区时指出，工业经济的发展使得单元式的高层建筑取代杂乱的低层贫民窟，其体现的则是中产阶级个体和私有观念对工人阶级集体和共有观念的入侵。青年亚文化正是这种危机的表达，"工人阶级青年们试图创造和表达不同于父母的自主性和差异，同时又保持与工人阶级母体文化的身份认同"①。他认为伦敦东区从摩登族到光头党表现出的文化意义是维护工人阶级母体文化中被破坏的内在凝聚力，试图通过他们独特的方式解决所面临的阶级文化冲突和危机。

青年群体会对父辈谈判和抵抗的方式加以借用、改造。当青年文化的代际基础工人阶级文化与在传播中居于主导地位的文化发生冲突时，在父辈文化和占主导地位的文化的交叉点衍生出来的青年文化，主要通过消费时尚商品、占用其意义并将其挪用组合"来适应那些带有他们自己独特群体生活和代际感受的特殊处境和体验"，这种意义拼贴的目的在于体现其抵抗的性质，即表达风格体现其对主导意义的回应。拼贴是将以前无关的符号放在一起产生新的意义，当这种符号拼贴构成了连贯的、有意义的文化价值表达时就可以称为风格。从消费者而非生产者的角度解读可以有效理解青年亚文化风格所表现出的创造性和复杂性。青年群体结成一种社会的力量，即他们作为消费者的力量，他们的文化价值、理念甚至期盼和身份定位都是通过消费来呈现的。消费社会成为青年群体通过消费某种项目对抗主导的文化价值观念的场所，这也是青年亚文化被认为是消费社会兴起的产物的

---

① 费尔·科恩：《亚文化冲突与工人阶级社群》，《文化研究工作报告》，1972。

原因。

　　风格的形成是一个社会建构的过程。从无赖青年到朋克，从摩登族到嬉皮士，都通过服饰、音乐、姿势等标签展现其独特性。但霍尔也指出，最为关键的是这些仪式性的东西如何被使用，换言之，是这些物品如何被建构，并利用这些物品组合出可以标识集体认同和群体生活方式的醒目的风格，这种风格可以将群体紧密地连接起来，也可以将群体和其他的群体分开。霍尔他们认为："对事物进行符号化的使用来巩固和表达一种内在凝聚力的做法，同时也是一种对于其他群体的隐含的对抗。"①贝克尔②深深影响了霍尔，在《通过仪式的抵抗》的原版序言中，霍尔坦承像其他许多方面一样，他们的起点是霍华德·贝克尔的《局外人》。霍尔也认为青年亚文化的风格不是通过个体形象创造出来的，而是一个社会建构的过程，是借助已经存在的事物本身的意义系统。在新的语境中，对意义重新组织排序，进而生成新的意义，这种方法被定义为"拼贴"，被赫伯迪格称为"符号的游击战"。

　　1968年霍尔依据萨特和戈德曼的人道主义马克思主义的视角，对英国青年的嬉皮士现象进行分析。和绝大多数的英国工人阶级青年亚文化不同，嬉皮士是白人中产阶级的青年亚文化。通过对嬉皮士的语言风格及其服装特征的分析，他提出嬉皮士在服饰和音乐特征上对印第安人以及黑人模仿并将其风格化的特点和工人阶级亚文化一样，

---

①　斯图亚特·霍尔、托尼·杰弗逊编《通过仪式的抵抗：战后英国的青年亚文化》，胡疆锋、孟登迎、王蕙译，中国青年出版社，2015，第135页。

②　霍华德·贝克尔是芝加哥学派后期研究青年亚文化的重要学者，代表作品有《局外人》。贝克尔认为亚文化的标签先出现，然后才有亚文化的越轨和异常行为，是标签建了亚文化。青年群体的越轨和异常行为是强有力的社会控制机构通过社会界定并贴上标签而创造出来的。他把青年亚文化对规则的破坏与规则的制定者联系起来思考，强调主流文化对青年亚文化的塑造和影响。

虽然会呈现出异类、越轨的倾向，但少有激烈的极端的方式，都是通过休闲、审美和消费领域以较为温和的态度来实现协商与抵抗。在文章中，霍尔认为要确定青年文化是否具有社会意义上潜在的革命性需要从四个方面来考察，其一是青年亚文化对社会的构建和塑造的反界定是否有社会根基；其二是青年文化呈现出的反界定的文化形式是否处于中心地位，能否表现出对核心的组织意义、价值观和关键的生活经验的反抗和挑战；其三是与主流价值体系对立的反界定方式能否形成社会性的规模；其四是青年亚文化能否提供实现另类结构的行为和生活计划的形式。① 霍尔对嬉皮士社会的各个方面进行现象学的考察，认为其中表现出的主观意图和经验与所产生的客观意义不对称。

对于青年亚文化的描述总是存在模糊性，主要体现在音乐、服装、态度和生活方式以及权力责任等方面，表现为日常化且主要通过教育、工作和休闲等多元化形式来传递。但格罗斯伯格认为"问题不在于关于青年的不同话语是否准确，而是它们本身是青年被组织起来的环境的一部分"②，意在突出青年亚文化的社会话语环境的塑造和建构功能。作为抵抗形式的青年亚文化无论在音乐、服饰还是行为举止方面都在传递反抗，麦克罗必认为他们既突出了威胁和危险，也突出了怨恨和愤怒，所表达的是被社会排斥在外的体验。但这种文化风格在发展过程中渐渐超越了原来的意义表示，不再囿于阶级、种族、年龄的限制，而仅仅作为一种音乐的或文化风格的典型标识。霍尔他们的青年亚文化研究采用的不是严格的纯粹的细致观察的民族志式的方法，而是对其改造后的借用。一方面联系日常生活实践民族志

---

① 斯图亚特·霍尔：《嬉皮士：一次美国的运动》，陶东风、胡疆锋，《亚文化读本》，北京大学出版社，2011，第107-108页。

② Grossberg. We Gotta Get Out of This Place：Popular Conservatism and Postmodern Culture. London and Newyork：Routledge. 1992：199.

式地做细致考察,一方面经各种亚文化现象与更为广泛的社会总体相联系,从而进行深度描述。霍尔认为这种研究方式既成就了伯明翰青年亚文化研究的本质特征,也是其招致批评的主要原因,因为存在过于理论化的倾向,对此斯坦利·科恩认为他们的研究表现出"学术方面的天花乱坠"。尽管存在这样的批评,但霍尔对青年亚文化的文化政治分析不仅改变了法兰克福学派对其一贯的消极评价,极大地丰富了青年亚文化的文化政治内涵,而且开启了阶级、性别、年龄、种族多维度的青年文化研究,发掘出其积极的抵抗意义和多元的抵抗形式。

第三节 身份政治和种族抵抗

在现代主义的基本观念将主流文化与从属文化划分得异常清晰之时,霍尔试图通过大众文化来为从属和边缘的群体寻求对资本主义主流文化压迫的突破,为其争取一席之地。换言之,霍尔致力于在晚期资本主义条件下为处于边缘的群体寻找文化身份。在后殖民研究成为20世纪80年代以后文化研究的主要走向的背景之下,霍尔与生俱来的种族关注使得身份政治和种族抵抗成为其文化政治批判的当然议题,这也是全球化条件下文化研究发展的必然趋势。

一、文化身份是文化现代性的综合表达

在当今学界现代性是一个极具包容性的概念,同时也是一个多义的词汇。对现代性的经典诠释有很多,波德莱尔从文化和审美层面说:"现代性就是过渡、短暂和偶然;它是艺术的一半,另一半则是永恒与

不变。"① 黑格尔则从哲学的视角提出现代性的基础在于主体性和自我意识,在于主体的批判权利、行为自由以及唯心主义哲学。吉登斯认为现代性是出现在 17 世纪欧洲的一种社会生活形式或组织模式。哈贝马斯认为现代性是一项未竟的事业,是多层面多元化的系统。

(一) 文化现代性是现代性的基本向度

在多角度多样化的理论阐释中霍尔有他自己别具一格的理解,他认为"向现代性的过渡过程是由经济、政治、社会及文化四个主要进程相互作用来实现"②的,是它们在漫长的历史进程中共同将传统社会逐步塑造成现代社会。其中每一个进程都是现代社会发展历程中不可或缺的重要组成部分,但任何单独的进程都无法从整体上对现代性的崛起做出清晰解释,现代性正是不同进程相互作用和历史凝缩的结果。在霍尔看来,政治进程首先表现为现代民族国家和世俗政治权力的统治及其合法化,经济进程则体现为市场经济的确立和工业化过程所带来的资本积累,社会层面表现在传统秩序的衰落和社会性别和劳动分工的出现导致的新的阶级的形成,文化进程表现为传统宗教的衰微和世俗物质文化的兴起所显现出的个人理性、工具性的冲动。正是在多维力量作用下现代社会这一结果拥有了政治、经济、社会和文化不同领域的独特的、界限明确的活动或社会行为地带。③ 因此现代性的形成既表现为现代型社会形成的历史过程,也表现为现代社会结构。

就对现代化的理论阐释而言,霍尔认为通过对历史过程的描述而

---

① 波德莱尔:《波德莱尔美学论文选》,人民文学出版社,1987,第 485 页。
② Stuart Hall. Introduction. S. Hall, D. Held and T. McGrew eds. Modernity and its Futures: Understanding Modern Societies, Polity Cambridge. Sep 1993: 5.
③ Stuart Hall. Introduction. S. Hall, D. Held and T. McGrew eds. Modernity and its Futures: Understanding Modern Societies, Polity Cambridge. Sep 1993: 6.

达成的理论解释要更为有效。因此对于现代性他更愿意使用历史概括的方式定义,"不仅描述现代社会是何时以及怎样形成的,还要解释它为什么会发生"①。尽管强调历史概括但霍尔指出在历史概括中我们没有清晰的时间刻度,因为现代性社会的形成是一个漫长而复杂的过程,我们无法去确定其起点和预设其目的地,传统和现代没有明确的切分点。换言之现代化进程总是在行进之中,同时现代性的完成不是遵循统一的时间进程,多向度的建构没有统一的时间表,无论现代民族国家还是资本主义生产关系,无论社会秩序还是文化归属都有独特的演进历程和时间节点。与历史目的论所描绘的单行道的发展轨迹相反,它们彼此交错、相互作用,有着多元的现代化路径,并呈现出多种多样的实际形式。因此在肯定连续性的同时,霍尔更为关注的是历史发展中的转换和断裂,突出各种进程的互相联系,也更着眼于各种进程的相对独立性。

  文化进程更多地被归结为象征性层面,在包括马克思主义在内的大多数社会科学中总是被给予第二性的定位,但霍尔认为在多元建构的现代化进程中文化应当占据显著的位置,文化不应当仅仅反映世界,而应和经济、政治、社会等各种社会进程一道建构现代世界。伴随突出语言和意义的话语转向,通常的物质和意识的关系被弱化。作为社会实践的结果语言被认为有物质的性质,能够对社会行为起到塑造和控制的作用。正像韦伯认为一切社会实践都是被意义围绕一样,霍尔借用马克思关于人的意识的能动作用的著名比喻——"最蹩脚的建筑师和最灵巧的蜜蜂"的关系来说明社会文化意义的生产是所有社会实践得以实现的一个必要条件。这也是霍尔在现代性的建构进

---

① Stuart Hall. Introduction. S. Hall, D. Held and T. McGrew eds. Modernity and its Futures: Understanding Modern Societies, Polity Cambridge. Sep 1993: 6.

程中更为重视文化向度的原因所在。

霍尔不仅从文化的向度呈现现代性的建构，也从文化的层面来反思现代性本身。现代性的内容含混复杂，但已经达成的共识是它首先是工业革命所带来的经济和社会深刻变迁的后果，并以科学和技术进步为基础。这一社会和制度层面的现代性正是文化现代性所批判的对象。文化现代性是对它的批判与超越。文化现代性不仅意味着宗教世界观的落幕，大众成为文化的主体，文化具有了日常生活的特征，也包含知识生产和分类的方式。霍尔认为文化和社会身份的建构作为现代性建构的一部分更值得强调，因为归属感有利于把人们结合在一个想象共同体之中，象征性边界可以界定个体是否属于这一共同体。在现代化进程中文化身份的形成缓慢，包括语言、形象以及象征在内的总体将世界划分为各具特色的"共同体"。归属感和象征性边界的确立也正是主体文化身份的基本规定。

（二）对主体身份的强调是文化现代性的综合表达

在20世纪社会经济、政治、文化转型的大背景中，身份问题是关乎个体与社会关系的问题，是关乎个体在急速变化的大众社会中如何自处和如何存在的问题。道格拉斯·凯尔纳认为，今天身份依然遍布当代社会，它在新的时代被重新建构和定义。伴随着人文主义和主体独立自由的兴起，原有的传统与秩序都发生了大的改变。那些被认为是神灵护佑着的个人的身份、等级和地位，以及世俗的神圣秩序曾经盖过了任何意义上的个体权利，但现代性驱使个体自由逐渐从原有稳定的停泊处驶离。马歇尔·伯曼称之为生命体验模式的现代性，既是一个充满变数不断自我发展变化的世界，又是一个不断被外界裹挟并挑战、摧毁的世界，它不断冲破地理和种族、阶级和民族、宗教和意识形态的界限，将人类推向一个持续分裂与更新、抗争与矛盾、困惑与苦恼的大漩涡之中。在这个意义上，现代性似乎统一了全人类。

齐格蒙·鲍曼也用"流动的现代性"取代歧义颇多的"后现代性",认为在这样一个个体、社会、文化同时遭遇前所未有的危机的时代,个体处于全球化的背景中,时刻遭遇"陌生人"的尴尬境遇,面临个体化社会中安全与自由的两难困境。随着全球化的推进,民族国家步步退却,逐渐变成全球资本的地方管理者。在多元文化的夹击、消费文化的渗透下,民族国家逐渐陷入丧失民族认同的失序状态,想象共同体成为社会失序的征兆。

霍尔认为,现代性与一种具有决定性意义的个人主义新形式相伴而生,其中个人主体性及其身份的概念处于核心的地位。文化身份是和主体性密切相关的概念,主体性包括我们怎样被规定,怎样被体验。霍尔对主体身份的关注不是表现为对单个人或单个事件表达的差别和异见,而是强调从整体的历史语境中寻求解释。关于人的主体身份霍尔坚持非本质的观点,认为霸权文化是不同的社会立场相互斗争的产物,其中主体也是碎片化的实践者,因为他可能"既臣服于权力,也能够以行动对抗这些权力;这是一种理论上的反人文主义和政治人文主义的立场,因为不具有行动力的接合主体,就没有抵抗"[1]。

(三) 主体概念及其理论援引

霍尔所归纳的概念化的身份有三种,首先是启蒙主体,它是"基于人作为一个完全中心的、统一的个体的概念,被赋予理性、意识和行为的能力,……自我本质的中心是一个人的身份"[2]。这种将理性和理智看作现代性的基础的观点是西方哲学的主流观点,这种主

---

[1] 劳伦斯·格罗斯伯格:《历史、政治和后现代主义:斯图亚特·霍尔与文化研究》,张文瑜译,陶东风主编《文化研究》,第20页。

[2] Stuart Hall. The Question of Cultural Identity. S. Hall, D. Held and T. McGrew eds. Modernity and its Futures: Understanding Modern Societies, Cambridge: Polity. 1993: 275.

体也被称为笛卡尔主体,即理性的、自觉的个人主体意识是身份的核心,思想被视为具有天生的理性能力,这种天赋让我们体验世界并按照世界的真实属性来理解它。其次,社会学主体,其"内在核心不是独立存在或自给自足的,而是在与他人的关系中形成,其协调他所居住的世界的文化价值、意义和象征问题"①。这种社会化的自我不是从自我内部生成,而是通过文化交往和适应的过程来实现。这种观点的前提是人是社会化的人,即个人与社会相互构成。社会学主体身份反映出不断成长的现代世界的复杂性。从启蒙主体到社会学主体的思想发展代表了从被描述为拥有理性自觉的统一整体到由社会形成的转变。再次,后现代主体,"该主体在不同的时间会产生不同的身份,身份并不是围绕一个连贯的自我统一起来的。我们可能会同时具有多种从不同方向被引入的相互矛盾的身份,使得我们的身份确认不断地变化"②,后现代主体使得人们认为自己从生到死都拥有一个身份的愿望成为不可能实现的传说。事实上,此时的主体身份是由多种分散而且相互矛盾的多重身份组成。尽管霍尔关于主体身份的三种认识获得了广泛的认可,但霍尔依然指出,某种程度上这样的界定有些简单化,伴随着关于文化身份的研究的深入,它们将会变得更加复杂并被进一步限定。

霍尔认为在后现代主体的形成过程中马克思主义哲学、精神分析学、女性主义、语言学以及福柯的理论都为此作出重要的理论解释。

马克思主义认为人的现实本质是一切社会关系的总和,"不是处

---

① Stuart Hall. The Question of Cultural Identity. S. Hall, D. Held and T. McGrew eds. Modernity and its Futures: Understanding Modern Societies, Polity Cambridge, 1993: 275.

② Stuart Hall. The Question of Cultural Identity. S. Hall, D. Held and T. McGrew eds. Modernity and its Futures: Understanding Modern Societies. Polity Cambridge, 1993: 277.

在某种虚幻的离群索居的和固定不变的人,而是处在现实的,可以通过经验观察到的、在特定条件下进行的发展过程中的人"[1]。其认为只有把人看作现实的人,才能给予人准确的身份定位,要在特定的社会关系中以特定的方式构成主体,因此,人并不具有普遍的本质。马克思主义的主体阐释更接近霍尔所认定的社会学主体,但在霍尔的理解中意识形态处于核心地位。

霍尔认为弗洛伊德精神分析学在阐明内在身份如何与外在话语的规范和诱导能力联系方面有着特别重要的意义。身份作为结合点位于两个方面之间——"一方面是企图'质询'的话语和实践,它们与我们交谈或欢迎我们进入作为特定话语的主体位置,另一方面是产生主观性的过程,它构成我们,使得我们成为可以说出的主体",身份在这个意义上就成为主体地位的临时附着物。精神分析学对于身份的意义就在于它拒绝主体固定不变的性质,更关注主体的建构和形成。

在霍尔看来,女性主义在主体概念上进一步产生了去中心的影响,这是因为它通过"个人即政治"的口号和实践,对主体身份的内在和外在、公众和私人之间的差异进行挑战。女性主义认为主体身份不可能有普遍统一的意义,起码身份是以性别差异为特点的。

语言学的观点对于理解自我和身份有着至关重要的作用。霍尔认为,语言通过一系列不稳定和相关的差异来产生意义,但同时也规定了定义、建构和生产它们的知识对象。因此,身份是话语的建构,受到社会限制,它不是一个已经存在的东西,而是被社会实践和规则等给予的暂时稳定的不稳定因素。

福柯的主体理论同样认为主体性是话语的产物,即话语建立了说话者的主体身份并由此使得话语主体产生意义。他认为是权力赋予主

---

[1] 《马克思恩格斯选集》第一卷,人民出版社,1995,第73页。

体以身份，因而身份是权力的产物。他认为主体身份是话语历史的具体产物，特定的历史和社会形态导致其身份的差异。从一个主体身份到另一个并没有必然的连续性，主体身份不具有同一性，表现出多元断裂的状态。

在霍尔对主体身份的理解中，无疑马克思主义哲学、精神分析学、女性主义、语言学以及福柯的理论都起到重要影响并产生了叠加效应。这些都是对主体身份的解构，反对主体拥有持续固定的身份，强调文化身份的去中心和拥有多重可变的反本质主义理解，为霍尔开辟文化身份的辩证逻辑奠定了坚实的思想基础。

二、主体文化身份的权力构成

正如霍尔所认为的那样，现代性最核心的原则就是"每样事物都注定会被加速、被化解、被替代、被转化、被转型，这种既是物质也是文化的社会生活的新理念的改变才是现代性的真正转变"[1]，马克思也说："一切坚固的东西都烟消云散了。"波德莱尔就已经看到文化现代性本身的张力与矛盾："文化现代性即在转瞬即逝的刹那间被我们的感官把握的东西。"[2] 对此美国学者卡林内斯库也认为现代性纲领只是一种通过让人彻底意识到这种矛盾并为之寻求出路的尝试，当人们真正培养和生成了这样的观念，转瞬即逝的美就可以成为富有创造性的存在。解释学之父迪尔泰说："我们这一代人，脸上挂满微笑，而眼角却是忧伤。"现代性的逻辑已经被证明是既有建设性又有破坏性的矛盾逻辑。

文化身份作为文化现代性的综合表达也是统一和差异的混合体，

---

[1] Stuart Hall. Introduction in S. Hall, D. Held and T. McGrew eds. Modernity and its Futures: Understanding Modern Societies. Polity Cambridge, 1993: 15.

[2] 陆扬、王毅:《文化研究导论》，复旦大学出版社，2012，第42页。

只有从差异和统一两个维度出发，循着两个不同的方向理解才能把握。一方面，"我们的文化身份反应共同的历史经验和共有的文化符码，这种经验和符码给作为'一个民族'的我们提供在实际历史的变化莫测的分化和沉浮之下的一个稳定的、不变的和连续的指涉和意义框架"①。在这里文化身份被认为是一个有着共同历史、祖先和象征性资源的集合。这种思维方式是一种本质主义的观点，在这里文化身份被看作一个真实的主体的集合名词。另一方面，文化身份既是一种共性的持续存在，也是一种存在差异的暂时存在，既属于过去也属于未来。"它绝不是永恒的固定在某一本质化的过去，而是屈从于历史、文化与权力的不断嬉戏。"身份在霍尔眼中是有连续性的，也是有源头和历史的，我们只有以历史的眼光和叙事方式才能理解其内在含义的演变和形成。

文化身份是历史和权力结构的产物。霍尔认为，主体身份既是个人的也是社会的，即个人身份不是自给自足的，而是在与社会中的他人的关系中形成的，强调社会与人的彼此构成；同时，霍尔也强调主体身份既是"存在"的又是"变化"的，即其中存在稳定、不变和连续的意指图景，但更多时候这种存在作为一种"想象一致性"，是历史的和变化的，是一个不断转移主体位置的集合。霍尔的出身决定了他对种族问题比较敏感与关注，年幼时的殖民地生活经验让他更加深刻地体会到文化权力对于文化身份的巨大形塑力，是文化权力使得黑人以及其文化经验被界定为西方知识范畴中的他者，成为一种异质的存在，这一过程体现的是文化权力如何迫使和驱策主体再现其文化身份。文化身份既不是居于历史之外的一成不变的东西，也不是普遍

---

① 霍尔：《文化身份与族裔散居》，罗钢、刘象愚主编《文化研究读本》，中国社会科学出版社，2000，第213页。

精神，而是"认同的时刻，是认同或缝合的不稳定点，而这种认同和缝合是在历史和文化的话语内进行的"。换言之，文化身份不是已然存在的，而是在不断塑造和定位中生成的，霍尔认为文化身份的确定关涉位置和认同的政治学。

霍尔从自己加勒比的黑人文化身份出发来考察文化身份的殖民演变。文化身份在两个相互联系的向量中不断呈现。一方面，同一性在差异中不断延续，即一种文化身份中的相似性和连续性在不断断裂中延续。加勒比身份和奴隶制、殖民经验、黑人、非洲等关键词相联系，霍尔指出这些看似连续的经验恰恰是在一次次的断裂中形成的。仅仅从加勒比黑人的宗教信仰就可以看出差异和断裂中的连续性。从庞杂多神的非洲宗教到基督教的一神论，在同一性里面潜伏着无数的差异和与过去历史的联系。另一方面，差异在同一性中不断呈现，加勒比的奴隶和殖民历史将今天存在的那些差异串联起来，但霍尔指出加勒比的历史并没有导向一个相同的基础，因为从时间、地点、不同的问题域以及每一个和发达世界的对话视角都会形成边缘群体的相似点和连续性，其同时也是他性、差异，这也是对文化身份理解的二元结构的否定。

对于加勒比文化身份的非本质化理解，霍尔认为至少应该在与非洲、欧洲和美洲的关系中展开。与非洲的联系是加勒比人在400多年的历史流变中不断"置换、肢解和流放而丝毫没有改变的身份"，但霍尔指出这个非洲已经是得到再造和重新注解的非洲，而不是任何纯粹意义上的回归。欧洲的在场为加勒比文化身份注入权力的因素，欧洲对于加勒比意味着侵略和殖民，是一种外在的力量，但同时这种力量已经成为加勒比身份构成的必不可少的因素，与欧洲的联系充满了权力统治与身份抵抗、身份拒绝与期望承认的交锋和对弈。与美洲的联系则关乎领土，但无疑也与权力相关。

三、种族身份与表征政治

对种族的文化理解是表征政治的一种文化政治形式。种族问题在霍尔看来是绵延五个多世纪的整体英国历史中无法去除的印记。霍尔甚至认为，如果我们在研究英国历史，假若不和种族问题相遇，那么就无法再现大英帝国曾经在商业贸易中的辉煌历史，但这并不意味着种族主义只存在于历史当中。事实上，种族问题始终是一个当代问题，它是一种根深蒂固的历史沉淀，一种被抑制的沉淀，但一经搅动就立即呈现。

把种族看作一种社会构成而不是普遍的本质的生物学分类是霍尔的种族政治思想的基础。在他看来，种族存在于社会政治权力的争斗当中。他认为，今天的英国种族主义有两种较为普遍的表现形式，第一种是媒体所惯用的表现方式，即遗传和生物学意义上的差别所区分的民族，并且往往该民族的文明程度较低，因而在整个文化秩序中处于底端。第二种形式表现为一种新的"文化种族主义"，在这里民族差异不再表现为遗传和生物学意义上的差别，而在文化方面，包括生活方式、信仰体系和民族传统等的差别。在英国社会最为突出的表现是"谁是英国人"这样的问题。这两种观点都是倾向于把种族作本质化的理解，因而也都不为霍尔所认可。霍尔认为反对种族问题上的本质主义就要确立种族问题的历史性叙述立场，要从种族与阶级、性别等话语模式的交织中阐释主体的多重身份，种族的文化身份应当在与国家、阶级、年龄、性别的交叉中理解。

霍尔认为种族身份是在表征过程中被建构的，大众对事物意义的理解是以表征为中介获取的，表征被霍尔看作社会知识的来源之一，是与社会文化和权力相关的系统。对于福柯将表征的载体从语言转化为话语的观点霍尔持肯定态度，因为话语不是一个单纯的语言学概念而是一个实践的概念，它关系着各种观念被投入实践和被用来规范他人行为的方式，意义和意义实践在话语范围内被建构。霍尔认为，事物的关系结构只有在话语之内才能被建构。这种说法看似无限扩展了话语的领地，但实际上事物的表征及其实现机制是与社会总体的文化结构、权力关系相关的，因为"这产生了包括主体、身份、政治在内的文化和意识形态和表征规划的问题，在社会与政治生活的结构中占据着有影响力的地位"①。

1974年伯明翰文化研究中心的第一部关于种族政治的作品《监控危机》的发表可以被看作对于主体研究视角的另一个重要转折。主体研究从整体走向个体、从个体走向更为复杂具化的个体特征的微观研究是霍尔个人"也是中心的理论和知识工作的重要转折点"②。这部作品第一次较为系统地梳理分析了20世纪70年代英国社会存在的种族主义问题，深入剖析了长时间存在并有日益强化趋势的白人中心主义与当时的英国社会危机之间的内在联系，被认为重新定义了种族研究的模式和路径。在1996年的另一篇关于种族问题的文章中，在对黑人文化中的黑色意味着什么的论证中，霍尔指出，黑色不仅仅是和白相对应的颜色，其意义还是通过表征被构建而成的，其中内含政治和文化权力的操纵和控制。将种族问题看作社会总体发展进程的问题而不是作为一种社会总体的子系统的问题来研究是霍尔始终坚持的原则，他在早期关于种族的作品《年轻的英国人》一文中就认为"种族是一个集体范畴，种族关系不是个人之间的关系，而是受观念

---

① Stuart Hall. New Ethnicities. Stuart Hall：Critical Dialogues in Cultural Studies. eds. David Morley，Kuan-Hsing Chen. London：Routledge，1996：465.

② Stuart Hall. Cultural studies and its theoretical legacies. Stuart Hall：Critical Dialogues in Cultural Studies. eds. David Morley，Kuan-Hsing Chen. London：Routledge，1996：270.

和信仰影响的群体之间的关系"①。在他看来,种族问题始终是与社会发展的历史特殊性相联系而展开的,种族身份也是一种被主导话语系统历史性地构建的不稳定的存在。因此,他一方面从社会历史的总体形构中打开种族问题与政治权力的交叉点,从中寻找可以对这一问题实现干预的思想力量,一方面从社会生活的微观层面的经验中捕捉种族身份建构和创造的真实过程。换言之,霍尔关注的不仅仅是抽象的理论批判,也是微观具化的种族实践。

第四节 抵抗政治的未来——多元宽容文化

霍尔 20 世纪 50 年代末期就为以创造解放的可能性为目的的批判性分析做出了重要贡献,他一直以理性的分析与实践的干预追寻这一目的,为世界民主改革做出了贡献。霍尔特别关注全球化过程中主体社会身份的多元化,并试图通过对这一过程的详尽分析来获知其中内含的社会主义的价值旨趣。哈贝马斯将人类的认识能力理解为一种兴趣,并将其区分为不同的层次,认为比技术的和实践的层面更高级的层次是解放的兴趣。霍尔的文化政治批判理论跨越了各种学科体系和话语的界限,对社会的文化政治生活批判性介入,其所追求的价值目标正是学术研究的至高的境界,是一种解放的政治。他将人类解放的总体目标细化为种族、性别、青年亚文化等具体的文化身份的公正享有等微观政治目标。霍尔相信他们正在通过不断提出问题、表达疑问、参与批判,推进社会主义事业的发展。

---

① Paul Gilroy, Lawrence Grossberg, Angela McRobbie, eds. Without Guarantees: in Honour of Stuart Hall. London: Verso, 2000: 194.

在同质化和一体化的趋势越来越明显的发展过程中世界变得愈加封闭，霍尔的文化多元主义的倡导至少为我们讨论种族问题与民族团结的关系以及政治国家和多元主义等问题提供了机会。霍尔认为，国家作为政治组织形式和政治机构也是一个民族国家的文化再现系统，而文化是流动的变化的存在，由社会不断发展的整体的生活方式及其意义构成，也是由不同的社会群体组成的多元存在。因此，霍尔把国家的文化身份或文化认同看作"将差异表现为团结或一致的话语手段，而不是将其视为统一的。其被深层的内部分歧和差异割裂，并且只能通过文化权力的不同形式来实现统一"①。

本尼迪克特·安德森认为国家是一个"想象共同体"，国家身份是一种由有关领土和行政类别的符号和仪式组成的结构，"尽管在每一个国家中普遍存在实际的不平等和剥削，但国家总是被看作提供了一种深层的、横向的统一关系"②，强调国家身份的连续性和统一性。霍尔则不同，他认为安德森对于国家认同的统一性的夸大掩盖了其中的阶级、性别和种族的差异。霍尔强调多元性和差异性，认为人们在分析种族主义的复杂的形成过程和结构时应当首先重视的是克服对差异的恐惧，这种恐惧来自经过权力建构的差异。在他看来，他所从事的事业正是要"把根据智力资源可以发现的所有事物都调用起来，以便理解什么使得我们今天所过的生活、我们所生活的社会在与差异相处的能力方面具有如此根深蒂固的反人性特征"③，这是霍尔眼中文化研究的核心工作。在他看来，文化研究的知识不仅属于知识分

---

① Stuart Hall. The Question of Cultural Identity. Stuart Hall, Bram Gibbens and A. McGrew, eds. Formation of Modernity. Polity Cambridge, 1992, 297.

② Benedict Anderson. Imagined Communities: Reflections on the Origin and Spread of Nationalism. London: Verso. 1983: 15.

③ 霍尔:《种族、文化和传播：文化研究的回顾和展望》，张淳译，陶东风主编《文化研究精粹读本》，中国人民大学出版社，2005，第314页。

子，也属于大众，知识分子不仅要发现和探索未知的领域，更应当致力于提升人们与差异相处的能力。

霍尔对多元文化问题①的倡导代表的是一种新的政治逻辑，是"应对文化差异和现代社会异质性的不同策略"②。多元文化主义是一个弹性的、多义的概念，在不同的思想流派中有不同的关注点、不同的理解角度，也包括不同的政治策略。霍尔认为多元文化问题的关键在于如何去面对社会中广泛存在的由阶级、性别、种族等方面差异所形成的世界等级秩序，当我们无法消除差异，也无法为其提供统一的文化解释时，如何构建一种"共同的正义生活"。建立一个承认特殊性、可以协调不同利益和信仰、差异与共识并存的宽容的文化框架，是霍尔文化政治批判的至高诉求。在霍尔后期的理论研究中，关于身份政治以及对未来社会建构多元文化共存的理想文化模式的描述和实践是点睛之笔，是霍尔在多年的理论积淀基础上对未来文化问题走向的深入思考和预言。2000年《多元种族的不列颠的未来：帕雷报告》③的发表使得霍尔的文化理论再次吸引了众多研究者的目光。其种族理论和多元文化共存的主张在这个报告中得到有力体现。这项关于种族公正的研究项目开始于1998年，报告的结论是英国从来就是一个多种族的国家。霍尔认为，在英国社会中存在各种差异，其不可能消失，文化和社会的同质化是不可能实现的。对于差异，霍尔强调的不是融合，而是承认差异、接受差异。他认为多元共存才应该是全球视野下英国社会的文化走向。这里的多元共存并不是单单站在少数

---

① 霍尔认为多元文化主义和多元文化问题是两个有不同内涵的概念，多元文化主义主要是为少数种族的人群和社团讲话，而多元文化问题更关心社会总体的性质，关注社会中每个人的地位的变化，是一个具有整体性逻辑的概念.

② 斯图亚特·霍尔：《多元文化问题的三个层面与内在张力》，陶东风译，《江西社会科学》2007年第3期。

③ 这一报告提交之后，有保守党议员强烈反对，认为是6%对94%的侮辱.

族群的立场上,霍尔认为多元文化问题研究真正关心的是"社会总体的性质,并由此表达每个人社会地位的变化"①。

小　结

霍尔对大众文化与大众政治的讨论,脱离了将阶级作为政治轴心的传统,而是将大众文化政治置于阶级、性别、种族、年龄等一系列集体性的社会斗争的广泛框架中考察。无论风格醒目、叛逆越轨的青年亚文化还是从内涵上寻求突破的被殖民文化,究其根本,都是要在全球化过程中获得主体的文化身份和文化定位。青年亚文化不仅要对抗作为其父辈文化的工人阶级文化,也要对抗社会结构中主导的文化和意识形态,来为青年群体争取话语权力和文化地位。种族文化通过与处于中心的殖民者文化进行抗争,虽然其抗争不是有计划、有组织的理性政治实践,但是,抵抗的政治功能已经成为其本质属性,深植于文化的各种具体形式中。正如费斯克所说:"凭借他们的场所,建构我们的空间,并用他们的语言,言传我们的意义。"② 大众文化的抵抗来自"符号的游击战",是通过边缘和弱势群体的微观政治事件来实现的,其不仅表现出文化层面的抵抗,也具有政治抵抗的意义。在他看来,边缘是比中心更为有利的观察世界的视角。

---

① 斯图亚特·霍尔:《多元文化问题的三个层面与内在张力》,陶东风译,《江西社会科学》2007年第3期。
② 约翰·费斯克:《理解大众文化》,王晓钰、宋伟杰译,中文编译出版社,2001,第44页。

第六章 霍尔文化政治批判对马克思主义的继承与发展

20世纪60年代发端于英国的文化研究在马克思主义知识传统的滋养和碰撞中成为国际学术界最有活力、最富有创造性的学术思潮之一。威廉斯曾这样强调马克思主义对于文化研究的意义:"我们对马克思主义发生兴趣,因为社会主义和共产主义现在非常重要。我们应当在肯定它的激发作用的同时,继续寻找它对整体性文化的解释。"① 霍尔作为文化研究学派的主要的开创者,他的文化政治批判理论既有浓厚的时代气息,也有独特气质。作为"英国新马克思主义"学者,霍尔对英国现代社会所发生的新变化和提出的新问题做了反思和应对,他的理论一方面与其成长的历史环境、教育背景、理论传统相联系,同时作为一个伟大的思想者,他的理论又具有极大的创造性和独特的理论精神。霍尔的研究与当代哲学社会科学的诸多研究领域相关,但一个人在知识框架形成时期所接受的或深受影响的思想对于其

---

① 威廉斯:《文化与社会》,高晓玲译,吉林出版集团,2011,第299页。

确立贯穿一生的知识倾向无疑是至关重要的。对于霍尔来说，经典马克思主义既是他的理论基石，也是其批判对象。霍尔曾经这样描述马克思主义对于他的意义，"六十年代的我显然不是马克思主义者，那时的理论家总是按照经典马克思主义的观点来做理解。我曾经受到马克思的影响并且长期以来对马克思及马克思主义的思想家思考经济、政治、社会和意识形态之间的内部关系的方法感兴趣"[①]，但霍尔认为自己对文化的兴趣却是发端于对马克思主义的部分观点的批判，因为在他看来，意识形态和文化在经典马克思主义的论述中没有得到充分恰当的解释。因此霍尔认为文化是属于他的领域，他与马克思主义始终存在批判与对话、继承与发展的关系。在这一章中我们将从霍尔复杂的人生经历和学术历程中去整理和提炼渗透于其中的马克思主义的基本立场、理论特征及其在新的时代条件下对马克思主义的超越和发展。

第一节 历史唯物主义的基本哲学立场

唯物史观是马克思的创造性发现，正是唯物史观揭示了人类社会发展的基本规律，从而结束了长期以来在社会历史领域中唯心主义一统天下的局面。研究者们常把20世纪30年代发展起来的英国的文化马克思主义理论称为文化唯物主义，这一术语内含两个方面的基本规定，其一强调文化与经济、政治都是社会发展的基础维度；其二认为文化具有物质性，强调文化实践的重要性。这一观点就是要在历史唯物主义的界限中考察文化在社会历史发展中的地位和作用，尤其注重

---

① Stuart Hall, Jacques Martin. Cultural Revolutions. New Statement.

第六章 霍尔文化政治批判对马克思主义的继承与发展

文化及个体经验在总体的历史发展中的相对独立性和能动作用,努力发掘历史唯物主义的文化向度,在肯定经济在社会发展中的重要作用的同时,突出文化生产和文化政治学批判。

(一)历史分析是政治霸权和大众文化批判的基础

对历史的强调是霍尔的一贯主张,历史的叙述是其展开论证的强有力的方法。无论对现代国家的文化职能的论证还是对大众文化的描述,历史的视角都是他最为重要的切入维度。霍尔留给我们的重要启示之一就是要能够从经济主义和唯心主义中摆脱出来,上层建筑和经济基础都不是完全独立的存在,而是在特定的历史背景和社会关系中的人类实践活动。霍尔对文化概念的理解充分体现了唯物主义的基本立场,他认为文化是指"社会群体在其中发展出自己独特的生活模式,并且把他们的社会和物质生活经验以一定的形式表现出来"[1],是群体用以处理和反映他们所依赖的物质存在的方法和形式,他所强调的正是文化作为一种社会存在的表现形式,我们可以从中看出明确的历史唯物主义的立场。霍尔认为文化可以呈现群体的真实具体的生活,但是这种呈现一定要依赖那些不能为我们自己所创造的物质条件,其理论目标在于强调文化在社会结构中的相对独立性。致力于探求生活体验与社会结构之间的关系是霍尔文化分析或文化政治批判的重要目标。克瑞斯·罗杰克认为霍尔"保留了作为一名马克思主义者对政治和文化分析上的历史特征的坚持,他对话语转向的展开仅限于激进的偶然性观点,这一观点在更为宏大的历史和政治叙事中实现了接合"[2]。

正是在霍尔的影响下,文化研究与马克思主义建立全新的和更为

---

[1] 斯图亚特·霍尔:《通过仪式抵抗——战后英国的青年亚文化》,孟登迎、胡疆锋、王蕙译,中国青年出版社,2015,第73页。

[2] Chris Rojek. Stuart Hall. Polity Blackwell, 2003:126.

紧密的联系。当然在霍尔看来，马克思主义不是那种认为文化只是对社会存在的机械反映的化约的马克思主义，而是能够认识到文化的特殊性和不可还原性的马克思主义。霍尔曾经将威廉斯的文化立场表述为"在历史唯物主义之内的关于物质的、文化的和文学的产品特殊性的理论"①。在霍尔的学术研究中历史唯物主义的基本命题是其理论研究的基础。"我们能看见的所有社会历史的变化，正在深刻并且完全改变着英国文化，改变着人们熟悉的日常生活形态的边界，引起新的骚动，释放深刻的焦虑，而这种焦虑中总是伴随着根本的社会变化。"② 社会存在和社会意识的辩证关系可以在他的论述中得到清晰呈现。在论述大众文化的历史进化时霍尔认为文化实践和意识形态的变迁正是阶级关系深层变迁的结果，他对于文化的关注与强调正是基于这一前提。

（二）强调历史唯物主义的文化维度

关于经济基础和上层建筑的关系，霍尔反对机械决定论，认为经济基础和上层建筑的关系存在很多可以自由发挥的空间。霍尔没有把上层建筑仅仅当作对经济基础的反映，而是强调文化和意识形态的相对独立性。英国历史学家希尔就认为马克思并不否认观念对历史的影响，因为他为那些观念设定了根本的经济起源。也可以用伊格尔顿的观点来做个说明："文化的观念意味着一种双重的拒绝：一方面是对有机决定论的拒绝，另一方面是对精神自主性的拒绝……如果说这个概念坚决地反对决定论，它也小心翼翼地对待唯意志论。人并非仅仅是他们周围事物的产物，那些事物也非全然是他们任意进行自我塑形

---

① 转引自丹尼斯·德沃金：《文化马克思主义在战后英国》，李丹凤译，人民出版社，2008，第206页。
② 斯图亚特·霍尔：《种族、文化和传播：文化研究的回顾和展望》，张淳译，陶东风主编《文化研究精粹读本》，中国人民大学出版社，2005，第310页。

所用的黏土。"① 霍尔关注文本研究，但同时也指出："文本是由其制度性语境、历史语境中抽取出来的，这种我称之为'识字的文化研究'的语境相当令人困扰。你不得不研究文本，也不得不了解受某种制度规制的社会的历史，以及传媒技术和它的资金来源。"② 换言之，文化研究的主题不局限于文本，更为广阔的社会领域才是其真正的领地。

霍尔对历史唯物主义的创造性理解表现在将文化置于社会结构以及社会变革的显要位置，认为"只有在文化和意识形态领域社会变迁才能变得更加引人注目……文化问题绝不是一种次要维度，而是一种本质维度"。马克思主义认为资本主义生产关系是社会自身有机演化的结果，在这个问题上霍尔认为马克思主义存在欧洲中心主义的倾向，因此在来自殖民国家的霍尔看来，牙买加的资本主义生产关系绝不是自身内部演化的结果，而是外在力量强加的结果，而且霍尔认为在这一过程中文化和意识形态起到重要的作用。在这一理论倾向的基础之上霍尔进一步借用马克思主义生产的概念，认为文化是意义的生产，包含生产、认同、表征、规则和消费五个内在相关又彼此独立的环节，强调文化的实践性。

（三）阶级分析方法是核心的方法论支持

在《共产党宣言》中，就有至今一切社会的历史都是阶级斗争的历史的命题，正如马克思所说："新思潮的优点就恰恰在于我们不想教条式地预料未来，而只是希望在批判旧世界中发现新世界。"③ 阶级分析方法被认为是马克思主义最为重要的方法论之一。

阶级分析方法为霍尔文化政治批判提供了至关重要的方法论支

---

① 特里·伊格尔顿：《文化的观念》，南京大学出版社，2006，第4页。
② 转引自张亮、李媛媛编《理解斯图亚特·霍尔》，北京师范大学出版社，2015，第179页。
③ 《马克思恩格斯全集》第1卷，人民出版社，1995，第416页。

持，对阶级与文化的关系的强调是霍尔文化理论对马克思主义的阶级分析方法的有效使用。国外的霍尔研究者认为在霍尔的理论中阶级分析始终占据重要地位。① 霍尔也认为阶级是他一直沿用的分析范式，但在他看来"问题在于阶级这一概念实际上意味着什么，它可以或不可以传递什么，而不是是否使用它"②。1976年伯明翰文化研究中心的《通过仪式的抵抗》就是以阶级为主要的分析范式。后期随着对葛兰西的霸权理论的接受和援引，霍尔的阶级分析方法发生了一些变化，但是他仍然从统治阶级和被统治阶级的基本区分出发，保有马克思主义传统阶级斗争的基本架构，也存在一定程度的阶级化约的倾向。这也是霍尔文化理论招致批评的原因之一。

但霍尔坚信作为讨论社会秩序的意义范畴，阶级分化不仅在当下仍然存在，而且对"所有生活领域的生活际遇和机会继续施加着巨大的影响，这种影响穿越了几代人，并且已经深嵌在社会秩序内部"③，麦克罗比也认为"尽管阶级到20世纪90年代成了一个事关人生机会的流动性宏观结构，但它依然提供了一幅关于机遇、期待和结局的整体结构图"④，社会的阶级关系和阶级构成仍然是文化研究的重要内容，包括性别差异、种族差异以及从属的年龄差异所带来的歧视和压迫，文化因此关涉权力问题。霍尔的阶级文化分析总是包含两个相互关联又彼此独立的向度，其一是对某一具体的文化领域做深

---

① Chris Rojek. Stuart Hall. Cambridge：Polity in association with Blackwell，2003：131.

② Stuart Hall . The Toad in the Garden：Thatcherism among the Theorists. Cary Nelson and Lawrence Grossberg eds. Marxism and the Interpretation of Culture. Urbana：University of Illinois Press，1988：69.

③ 斯图亚特·霍尔：《通过仪式抵抗——战后英国的青年亚文化》，孟登迎、胡疆峰、王蕙译，中国青年出版社，2015，第43页。

④ 同上，第44页。

入细致的考察,以把握这一领域的文化实践的特色,其二则是将其放置于总体的社会结构中考察其功能、地位和构成等。在霍尔的文化分析中文化既不是一个独立自足的场所,也不是被外在决定的领域,而是社会差异表现的舞台,是阶级斗争展开的阵地,是社会主义得以确立的场所。他的每一个观点都充满、活跃着马克思主义的唯物辩证的内在要素。

第二节 辩证的分析方法

兴起于20世纪50年代后期的英国文化研究正是由于和马克思主义有深厚的方法论渊源以及强调文化问题,被学者称为"文化马克思主义",马克思主义哲学的根本的理论特征就是辩证的唯物主义和历史的唯物主义,辩证地理解世界的存在状态是其基本的规定性。辩证的分析方法也是霍尔最具标识性的特征,霍尔理论的辩证性质体现在他的学术领域的每一个角落。

(一)对二元对立逻辑的摒弃

在社会主义道路选择上,霍尔既反对斯大林主义模式的社会主义,也不赞成英国的社会民主主义,而致力于开辟"第三条道路",寻找一种新的社会主义政权形式。霍尔早期最有影响力和原创性的文章《无阶级的观念》的写作背景是当时工党内部兴起关于当代工人阶级的争论。其中工党成员安东尼·克罗斯兰认为伴随工人阶级的物质生活水平的提高,一切都将发生改变,阶级将不复存在,与此同时马克思主义所追求的理想社会形式——社会主义也将失去意义。而汤普森则对这种观点提出严厉批评,认为物质生活的改善完全不会改变无产阶级的总体生活方式和社会地位。面对论争霍尔则认为需要采取辩证理性的态度,在《无阶级的观念》一文中指出,一方面是一个全新的物质环境和新的消费习惯,一方面是工人阶级的主体文化和生活方式,其实质就是物质环境和主体意识。他认为"我们需要将'经济基础'解析成构成性要素,以保证我们态度客观地分析当时工人阶级的物质环境变化与文化传统之间的关系,从而在解释'基础'与'上层建筑'之间的关系时能够有更加自由地发挥"[1]。他指出当下的工人阶级文化已经发生变化,但并没有彻底颠覆原有的生活模式。美国学者丹尼斯·德沃金认为这篇文章已经体现出霍尔日后思想中的标志性特征,即公正客观与辩证,"霍尔选择'第三条道路'——不是'非此即彼'而是'两者皆是'。在一定意义上这与新左派本身的精神相一致"[2]。

(二) 强调差异性,突出个体性

从人类文化和精神的演进机制来看,多样性和差异体现人类思维的创造性。从历史集团到个体生活,霍尔的文化政治批判理论对差异和主体性的关注为单纯追逐普遍性的社会科学研究范式开启了新的研究路径。在社会科学研究中,对普遍性的强调一直以来都是传统和主流,黑格尔甚至认为绝对理念的普遍性要统治一切,这种对精神的普遍性的极度关注导致人们对个体性和差异的忽视。霍尔通过对差异与断裂的强调使其理论显示出辩证开放性,在整体性维度的基础上对差异和断裂的敏感使得霍尔可以随时捕捉其中涌现的反抗潜能。这一理论特征也使得霍尔的理论空间变得无限宽广,为他自己也为后来的研究者提供了巨大的理论场域。

---

[1] 斯图亚特·霍尔:《无阶级的观念》,张亮、熊婴编译,《伦理、文化和社会主义》,江苏人民出版社,2013,第156页。
[2] 丹尼斯·德沃金:《斯图亚特·霍尔与英国马克思主义》,杨兴林译,《学海》2011年第1期。

第六章 霍尔文化政治批判对马克思主义的继承与发展

在霍尔的著作中始终有一个"复杂统一体",他始终把异质的复杂的社会生活看作一个内在相关的整体。早期他把新闻媒体、电视等意识形态机器看作"复杂统一体",认为一个媒体文本不应只传递单一意义,而应当关注文本可能产生的意义范围。他强调没有人能保证传递意义不会出现偏差,因为总是存在意义被遗漏、被中断的可能。《编码解码》一文更是成为马克思主义媒体理论的一个里程碑,在这篇文章中霍尔提出意义传递的过程不仅是意识形态的输送过程,也是社会谈判的过程,是大众积极抵抗的过程。编码过程与解码没有必然的一致性。他的"复杂统一体"还存在于对撒切尔主义的分析中,撒切尔主义是霍尔最早使用的。尽管这一概念应当包括经济、政治、文化、社会等多方面的内容,但霍尔更关注的是文化领导权的问题。在霍尔看来,文化领导权的获得不是决定了的,也不是持续不变的,是一种动态的斗争过程,是一种运动中的平衡。同样统治阶级也不是单一的阶级,而是阶级的联盟。他强调斗争主体的多样化与异质性。他的"复杂统一体"也存在于他对文化身份的构建过程中,因为身份不是凝固不变的,而是变动不居、多元决定的,是在历史、文化与社会整体中得以构建的。"历史发展造就了我们'变成'什么,而不仅仅'是'什么"[1]。可以看出"复杂统一体"存在于霍尔关注的一切问题中。

霍尔不断强调"复杂统一体"中的差异与断裂——"在认真的、批判的学术工作中,既没有'绝对的开端',也很少有不间断的连续性……相反,我们发现的只是一种具有不均衡发展特性的无序性。有重大意义的断裂是重要的——陈旧的思路在此处被打断,陈旧的思想

---

[1] Stuart Hall. Cultural Identity and Diaspora. Identity: Community, Culture, Difference, Lawrence and Wishart, eds. Jonathon Rutherford, 1990: 225.

格局被替代，围绕一套不同的前提和主题新旧两方面的因素被重组。"① 霍尔在《"他者"的景观》一文中对四种不同学科对"差异"的理解做了详尽的分析。首先是在索绪尔的语言学分析中，差异被理解为意义的根本，差异之所以重要，是因为没有差异就没有意义。意义是差异的产物，这里的差异可以被理解为对立面、矛盾。第二类是米哈伊尔·巴赫金的语言理论，认为意义是通过对话建立的，差异之所以重要是因为意义不属于任何单个的说话者，我们只能通过同"他者"的对话才能建立意义。第三类是人类学的解释，霍尔在《做文化研究——索尼随身听的故事》中同样阐释过这种解释，即文化给予事物意义，而事物本身既不能获得也不能表达自身的意义，因而应当从各类文化实践中寻找意义，通过把事物安排和组织到各种分类系统的方法把意义强加给事物，而被称为文化的符号秩序的根据就是"差异"。第四类是精神分析学的解释，认为人的主体性依赖其与他者的各种无意识关系，即他者对于作为主体的我们而言是根本性的。② 霍尔对这些解释的态度是选择性利用它们，因为它们并不互相排斥，而且分属不同层次。

正是这种态度使得霍尔能够通过"复杂统一体"敏锐地觉察到其中的差异与断裂，并且观察到其间涌现的反抗和抵制力量。霍尔特殊的出身使得他对文化身份问题极度敏感，他认为文化身份是在历史与文化的语境中产生的，是由同时发生作用的两个维度来建构的，其一是其中的相似性和连续性，而更为重要的则是其中的差异和断裂。他指出身份是永不完结的，是连续不断的包容和补充。事实上"复

---

① 斯图亚特·霍尔:《文化研究：两种范式》，孟登迎译，罗钢、刘象愚主编，《文化研究读本》，中国社会科学出版社，2000，第51页。

② 斯图亚特·霍尔:《表征》，徐亮、陆兴华译，商务印书馆，2013，第348-351页。

杂统一体"中隐含着一种开放意识,而这种开放性恰恰为霍尔的研究以及后来的研究者提供了巨大的理论空间与实践领域。开放性与混杂型并存,混杂性被看作所有文化的条件。因而,文化不是一个抽象的概念,而是具体的、复杂的、充满矛盾的各种特定的文化实践和生活方式的相互塑造、相互协调、相互斗争。

(三)理论使用的开放性与策略性

文化研究是一个主题广泛且有跳跃性的研究领域,也是一个开放的跨学科的研究领域,一开始就显示出浓重的理论色彩,马克思主义、结构主义、符号学、分析主义等理论形式都交融在其中。霍尔的文化理论,总能够通过各个领域或不同学科的相互作用和合作而生成新的和极富挑战性的观点和主题,"像一股水流,冲刷着其他学科的海岸,以产生新的变化着的形构"①,不同学科的理论和研究方法都可以被有选择地运用于考察文化与权力的关系。因为这一特点,虽然在伯明翰文化研究中心这一制度性机构成立之后,霍尔获得了规定性课程、教材、学生等大量的程式化的内容,但他仍然拒斥这种合法化和制度化,逃避和拒绝学科规范,他害怕专业化、体系化的研究会使得文化研究丧失政治批判这一本质属性。与现代社会学研究的严谨大相径庭,霍尔一再强调他的研究没有统一固定的范式、方法,这一点与后现代主义的多元、分散、流动有更多的相似性。"没有稳定的方法论"已经成为霍尔文化政治批判的独特标志,文化政治批判不专属于任何独立的理论领域。如果说葛兰西的理论功绩在于不断地破坏与重建,那么霍尔的魅力在于不断地接合与再接合,不断地实现理论化与具体化的统一。在霍尔的理论中没有明确具体的答案,他只负责

---

① 阿雷恩·鲍尔德温等:《文化研究导论》,陶东风等译,高等教育出版社,2014,第43页。

生产问题、生产可供批判和反思的新领域，将那些为人们所忽视的或想当然的问题作为批判对象，为"理解人类具体生活中的复杂性、矛盾性和斗争性而不懈尝试"①。

离开理论，我们无法深入触摸对象的本质，但仅仅依靠理论，我们将最终远离对象。因此，霍尔使用理论时始终保持策略性和灵活性。霍尔从不迷信也不完全拒斥任何一种单一的理论，相反总是对理论的吸收与应用保持高度的策略性。众所周知，符号学是霍尔理论的一个重要渊源，符号学的精髓是以文本为中心，充斥着浓郁的精英主义的味道，德里达宣称的"文本之外，别无他物"将这种观点推向顶峰。这种观点显然与文化研究和霍尔的大众传统是相悖的。但是霍尔对符号学理论的应用是面向大众的，霍尔的经典作品《编码解码》中的符号学的分析恰恰呈现了受众对主导意义的积极抵抗，这种理论的策略性应用成功将符号学理论对文化研究传统的销蚀转化为支持。霍尔认为，理论不是以线性的方式发展的，我们经常会发现，在理论的整体通道中，很多理论前辈的思想尽管已经被改造、被发展，但依然被我们卓有成效地使用着。霍尔认为话语的方法并没有推翻符号学的所有内容，相反索绪尔和巴特的理论中依然有丰富的精致内容可被借鉴和利用。

第三节　文化批判的实践指向

理论的实践指向是霍尔文化政治批判的基本特征，霍尔从1951

---

① 劳伦斯·格罗斯伯格：《历史、政治和后现代主义：斯图亚特·霍尔与文化研究》，张文瑜译，陶东风主编《文化研究》，第161页。

第六章 霍尔文化政治批判对马克思主义的继承与发展

年离开牙买加到牛津读书时就持有反帝国主义的政治观,读过马克思的著作并深受其影响,开始对英国政治产生兴趣。霍尔在《大学与左派评论》做编辑时期,已经事实上进入了当时的英国左派,区别于《新理性者》所代表的英国共产党历史主义小组,霍尔所在的群体主要是学生,代表一种与英国共产党保持距离的新的独立的社会主义传统,以《大学与左派评论》为阵地,展开不同于政党运动的新型的思想运动。霍尔把这种运动定义为思想运动,即试图在斯大林式的社会主义和英美的帝国主义之外寻找第三种政治空间,复兴社会主义事业。文化分析与文化政治是他关注的核心问题。

早期的《无阶级感》以及与华奈尔合著的《通俗艺术》都确切地展示出他对阶级与政治问题的关注。在《大众文化与国家》一文中,霍尔指出大众文化是意识形态领导权生产与再生产的主要场所,是统治集团利益与从属集团利益斗争与谈判的场所。通过对社会的文化现象进行分析,霍尔指出"一种不同的文化权力模式是如何形成的,以及这一模式如何获得一段时期的某种主导,并由此确保一个特定社会力量或社会力量联盟的文化领导地位"[1]。霍尔对边缘和弱势群体如何在统治集团的意识形态中获得生存与抵制资源给予了特别的关注。注重理论研究的日常生活切入,从革命到日常生活,积极地介入现实生活,关注社会变化,揭示社会霸权的真相,批判并抵制各种文化霸权的压制,进而引导大众的文化政治与实践是霍尔文化批判理论的终极目的。"英国新马克思主义始终不以批判作为目的,对于他们来说,批判仅仅是手段。"而"试图通过各种可能的社会实践和社会活动,为理想社会的实现而努力"[2]才是其最终的目标。

---

[1] 斯图亚特·霍尔:《大众文化与国家》,张晓玉译,陶东风主编《文化研究精粹读本》,中国人民大学出版社,2006,第285页。
[2] 乔瑞金:《英国的新马克思主义》,人民出版社,2012,第33页。

霍尔对社会介入的强调使得文化研究不单是一种学院理论，更是一种政治参与模式。正如雷纳·温特在给金慧敏教授的《积极受众论》一书所作的序中所说："文化研究的目标，不是去发展一种独特的文化或社会的理论，而是在理论与经验研究的支持下进行政治干预，从而在更大程度上实现民主和社会正义。"这也正是霍尔文化研究的一个基本理念——社会介入。霍尔认为："文化从来都不是一套实践、技术或一组信息及物品，其意义和特性也无法由其本源或内在的本质担保。"文化实践一定意指实践。他拿"摄影"作为例子来说明，指出如果不是在各种具体的事件和真实情景中，摄影作品就无法被创作、传播以及有效利用，更无法获得所谓的真正的意义，在他看来和社会关系相脱离的纯粹意义是不存在的。

对于撒切尔时代的分析使得霍尔获得了巨大的社会声誉，也是霍尔社会介入最为深入、影响力最大的理论之一，霍尔敏锐地看到在撒切尔的执政理念中对合法性与民众同意的争取是关键，认为霸权不能单纯建立在压制的基础之上，而是"建立在一种力量和同意的合并基础之上的"[1]。霍尔提出了一种关于文化领导权的"权威民粹主义"，这种理论要揭示的是国家控制力的加强与民众认可之间的关系。无论伯明翰时期集体完成的《监控危机》中所呈现的观点还是"权威民粹主义"都指向同一种选择，即通过改变民众的常识，深入普通民众的实际生活，使国家意志体现民众利益，进而成功实现在民众认可基础之上的国家对社会的控制。撒切尔政府所发起的使英国再一次辉煌起来的民族主义的号召把所有的人都集中在民族复兴的目标之下，达到稀释人民大众的抵抗意识的效果。英国大众正是在对撒切

---

[1] Stuart Hall. Culture, the Media and the "Ideological Effect". James Curran et al. eds. Mass Communication and Society. London: Edward Arnold in association with the Open University Press, 1977: 332.

第六章 霍尔文化政治批判对马克思主义的继承与发展

尔所宣扬的英国伟大复兴的想象中认同了撒切尔主义。

20世纪90年代末,霍尔对于文化问题的关注点有所转移,但是没有改变的是对政治与社会的关切。在他看来,文化不能免于政治的内容,而应是政治的表达。他的研究焦点集中于全球化时代背景下的多元文化问题。霍尔关注的是如何应对文化差异和现代社会异质性,是如何在由"具有不同历史、背景、文化、语境、经验和地位的人们所构成的"社会中"一起建立一种共同的正义生活"。① 在这里霍尔强调"文化隶属是每个人都享有的事情,但每个人的享有方式却又是不同的,这就是马克思曾经所说的具体的普遍性"②。因此霍尔不仅致力于强调公民在新的民族和民主框架下生活要认识彼此文化身份与文化传统的差异,更致力于解决差异所带来的对抗和冲突,寻求构建一个"具有差异性的自由和平等、善和权利"③ 可以共存的理想社会。我们有理由认为霍尔文化理论的使命正在于为人们理解当前社会所发生的一切提供思维方法与反抗策略。

霍尔与其他许多新左派和文化研究学者一样希望自己像葛兰西意义上的有机知识分子一样,与一定的实际的革命运动相联系,但是在当代发达资本主义社会中阶级逐渐下降为政治工具时,社会主义不再是近期目标,事实上霍尔很难也没有使自己与这些运动建立联系,在西方的自由民主制度框架下,霍尔的努力并没有引发一种普遍的政治策略,而只是在某些微观的具体的条件下起作用。霍尔将宏观建构和微观介入相结合,用马克思主义的宏大叙事来解释社会总体的结构机制,用结构主义符号学解构微观现象,有着浓厚的现实主义情怀。他

---

① 斯图亚特·霍尔:《多元文化问题的三个层面与内在张力》,《江西社会科学》2007年第3期。
② 同上。
③ 同上。

在《回首昨日，看当下：重估左派》中指出："左派深深根植于现实中，葛兰西曾说'关注当下存在的一切'，这一切不是你想象中的事情，不是你头脑中十年前的样子，也不是在文本中所表现的样子，而是现实中本来的事实：充满矛盾的、无情的事态。"①

文化研究理论方法和研究对象选择的灵活性也是基于其服务现实的主旨。霍尔不仅把实践应用当作文化批判的战斗力的源泉，也强调对理论的建构，他声称自己并不热衷于理论本身，但对理论化保持极大的兴趣。霍尔通过极为复杂的方式，将文化理论和现实的社会实践和斗争联系起来，在他看来，所有的人类文化实践都表现为斗争，文化意识形态理论可以为实践提供引领。霍尔的策略是既有理论上的阐释，又有实践研究。理论模型的确立有助于阐明正在开展的研究是合理且有价值的，同时也可以回敬来自其他学科的打击和非难。实践应用则有助于我们掌握社会真实的文化结构形态及其实质，把握文化现象和各种文化形式背后的意识形态的内容是文化研究的基础特征，也是将文化研究与其他学科或学术研究范式区分开来的本质属性。

第四节 抵制与批判的革命立场和社会主义的价值追求

马克思主义是最具革命性和批判性的理论，这也是霍尔文化政治批判理论的基本准则。文化研究领域是霍尔文化政治批判的主战场，新左派则是战场的入口，这都决定了文化研究必然是有明确的政治诉

---

① Stuart Hall. Then and now: a re-evaluation of the New Left. Out of Apathy: Voice of the New Left Thirty Years On. eds. R. Archer, London: Verso, 1989: 143-170.

第六章 霍尔文化政治批判对马克思主义的继承与发展

求和鲜明的政治立场的、实践性与参与性极强的知识活动,它的研究对象和主旨一定扎根于英国社会现实,为急剧变化的英国社会现实所提出的种种问题给出回应。霍尔不仅延续新左派的政治诉求和立场,并使其在文化研究领域以新的形式展现。文化研究一开始所坚持的使命就是"对一个人可以掌握的所有的知识、思想、批判的严谨性以及概念的理论化加以最大限度的动员,并转入批判的反思行为,这种反思行为不惧怕向传统知识说真话:转入最重要、最精致的无形的对象;一个社会的文化形式和文化实践,也是它的文化生活"[①]。这种理论解释和实践介入的双重性说明,霍尔的文化批判理论所阐释的社会现象和领域也一定是需要干预或抵抗的场所。在文化研究初期,这种立场表现为对于现代大众媒体与大众文化冲击下的工人阶级文化的历史与形式的研究,以及后续的对性别、种族以及殖民的研究,虽然摆脱和超越了机械的阶级分析,但其从边缘挑战与颠覆中心的立场和策略则没有变化。正如有学者认为文化研究的起点是最初的成人教育,文化研究是独立的工人教育运动孕育的金凤凰,认为文化研究学者推动成人教育是怀有非常明确的政治期待的,把工人教育和对日常生活的分析当作政治斗争,因而文化研究是为了工人阶级的大众教育而进行的政治事业,是为了创造一个真正的社会主义的民主社会。[②]

霍尔强调他是从新左派进入文化研究的,这一论述体现出新左派与文化研究的理论传承关系。客观地说,尽管新左派以及文化研究学者的政治目标是明确的,但其思想却是十分庞杂和混乱的。对资本主义现实的批判和社会主义理想的建构是英国新左派思想传统的两个基

[①] 斯图亚特·霍尔:《种族文化和传播》,陶东风主编《文化研究精粹读本》,中国人民大学出版社,2006,第310页。

[②] 本·卡林顿:《解构中心:英国文化研究及其遗产》,孟登迎译,陶东风主编《文化研究精粹读本》,中国人民大学出版社,2005,第14页。

本向度。霍尔作为19世纪50年代在英国成长起来的少数族裔的知识分子，与众多新左派学者一起致力于对战后英国社会政治、经济、文化领域所发生的深刻变化以及传统社会主义的阶级动力做持续思考和深度论争，他对战后英国社会主义前途的思考和社会主义事业复兴的理解有独特的时代特征和个人特色。

关于社会主义，霍尔愿意用"不做保证"来表达他的基本立场。他认为在发达资本主义世界中我们面对的社会主义是"不做保证"的，即"这样一种社会主义并不相信历史的推动力量必将站在它的一边"。① 他认为社会主义绝不是已经完成了的"只待上演的剧本"，而那些一味依赖社会主义的历史传统和经验的观点却认为社会主义的内容和未来是确定无疑的。在霍尔看来，这样的思维习惯是不客观的，因为"复杂的社会主义的传统对于左派而言是双刃剑"，仅仅通过对社会主义历史变迁和传统经验的考量无法应对现实社会生活中的反转与变数。因此对于社会主义的建构既要立足于社会主义发展的历史与传统，更要立足于当前的社会现实，即"社会主义事业必须根植于此时此地，必须和活生生的经验联系起来"②。

霍尔是在1956年的两大国际政治危机中成长起来的文化理论家，对帝国主义和斯大林主义所带来的对社会主义和马克思主义理论的冲击有深切感受，从思想上也深深感受到马克思主义失败所带来的困扰。霍尔强烈批判斯大林主义，对一些人不愿意直面斯大林主义带来的灾难性后果感到不可思议。他也深信"与斯大林主义、托洛茨基主义和工党主义左翼的经济主义相反，社会主义是一种有意识的民主

---

① Stuart Hall. The Hard Road to Renewal: Thatcherism and Crisis of the Left. London: Verso, 1988: 195.

② Stuart Hall. Life and Times of The First New Left. New Left Review, 61: 194.

第六章　霍尔文化政治批判对马克思主义的继承与发展

运动"①，社会主义一定深深扎根于人民群众并与他们的真实的生活相联系。汤普森也持这样的观点："我并没有简单地在斯大林主义和一切共产主义机构和组织之间画等号，没有宣布一切共产主义运动都受到这种致命的影响和伤害。"②他在1956年的危机之后也看到了斯大林主义和真正的共产主义运动之间的严格界限，在政治上和那些清醒的共产主义运动仍然保持一致。

"实际存在的社会主义"不仅是新左派形成的推手之一，对新左派社会主义观念的影响无疑也是巨大而深刻的。在霍尔看来，"实际存在的社会主义的遗产"即斯大林主义带来的灾难性的后果是20世纪80年代社会主义思想出现危机的主要原因之一。但霍尔依然相信："我们不应该因为'实际存在的社会主义'的崩溃而惊慌，因为，作为社会主义者，我们已经等待它发生等了30年了。"③可见对于新左派而言斯大林主义绝不是社会主义的理想形式，斯大林主义的覆灭在更大程度上是走出传统社会主义观念的绝好机会。在"实际存在的社会主义"社会中关于社会主义观念的斗争一定是持续的，同时社会主义建设时期可能是社会主义观念斗争最为激烈的时期。

霍尔对社会主义的思考开始于战后对英国社会历史与社会变革的分析，并在其中获得发展，即对社会主义的考察和认识不能停留于理论论争，社会主义必须建立在对我们生活的时代与社会实践的分析之上。霍尔认为战后的英国社会主义总体上还处在"传教阶段"，面临诸多需要批判的观念，尤其是"英国传统劳工运动的反智主义"以

---

① Stuart Hall. Life and Times of The First New Left. New Left Review, 61: 194.
② E. P. Thompson. The Poverty of Theory and Other Essays. London, Merlin Press, 1978: 190.
③ 丹尼斯·德沃金：《文化马克思主义在战后英国——历史学、新左派和文化研究的起源》，李丹凤译，人民出版社，2008，第343页。

及由此带来的知识分子和工人阶级传统的分裂。在霍尔看来新左派所期待的社会主义既不同于斯大林模式、托洛茨基主义,也区别于左翼工党主义对经济的强调,而是"一种有意识的民主运动,社会主义者是被创造出来的"①。尽管新左派对工党政府不乏严厉批判,但霍尔承认英国社会主义的命运不可避免地与工党政府联系在一起。正是对20世纪70年代末和整个80年代的英国政治所做的批判分析帮霍尔赢得了巨大的学术和政治声誉。

早在1979年保守党选举胜利之前,霍尔就预言了左派的衰落,认为左派对政治策略的轻视是导致社会中右派倾向泛滥的直接原因,右派的进步与左派的危机是同时出现的。人们普遍认为撒切尔主义是霍尔首先提出的,但在霍尔看来这其实不重要,重要的是如何再思考这一执政理念对英国社会政治和人民主权的意义。霍尔认为在撒切尔夫人的领导下保守党的权力基础发生了巨大变化,在文化意识形态领域做了诸多卓有成效的努力,不仅成功地瓦解了"二战"后英国社会的民主共识,而且以民族、国家、责任以及新自由主义的竞争、个人主义和反国家等主题的组合重构共识。霍尔用"专制的民粹主义"来描述撒切尔政府的执政理念,认为这是"一种区别于法西斯主义的资本主义国家的特殊形式,它适当地保留了大多数(即使不是全部)形式上的代议制机构,并且同时能够围绕它自己构建一种积极的广泛的共识"②。

霍尔坦言,对于工党来讲,向撒切尔的政治主张学习不失为明智的选择,左派应当从撒切尔主义的胜利中总结经验教训。和霍布斯鲍姆对左派衰落的经济因素的强调不同,霍尔主要着眼于文化和意识形

---

① Stuart Hall. Life and Times of The First New Left. New Left Review, 61: 194.

② Stuart Hall. The Hard Road to Renewal: Thatcherism and Crisis of the Left. London: Verso, 1988: 48.

第六章 霍尔文化政治批判对马克思主义的继承与发展

态领域的变化。他认为1979年工党政府的失利绝不仅仅是政党间的竞争与转换，也标志着一个政治时代的结束，包括福利社会、混合经济、收入政策等已经达成的共识已然被瓦解。工党及其施政方针的失败使得新左派着力于对世界上最古老的资本主义制度进行批判和对社会主义的未来进行重新建构，这无疑是"严肃的、危险的和极为困难的任务"。这时，霍尔所关心的不是下一届政府的政治色彩，而是真正走向社会主义的先决条件，即"大众意识的社会主义方向的转变"①。20世纪80年代末开启的关于"新时代"的讨论无疑是以霍尔为主要代表的新左派致力于实现左派与新世界再联合的巨大工程，其目标在于"解释新兴的后现代文化，理解社会中出现的新的身份和新的主体"，在于激发左派展开关于社会变革的大讨论，"为他们所试图超越和变革的社会状况提供新的描述和分析"。②

关于社会主义的阶级基础和动力，霍尔认为，"英国社会已经产生一大批能够接触到社会主义教育和宣传的战后社会新阶层"。③ 霍尔从英国的社会实际条件出发认为20世纪70年代以后社会主义政治的阶级基础已经发生转变，随着女权主义、种族政治的出现，基于资本的工人阶级的原有联合版图已经破碎，阶级重建不可避免。霍尔关注的身份问题既是阶级问题的延续，也体现了断裂与变化的趋势。女权主义、种族政治的发展影响到霍尔对总体社会主义策略的理解，他试图分析论证当前社会中日益发展的社会身份的多元化现象并从中获取潜在的社会主义价值，将人类解放的总体目标细化为种族、性别、

---

① Stuart Hall. The Hard Road to Renewal: Thatcherism and Crisis of the Left. London: Verso, 1988: 187.

② David Morley, Kuan-Hsing Chen, eds. Stuart Hall: Critical Dialogues in Cultural Studies. London: Routledge, 1996: 222.

③ Stuart Hall. Life and Times of The First New Left. New Left Review, 61: 194.

青年亚文化等具体的文化身份公正享有权利等微观政治学的内容。他认为社会主义者必须承认种族政治、阶级分化和性别差异所产生的相互联合且不平衡的影响,要理解社会中出现的具有不同身份的新的社会主体。他不相信那种认为人民可以被轻易地召集起来的民粹主义政治学,并对其加以批判。受益于阿尔都塞的人民力量可以由于差异的统一而被建构的观点,霍尔指出社会主义将会从差异开始,但是这种差异在产生对抗的同时,也会产生与对抗一样多的联合,不同的社会阶层基于各自的身份和利益诉求而形成一个多元的流动的联合体。

霍尔将文化看作实现人的解放的根本力量,认为"推进大众文化发展,唤醒大众文化意识,对于凝聚工人阶级的社会力量,实现社会主义,是一种根本性的举措"。① 霍尔指出,社会主义者只有真正理解了大众文化领域斗争的战略作用,基于社会主义的根本价值观念,以教育和改造大众为目标来构建时代共识,让社会主义观念成为大多数人的日常生活意识,才能真正将社会主义事业再次提上历史议程。换言之,社会主义观念可以再次生长的地方正是大众文化领域,大众文化被认为是思考和解决这些问题的核心和关键领域。尤其在大众消费社会来临之后,新的抵抗形式也产生并成长于这一领域,文化领域被看作新时期社会主义斗争的重要场所,"只要去重新描述社会主义,就必须借助文化话语"②。霍尔深信社会主义事业正是通过他们不断提出问题、表达质疑和分析批判得以发展和进步。在威廉斯的文化共同体的预设基础之上,霍尔认为在未来社会应当建立一个可以协调不同观念、信仰和利益的统一框架,将"具有差异性的自由和

---

① 乔瑞金等:《英国的新马克思主义》,人民出版社,2013,第25页。
② Stuart Hall. Life and Times of The First New Left. New Left Review, 61: 187.

第六章 霍尔文化政治批判对马克思主义的继承与发展

平等、善和权利,放在同一个平台"①。

小 结

如果我们用一个词来形容霍尔与马克思主义的关系,那么应当是对话。这种对话首先表现在霍尔始终能够策略性地利用马克思主义、非马克思主义以及反马克思主义等诸多的话语体系的不同理论资源。因为他懂得对话的目的不仅仅在于打击和批判,更在于有效利用和整合这些理论体系中有用的和富有洞察力的部分。对话也表现在对看似不相容的、截然对立的理论加以折中利用,明确它们的历史局限性和部分合理性,达到辩证的否定与合理的扬弃,在消解的同时又批判地保留。霍尔喜欢用"不做保证"来表述他与马克思主义之间的关系。我们可以从两个角度来理解这一表达,一方面"不做保证"指出马克思主义理论本身的开放性和在新的时代条件下的无限可能性,正如理查德·约翰生在谈到马克思主义和文化研究的关系时提出的当代学术研究的各个领域都最终指向马克思,只是因为对马克思的种种占有需要更为宽广的场域。另一方面"不做保证"内含霍尔对马克思主义的态度是合理的扬弃、辩证的否定。霍尔尽管突出文化的意义、反对马克思主义的经济决定论,但绝不是要过度夸大文化的作用,而是要强调文化是社会构成中和经济、政治同等重要的方面。

---

① 斯图亚特·霍尔:《多元文化问题的三个层面与内在张力》,《江西社会科学》,2007年第3期。

结　语

正如前文所述，霍尔的研究领域众多，关注点不断变化，著述又散布于众多的合著以及期刊报纸甚至大量的访谈之中，整理研究他的思想一定是费时费力且难得周全的工作。虽然无法对其理论做一个系统完美的总结，但无论以怎样片面的方式，对霍尔思想的整个历程中能够体现其学术成就的精髓进行凝练不仅是必要的，也是可能的。为了更加充分地理解和评价霍尔的文化政治批判思想，很多研究者更愿意对霍尔思想进行分期研究，通过对霍尔学术历程与知识传承的几个关键时间段及其理论特征的综合概括来更为准确地把握其理论的脉络，以期把握其理论的全貌和关注点的转变轨迹。承接其他研究者的理解，我更愿意为霍尔的理论构建一个整体的理论框架，在其中安置他研究的所有主题和关注点，但事实上无论从时间上还是主题上我们都根本无法对其做精确切割，因为它们总是相互交织渗透，无论在研究场域还是主题上都存在交叉，但正像我们相信坚持运动的绝对性的同时还是可以获得相对静止的瞬间，本书也期望对其不同的研究场域和研究主题加以整理归纳,进而获得对其思想全貌更为总体性的认知和对其理论特征更为深刻的把握。

新左派的政治诉求给予霍尔文化政治批判的启蒙并规定了文化的本质维度。霍尔一直声称新左派给予他学术研究的起点和启蒙。英国新左派是特定历史时代的产物,是20世纪资本主义与社会主义对立和斗争的思想总结,是马克思主义在新的社会历史时期解决人类生存与发展困境的一种积极的尝试。因此霍尔的学术研究承接了新左派的政治诉求,试图从根本上探寻马克思所主张的科学社会主义在高度发达的资本主义社会如何从理论走向现实,使人类从帝国主义和苏联式的社会主义的藩篱中解脱出来,建构一个真正属于人民的自由美好的社会。英国新左派的产生是英国以具有马克思主义基本素养的进步知识分子为主导变革资本主义制度的一次努力。正如丹尼斯·德沃金所说:"新左派活动家试图创造一个植根于英国传统,但是不停留于过去的正统的民主社会主义政治,确立承认战后经济和文化变化的政治。"[①] 在这个英国新政治的建立过程中,以霍尔为代表的学者们把文化推到人类思考的中心,把文化看成体现人类本质意义的因素,是社会发展的本质维度。这或许是对文化本质及其价值的拔高,但它对于破除经济中心主义乃至政治中心主义具有重要作用,起到了开放人们思想的作用。人不应该成为经济动物,人也不应该成为政治动物,任何经济的追求和政治的理念与操作,都应该是为了人自身,为了人的存在和发展,就是为了人的解放。所谓文化转向就是转向人的真正的解放,转向善的政治,转向过一种共享的共同体的文化生活。

霍尔的身份影响和制约了他的文化政治批判的着力点。霍尔的文

---

① 丹尼斯·德沃金:《文化马克思主义在战后英国——历史学、新左派和文化研究的起源》,李丹凤译,人民出版社,2008,第64页。

结　语

化政治批判总是以对象的历史发展过程为事实根据来表达，却也明显带有他的特色，这是不可避免的。从某种意义上来说，霍尔不是在描述历史，而是在理解历史，这就要求我们理解霍尔。霍尔能够成长为第一代新左派的代表人物并开创了文化研究这一具有强烈政治使命的学术研究领域，其家庭环境、教育模式以及时代的特征都是重要的影响因素。霍尔出身于牙买加有色中产阶级家庭，既有来自父亲的牙买加非白人的血统，也有来自母亲的英国白人血统。他从小就对被殖民国家存在的殖民与反殖民的矛盾与冲突有深刻体验，对种族问题异常敏感。霍尔是家中年龄最小，但也是肤色最深的一个，出生之初就被姐姐称为"苦力小子"，少年时期的黑人朋友不被父母认可，因此他认为自己和家人在很多方面都难以相容。尤其是他的姐姐由于种族的原因遭遇婚姻挫折后的不幸人生，更加强化了霍尔对身边随处可见的殖民对立关系的认知。在一个无法构建主体空间的家庭文化背景中，强烈的独立意识让霍尔渴望自由的生活。这种认识不仅表现为霍尔对牙买加独立运动的支持，也加剧了霍尔的反帝反殖民的倾向。[①]在《理解斯图亚特·霍尔》一书的序言中有这样的观点——要想理解"不做保证的"霍尔，必须把握三个关键词，即抵抗、开放性和接合。这是很有道理的。细查霍尔文化政治批判的主要场域，处处能够看到这三个词所发挥的作用。霍尔一生都把文化研究置于其思考的中心，但霍尔所理解的文化，更多的是文化政治，具有明显的文化政治学的特征。他逐步介入身份政治学、非政治的社会认同、文化政治学、话语政治学、语言的政治意义等方面，从而使文化研究走向更加浓厚的意识形态的场域。

[①] Kuan-Hsing Chen. The Formation of a Diasporic Intellectual: An Interview with Stuart Hall. David Morley and Kuan-Hsing Chen, eds. Stuart Hall: Critical Dialogues in Cultural Studies, London: Routledge, 1996: 486-487.

霍尔强调知识分子的社会责任的生活化和日常化。英国新左派尝试以独立知识分子的身份来领导社会主义革命,依靠在英国战后出生的具有马克思主义理论素养的年轻一代,动员各种社会力量加入其中,以此实现其政治抱负和社会变革。由于他们排斥政党政治,因此,其思想认识和行为并不受党魁甚至党阀的影响;由于他们厌恶寡头政治,并不想依靠传统的社会力量来实现其政治诉求,因此,他们并不计划为某些财团服务;由于他们反对选举政治,因此,他们不是特殊社会阶层或阶级的代理人。新左派所推崇的是生活政治,把改变人们的生活方式放在首位;他们强调人格政治,把尊重人权,建立公平、自由和公正的社会作为目标;他们骨子里流淌的是理性政治的血液,试图以科学理性为基础,团结一切可团结的力量,与邻为善,用基于理性的社会实践来完成自己的政治使命。知识分子们彼此影响、相互促进,甚至有时激烈冲突,形成霍尔所称的"理论噪音"①,或斯道雷所称的"文化研究不是铁板一块的理论和方法"。②霍尔着力从与人类生活息息相关的文化入手,反思现代性的危机,寻找解决这一危机的关键和现实途径,实现了从对英国本土问题的思考向对全人类共同问题的关注的转变。在我们看来,霍尔所做的工作是开创性的,霍尔以其深厚的理论与学术素养,积极主动介入社会政治和生活领域,关心人类命运并富有批判精神,在当代英国社会中赢得著名公共知识分子的身份和地位。如果我们以霍尔的主体身份理论来分析霍尔的这一身份,那么其中稳定的连续的因素是他作为公共知识分子所承

---

① Stuart Hall. Cultural Studies and Its Theoretical Legacies. David Morley and Kuan-Hsing Chen, eds. Stuart Hall: Critical Dialogues in Cultural Studies, London: Routledge, 1996: 263.

② John Storey. Cultural Studies and the Study of Popular Cultural. Edinburgh: Edinburgh University Press, 2003: 1.

担的社会责任,而流动的变化的因素则是这种社会责任在不同时期针对不同问题和不同主体的呈现。霍尔正是在不断接合社会的过程中成就了他的公共知识分子身份,在对资本主义不断批判的过程中承担起公共知识分子的社会责任。

霍尔批判霸权意识形态。对权力集团的执政理念和施政方略的批判是霍尔文化政治批判的核心内容。早在1967年和威廉斯一起起草的《五一宣言》中霍尔就对威尔逊执政的工党政府展开批判,认为工党政府不仅做不到超越资本主义,而且展现出与以美国为代表的资本主义一致的新的资本主义形式。20世纪70年代末开始的对撒切尔主义的批判更是霍尔最具代表性、影响力最大的理论分析。从撒切尔政府到布莱尔政府,从工党到保守党,霍尔的目光始终聚焦英国政治的最前沿。霍尔将撒切尔主义看作持续的未完成的霸权计划。2007年霍尔在批判布莱尔政府的时候,指出新工党一直以来的使命就是把社会民主主义改造成新自由主义的替代品,布莱尔时代是撒切尔时代的延续,在迈向市场国家的长征中,撒切尔时代是第一阶段,那么布莱尔正是后继者,其在撒切尔所构建的市场化的基础平台之上,进一步将其扩展至包括社会治理在内的更为广泛的领域。霍尔对霸权集团的文化意识形态的批判更是入木三分,霍尔既强调新闻媒体复制并传递国家主导文化的功能,也肯定大众自身的分辨力,深刻地揭示了文化霸权的实现过程和民众共识的达成过程的辩证本质。霍尔的文化政治批判常常从非常具体微观的文化现象分析入手,从索尼随声听到监控危机中的抢劫事件,这种微观的现象分析是一种扩大化了的政治,存在于日常生活中;又将这种分析置于整体的社会结构中思考,"既要具体而深入地考察当代文化的一个'领域',也要搞清楚这一领域如何以解释性的、非还原性的方式与更大范围的文化与社会结构连接起来"①。微观现象分析和宏观结构建构并重的分析模式使得霍尔的批判更加辩证深刻。在霍尔眼中理论生产本身就是一种政治实践,换言之,实践应用是理论建构的契机与出发点,理论建构是实践批判的重要手段。

霍尔努力激发大众抵抗力量。对当代资本主义体制的抵抗是霍尔文化政治批判的"源代码",②是对社会领域主导秩序的挑战与协商。这不仅表现在霍尔对后工业时代资本主义社会所做的文化分析与批判,也表现在他对社会中大众抵抗力量的发掘与对边缘群体利益的关注。霍尔在其学术活动中,确立了知识分子的重要使命在于解释实际的社会生活,为人们更好地理解日常生活提供理论方法,把文化当作武器,为底层大众或边缘人群提供生存策略,并不断激发其内在的反抗潜质。在他看来,文化研究拒绝纯粹理论建构,它的问题总是由理论之外的生活事件和资源来建构,是由正在不断变化的社会生活的关系结构、文化事件以及主体生存状况来构成。霍尔从政治和社会的关联入手,以文化意识形态的批判来呈现日常生活中的各种权力关系、阶级归属,通过大量的微观社会运动来尝试抵抗和改变资本主义经济、政治、文化等诸多不合理的现状。

霍尔倡导多元并存的文化模式。霍尔倡导多元并存的文化模式,批判各种类型的绝对主义、法西斯主义、种族主义和教条主义,以追求美好的社会主义为目标,致力于铲除各种压迫和剥削人的社会制度,在一个更高的层次发展现代主义的思想意识。本·卡林顿在他的文章《结构中心:英国文化研究及其遗产》一文的开篇对霍尔的主

---

① 斯图亚特·霍尔、托尼·杰斐逊:《通过仪式的抵抗:战后英国的青年亚文化》,孟登迎、胡疆锋、王蕙译,中国青年出版社,2015,第31页。
② 张亮:《如何恰当理解斯图亚特·霍尔的身份》,张亮、李媛媛编《理解斯图亚特·霍尔》,北京师范大学出版社,2016,第7页。

结 语

要学术领域——文化研究做过一个评价,认为"文化研究与它的同源同类学科相比,看起来已经取得了一种支配的、我很想称之为霸权的地位。甚至将文化研究自身看作一门有自己的方法论、阐释方式、提问方式、边界和历史的分立的学科,这也常常被视为理所当然……与其说这项事业靠的是那些有限定的、专门化的知识生产所形成的学术观念,不如说它更多依靠从事政治批判的各种形式"①。这个评价是恰当的,它突出了"把现代主义作为一种意识形态来看待是英国新马克思主义的共同特点"②。

霍尔坚守马克思主义哲学的基本立场。英国学者彼得·沃斯莱说过:"马克思作为一个思想家对二十世纪历史进程的影响是无与伦比的。"③ 霍尔也曾经在多个文本中表示他自己深受马克思主义影响并且尤其强调马克思主义的方法论对他的理论研究有重要的意义,和马克思主义之间的理论关系也是霍尔学术生涯中的一个论述重点。在阐释英国文化研究与马克思主义之间的理论关系时,霍尔认为,他是从新左派进入文化研究的,虽然很多时候新左派把马克思主义当作麻烦和危险,但是核心的问题是"人们在马克思主义的范围之内开展研究,以马克思主义为研究对象,做反对马克思主义的研究,使用马克思主义方法论进行研究,试着做发展马克思主义的研究"④。可以断定这一时期马克思主义是英国左派知识分子思考问题和解决问题的主要思想来源,也是文化研究无法回避的理论主场。霍尔认为,马克思

---

① 本·卡林顿:《解构中心:英国文化研究及其遗产》,陶东风编《文化研究精粹读本》,中国人民大学出版社,2006,第 11 页。
② 乔瑞金等:《英国的新马克思主义》,人民出版社,2013,第 18 页。
③ Worsly, P. Marx and Marxism. Tavistock, London, 1982:9.
④ Stuart Hall. Cultural studies and its theoretical legacies. Stuart Hall:Critical Dialogues in Cultural Studies. eds. David Morley, Kuan-Hsing Chen, London:Routledge, 1996:264.

主义是包括后马克思主义在内的现代性理论生发成长的基础，后马克思主义对理论的解构正是立足于马克思主义的基本概念和术语并对其不断批判和加以利用，这使得马克思主义不断在新的时代条件下被重新激活，不断被解构，不断被超越，也不断呈现出新的理论特征，"任何其他的意识形态理论都不会比马克思主义更具有指导性"。[1] 经典马克思主义无论对霍尔的政治立场、价值旨归还是学术研究和方法论范式都起到奠基性的作用。马克思主义对他而言不是解决具体问题的方案，而是一种开放的、辩证的思维范式，霍尔在他的学术和政治实践中也持续贯彻了马克思主义的方法论并在新的历史条件下实现创造性发展。霍尔的文化理论无疑是20世纪英国文化政治批判理论整体图景中浓墨重彩的一笔，他所产生的影响绝不仅限于学术领域，更在政治领域，是马克思主义的思维范式在发达资本主义世界新的历史时期的再一次盛装出场。因此对两者的承接关系的分析探讨不仅有益于我们对霍尔文化理论的核心观点与本质规定有更清晰的理解判断，也有助于我们把握马克思主义的时代意义和推进马克思主义的发展。

对霍尔文化政治批判的批判。霍尔始终认为文化研究是一个开放的学科，因而他的文化政治批判思想也始终处于一个对话和争论的状态，正如文化研究从一开始就遭遇敌视和冷遇一样，对霍尔的文化政治批判思想也存在许多批判的声音。其观点不外乎认为霍尔的哲学理论底蕴不够深厚，对理论的使用混乱且缺乏连续性。对于这一类批评，霍尔曾经不止一次地给过回应，在他看来，理论就要为实践服务。的确，理论的策略性使用提高了霍尔文化政治批判的实效，但与此同时也存在另一个问题，即理论使用的混杂性。在对"接合"理

---

[1] Stuart Hall. The Problem of Ideology: Marxism without guarantees. David Morley and Kuan-Hsing Chen, eds. Stuart Hall: Critical Dialogues in Cultural Studies, London: Routledge, 1996, 44-45.

论的解释中，霍尔曾说过："我不知道，我给予它的意义是否被完全理解了。"布伦南·伍德认为导致不被理解的原因是"他自己的使用本身很混乱"[①]。对理论的策略性使用也影响了霍尔对文化研究的学科定位，霍尔天然地拒斥把自己的理论置于某种学科分类中，这也是伯明翰文化研究中心成立之初就坚守的信条之一。霍尔在开放大学的继任者本内特认为，文化研究致力于克服学科间、学者和接受者之间的障碍。2000年几位在文化研究领域颇有成就的霍尔的学生主编的《不做保证：向霍尔致敬》一书出版，"不做保证"这一评价也成为他的学生对其理论的总结和最高赞誉。在我看来，霍尔文化政治批判思想的不足也正是其理论的特色所在。

---

① 张亮、李媛媛：《理解斯图亚特·霍尔》，北京师范大学出版社，2016，第259页。

附录：霍尔大事年表

1932 年出生

1932 年 2 月 3 日，出生于牙买加首都金斯敦。

1951 年 19 岁

1951 年踏入英国，开启牛津的求学之旅，直到 1957 年获得文学硕士学位。

1956 年 24 岁

1956 年参与创建新左派刊物《大学与左派评论》，是最初的四位编辑之一，并在伦敦布利斯顿做兼职教师。

1960 年 28 岁

1960 年出任《大学与左派评论》和《新理性者》合并后的新刊物《新左派评论》的首任主编，在一年之后辞去主编职务，在伦敦切希尔学院教授电影与媒体研究的相关课程。

1964 年 32 岁

1964 年受霍加特之邀加入筹建伯明翰文化研究中心，同年与凯瑟琳结婚。

1968 年 36 岁

1968 年在霍加特离开后担任中心负责人，1979 年离开中心。

1979 年 47 岁

1979 年加入英国开放大学，被聘为社会学系教授。

1997 年 65 岁

1997 年从开放大学退休，当年被评为全英国百名伟大黑人之一，并受邀担任英国拉尼美德委员会委员。

2014 年 82 岁

2014 年 2 月 10 日，于伦敦病逝。

参考文献

(一) 英文

1. 霍尔主要作品

[1] Stuart Hall, Paddy Whannel. The Popular Arts. Boston: Beacon Press, 1964.

[2] Stuart Hall, Tony Jefferson. Resistance Through Rituals: Youth Subcultures in Post-War Britain. London: Hutchinson, 1975&1976.

[3] Stuart Hall, Chas Critcher, Tony Jefferson, John Clarke, Brian Roberts. Policing the Crisis: Mugging, the State, and Law and Order. London: Macmillan 1978.

[4] Stuart Hall, Dorothy Hobson, Andrew Lowe and Paul Willis (eds.). Culture, Media, Language. London: Hutchinson, 1980.

[5] Stuart Hall. The Hard Road to Renewal——Thatcherism and the Crisis of the left. London/New York: Verso, 1988.

[6] Stuart Hall and Martin Jacque. New Times: The Changing Face

of Politics in the 1990s. Lawrence&Wishart in association with Marxism Today, 1989.

[7] Stuart Hall, David Held, Tony McGrew (eds). Modernity and Its Futures. London: Polity Press and Open University, 1992.

[8] Stuart Hall, Bram Gieben. Formation of Modernity. Polity Press and Open University, 1992.

[9] Stuart Hall, Paul Du Gay. Question of Identity. London, Thousand Oak, New Deli: Sage publications, 1996.

[10] Stuart Hall. Representation: Cultural Representation and Signifying Practices. London: Sage Publications, 1997.

[11] Stuart Hall, Jessica Evans. Visual Culture: the Reader. London: Sage in association with the Open University, 1st published 1999.

[12] Stuart Hall. Different: a historical context: Contemporary photo. Phaidon Press, 2001.

[13] Stuart Hall. Notes on deconstructing "the popular" in Samuel, R. People's History and Socialist Theory, London: Routeledge&Kegan Paul. 1981.

[14] Stuart Hall. The Problem of Ideology: Marxism without Guarantees, in B. Mattews Marx: 100Years On. London: Lawrence&Wishart. 1983.

[15] Stuart Hall. The Hinterland of Science: Ideology and the "Sociology of Knowledge". in On Ideology, London: Huntchinson. 1977.

[16] Stuart Hall. Situating Marx: Evaluations and Departures. 1972

2. 其他相关著作和论文:

[1] Graeme Turner. British Cultural Studies: An Introduction, 1999.

［2］Antonio Gramaci. The Prison Notebooks: Selections. trans, Quintin Hoare& Geoffrey Nowell-Smith. New York: International Publishers, 1971.

［3］David Morley, Kuan-Hsing Chen, Stuart Hall. Critical Dialogues in Cultural Studies. London: Routledge, 1996.

［4］Helen Davis. Understanding Stuart Hall. London: Sage, Apr. 2004.

［5］James Procter. Stuart Hall. London: Routledge, May, 2004.

［6］Lawrence Grossberg, Gary Nelson, Paula Treichler. Cultural Studies. New York: Routledge, 1992.

［7］Paul Gilory. The Black Atlantic: Modernity and Double Consciousness. Harvard University Press, 1993

［8］Paul Gilroy, Lawrence Grossberg, Angela McRobbie. Without Guarantees: in Honour of Stuart Hall. London: Verso, 2000.

［9］Barker, Chris. Cultural Studies: Theory and Practice. London: Sage, 2000.

［10］Rojek, Chris, Stuart Hall. Blackwell: Polity. 2003.

［11］Raymond Williams. Marxism and Literature. Oxford University Press, 1977.

［12］Raymond Williams. Towards a Socialist History: In Defence of History. History Workshop Journal, 1979, 7.

［13］Angela McRobbie, The Uses of Cultural Studies, London: Sage, 2005.

［14］Raymond Williams. Politics and Letters: Interviews with New Left Review, Verso, 1981.

［15］Perry Anderson. Arguments within English Marxism. London:

Verso, 1980.

[16] David Coates. A Socialist anatomy of Britain. Cambridge: Polity Press, 1985.

[17] Simon Clarke. Towards a Socialist History: Socialist Humanism and the Critique of Economism. History Workshop Journal, 1979, 8.

[18] Perry Anderson. Socialism and Pseudo-empiricism. New Left Review, 1966.

[19] Dennis Dworkin. Cultural Marxism in Post War Britain: History, the New Left, and the Origin of Cultural Studies. Duke University Press, 1997.

[20] Gareth Stedman Jones. Working-Class Culture and Working-Class Politics in London, 1870—1900. Journal of Social History. Vol. 7. No. 4, 1974.

[21] Gregor McLennan. Philosophy and History: Some Issues in Recent Marxist Theory. Making Histories: Studies in History Writing and Politics, 1982.

[22] Tony Bennett, Graham Martin, Colin Mercer, Janet Woollacott. Culture, Ideology and Social Process: A Reader. Batsford Academic and Educational, 1981.

[23] Tony Bennett. Popular Culture: History and Theory, Popular Culture Themes and Issues2. Milton Keynes: Open University Press, 1981.

[24] White. H. The Content of the Form: Narrative, Discourse and Historical Representation, Baltimore. John Hopkins University Press, 1987.

[25] Richard Collins, James Curran, Nicholas Garnham, Paddy

Scannell, Philip Schlesinger and Colin Sparks. Media, Culture and Society: A Critical Reader. London: SagePublications, 1988.

[26] Paul Gilory. The Black Atlantic: Modernity and Double Consciousness. Harvard University Press, 1993.

[27] Rutherford. Identity: Community, Culture, Difference. London: Lawrence& Wishart, 1990 1stprint &1998 reprint.

[28] John Story. Cultural Theory and Popular Culture: A Reader, Prentice Hall, 2nd edition, 1998.

[29] Homi Bhabha. The Location of Culture. London: Routledge, 1994.

[30] John Fiske. Television Culture. London and New York: Mathuen, 1987.

[31] John Fiske. Understanding the Popular Culture. London Sydney Willington: Unwinhyman. Inc, 1989.

[32] Dick Hebdige. Subculture: The Meaning of Style. London Methuen, 1979.

[33] Dick Hebdige. Hiding in the Light: On Images and Things. London: Routledge, 1988.

[34] Dick Hebdige. From Culture to Hegemony, in Simon During, The Cultural Studies Reader. London Routledge, 1993.

[35] Paul Willis. Profane Culture. London Routledge, 1978.

[36] Paul Willis. Common Culture. Buckingham: Open University Press, 1990.

[37] Lawrence Grossberg. We Gotta out of This Place: Popular Conservatism and Postmodern Culture. New York and London: Routledge, 1992.

[38] Phi Cohen. Subcultural Conflict and Working Class Community, in Stuart Hall et al, Culture, Media, Language: Working Papers in Cultural Studies 1972-79, London Routledge, 1991.

（二）中文

1. 霍尔作品

[1] 斯图亚特·霍尔. 表征：文化表象与意指实践. 徐亮, 陆兴华, 译//周宪, 许钧. 文化和传播译丛. 北京：商务印书馆, 2003.

[2] 保罗·杜盖伊, 斯图亚特·霍尔, 琳达·简斯, 休·麦凯, 基思·尼格斯. 做文化研究——索尼随身听的故事. 霍炜, 译//周宪, 许钧. 文化和传播译丛. 北京：商务印书馆, 2003.

[3] 斯图亚特·霍尔, 保罗·杜盖伊. 文化身份问题研究. 庞璃, 译. 郑州：河南大学出版社, 2010.

[4] 斯图亚特·霍尔. 通过仪式抵抗——战后英国的青年亚文化. 孟登迎, 胡疆峰, 王蕙, 译. 北京：中国青年出版社, 2015.

[5] 斯图亚特·霍尔. 意识形态再发现——在媒介研究中受抑制后的重返. 杨蔚, 译//媒介批评（第一辑）. 桂林：广西师范大学出版社, 2005.

[6] 斯图亚特·霍尔. 嬉皮士：一次美国的运动//陶东风、胡疆峰. 亚文化读本. 北京：北京大学出版社, 2011.

[7] 斯图亚特·霍尔. 大众文化与国家. 张晓玉, 译//陶东风. 文化研究精粹读本. 北京：中国人民大学出版社, 2006.

[8] 斯图亚特·霍尔. 种族、文化和传播：文化研究的回顾和展望. 张淳, 译//陶东风. 文化研究精粹读本. 北京：中国人民大学出版社, 2005.

[9] 斯图亚特·霍尔. 无阶级的观念//张亮, 熊婴. 伦理、文化和社会主义. 南京：江苏人民出版社, 2013.

［10］斯图亚特·霍尔. 文化研究：两种范式//陶东风. 文化研究. 北京：社会科学文献出版社，2013.

［11］斯图亚特·霍尔. 多元文化问题的三个层面与内在张力. 陶东风，译. 江西社会科学，2007.

［12］斯图亚特·霍尔. 解构"大众"笔记. 戴从容，译//陶东风. 文化研究精粹读本. 上海：上海三联书店，2001.

［13］斯图亚特·霍尔. 现代性的多重建构. 吴志杰，译//周宪. 文化现代性精粹读本. 北京：中国人民大学出版社，2006.

［14］斯图亚特·霍尔. 布莱尔之后生活会不同吗?. 周博，译. 国外理论动态，2007.

［15］斯图亚特·霍尔. 文化研究的兴起和人文科学的危机. 孟登迎，译//陶东风. 文化研究. 北京：社会科学文献出版社，2015.

［16］斯图亚特·霍尔. 第一代新左翼的生平与时代. 王晓曼，译. 国外理论动态，2011.

［17］斯图亚特·霍尔. 理查德·霍加特、《识字的用途》及文化转向. 殷曼楟，译//张亮. 英国新左派思想家. 南昌：江西人民出版社，2010.

［18］斯图亚特·霍尔. 文化研究及其理论遗产. 孟登迎，译. 上海文化，2015.

2. 其他相关著作和论文

［1］马克思恩格斯选集. 人民出版社，1995.

［2］马克思恩格斯文集（1—10）. 人民出版社，2009.

［3］列宁选集. 人民出版社，1995.

［4］亚里士多德. 修辞学. 罗念生，译. 上海：三联书店，1991.

［5］雷蒙德·威廉斯. 现代性的政治. 阎嘉，译. 北京：商务印书馆，2004.

［6］雷蒙德·威廉斯. 文化与社会. 吴淞江, 张文定, 译. 北京: 北京大学出版社, 1991.

［7］雷蒙德·威廉斯. 关键词: 文化与社会的词汇. 刘建基, 译. 北京: 三联书店, 2005.

［8］雷蒙德·威廉斯. 现代主义的政治. 阎嘉, 译. 北京: 商务印书馆, 2004.

［9］马修·阿诺德. 文化与无政府状态. 韩敏中, 译. 北京: 三联书店, 2002.

［10］T. S 艾略特. 略论文化的定义. 杨民生, 等, 译. 成都: 四川人民出版社, 1989.

［11］埃里克·霍布斯鲍姆. 民族与民族主义. 李金梅, 译. 上海: 上海人民出版社, 2006.

［12］佩里·安德森. 西方马克思主义探讨. 高铦, 等, 译. 北京: 人民出版社, 1981.

［13］佩里·安德森. 当代西方马克思主义. 余文烈, 译. 北京: 东方出版社, 1989.

［14］马尔库塞. 单向度的人. 刘继, 译. 上海: 上海译文出版社, 2006.

［15］E. P. 汤普森. 英国工人阶级的形成. 钱乘旦, 译. 南京: 译林出版社, 2001.

［16］E. P. 汤普森. 共有的习惯. 沈汉, 王加丰, 译. 上海: 上海人民出版社, 2002.

［17］索利. 英国哲学史. 段德智, 译. 济南: 山东人民出版社, 1992.

［18］迈克尔·肯尼. 第一代英国新左派. 李永新, 陈剑, 译. 南京: 江苏人民出版社, 2010.

[19] 路易·阿尔都塞. 保卫马克思. 顾良, 译. 北京: 商务印书馆, 1984.

[20] 路易·阿尔都塞. 哲学与政治: 阿尔都塞读本. 陈越, 编译. 长春: 吉林人民出版社, 2010.

[21] 安东尼奥·葛兰西. 狱中札记. 曹雷雨, 姜丽, 张跣, 译. 北京: 中国社会科学出版社, 2000.

[22] 安东尼奥·葛兰西. 葛兰西文选. 李鹏程, 编. 北京: 人民出版社, 2008.

[23] 戴维·麦克莱伦. 马克思以后的马克思主义. 李智, 译. 北京: 中国人民大学出版社, 2004.

[24] 戴维·麦克莱伦. 马克思思想导论. 郑一明, 陈喜贵, 译. 北京: 中国人民大学出版社, 2008.

[25] 约翰·斯道雷. 文化理论与通俗文化导论. 常江, 译. 北京: 北京大学出版社, 2010.

[26] G·A·柯亨. 卡尔·马克思的历史理论——一个辩护. 岳长龄, 译. 重庆: 重庆出版社, 1989.

[27] 丹尼斯·德沃金. 文化马克思主义在战后英国. 李丹凤, 译. 北京: 人民出版社, 2008.

[28] 艾伦·梅克森斯·伍德. 民主反对资本主义——重建历史唯物主义. 吕薇洲, 等, 译. 重庆: 重庆出版社, 2007.

[29] 伊格尔顿. 文化的观念. 方杰, 译. 南京: 南京大学出版社, 2000.

[30] 乔治·拉伦. 意识形态和文化身份. 戴从容, 译. 上海: 上海教育出版社, 2005.

[31] 克里斯·巴克. 文化研究理论与实践. 北京: 北京大学出版社, 2013.

[32] 安东尼·吉登斯. 社会的构成. 李康，等，译. 北京：三联书店，1998.

[33] 戴维·斯奥茨. 文化与权力. 陶东风，译. 上海：上海译文出版社，2012.

[34] 安吉拉·麦克罗比. 后现代主义与大众文化. 田晓菲，译. 北京：中央编译出版社，2011.

[35] 丹尼·卡瓦拉罗. 文化理论关键词. 张卫东，译. 南京：江苏人民出版社，2006.

[36] 马克·吉布森. 文化与权力. 王加为，译. 北京：北京大学出版社，2012.

[37] 安吉拉·麦克罗比. 文化研究的用途. 李庆本，译. 北京：商务印书馆，2007.

[38] 道格拉斯·凯尔纳. 媒体文化. 丁宁，译. 北京：商务印书馆，2013.

[39] 乔瑞金. 英国的新马克思主义. 北京：人民出版社，2013.

[40] 乔瑞金. 现代整体论. 北京：中国经济出版社，1996.

[41] 乔瑞金. 马克思技术哲学纲要. 北京：人民出版社，2002.

[42] 乔瑞金. 马克思思想研究的新话语——技术与文化批判的英国新马克思主义. 太原：书海出版社，2005.

[43] 乔瑞金，牟焕森，管晓刚. 技术哲学导论. 北京：高等教育出版社，2009.

[44] 薛勇民. 走向社会历史的深处——唯物史观的当代探析. 北京：人民出版社，2002.

[45] 张亮. 英国新左派思想家. 南京：江苏人民出版社，2010.

[46] 张亮，熊婴. 伦理、文化和社会主义. 南京：江苏人民出版社，2013.

［47］张亮，李媛媛. 理解斯图亚特·霍尔. 北京：北京师范大学出版社，2015.

［48］陆扬. 文化研究概论. 上海：复旦大学出版社，2008.

［49］和磊. 葛兰西与文化研究. 北京：中国社会科学出版社，2011.

［50］陶东风，胡疆锋. 亚文化读本. 北京：北京大学出版社，2011.

［51］陶东风. 文化理论的公共性. 福州：福建教育出版社，2008.

［52］徐德林. 重返伯明翰——英国文化研究的系谱学考察. 北京：北京大学出版社，2014.

［53］刘进. 文学与"文化革命"：雷蒙德·威廉斯的文学批评研究. 成都：巴蜀书社，2007.

［54］张华编. 伯明翰文化学派领军人物述评. 济南：山东大学出版社，2008.

［55］杨东篱. 伯明翰学派的文化观念与通俗文化理论研究. 济南：山东大学出版社，2001.

［56］杨击. 传播·文化·社会——英国大众传播理论透视. 上海：复旦大学出版社，2006.

［57］吴治平. 雷蒙德·威廉斯的文化理论研究. 兰州：甘肃人民出版社，2006.

［58］罗钢，刘象愚. 文化研究读本. 北京：中国社会科学出版社，2000.

［59］武贵杰. 霍尔与文化研究. 北京：中央编译出版社，2009.

［60］邹威华. 斯图亚特·霍尔的文化理论研究. 北京：中国社会科学出版社，2014.

[61] 衣俊卿. 20世纪的文化批判——西方马克思主义的深层解读. 北京：中央编译出版社，2003.

[62] 张一兵. 当代国外马克思主义哲学思潮（上、中、下）. 南京：江苏人民出版社，2012.

[63] 俞吾金，陈学明. 国外马克思主义哲学流派新编（西方马克思主义卷）. 上海：复旦大学出版社，2002.

[64] 邢媛. 马克思社会冲突思想研究. 太原：山西人民出版社，2012.

[65] 管晓刚. 马克思技术实践论思想研究. 太原：山西教育出版社，2001.

[66] 俞吾金. 传统重估与思想移位. 哈尔滨：黑龙江大学出版社，2007.

[67] 陈学明. 时代的困境与不屈的探索. 哈尔滨：黑龙江大学出版社，2007.

[68] 段忠桥. 理性的反思与正义的追求. 哈尔滨：黑龙江大学出版社，2007.

[69] 衣俊卿. 现代性焦虑与文化批判. 哈尔滨：黑龙江大学出版社，2007.

[70] 衣俊卿. 现代性的维度. 北京：中央编译出版社，2011.

[71] 周宪. 文化现代性精粹读本. 北京：中国人民大学出版社，2006.

[72] 乔瑞金. 我们为什么需要研究英国的新马克思主义？. 马克思主义与现实. 2011，6.

[73] 乔瑞金. 英国新马克思主义对文化概念的哲学分析. 理论探索. 2008，3.

[74] 乔瑞金. 论英国新马克思主义的思想特征. 理论探索.

2006，4.

［75］乔瑞金. 从技术实践视角读马克思. 山西大学学报. 2007，5.

［76］乔瑞金. 马克思主义是社会历史的整体视界. 山西大学学报. 2005，4.

［77］乔瑞金. 英国新左派的社会主义政治至善思想. 中国社会科学. 2014，9.

［78］乔瑞金、李隽. 英国新马克思主义文化批判的致思路径. 理论探索. 2015，9.

［79］乔瑞金. 英国近代早期主体意识发展的社会文明意义. 山西大学学报. 2015，11.

［80］乔瑞金、李文艳. 英国新左派的政治诉求和思想革命. 南京大学学报. 2016，7.

［81］乔瑞金. 现代性批判的错置和重思. 中国社会科学. 2016，2.

［82］邢媛. 贝尔社会发展思想的内在张力及修辞学倾向. 哲学研究. 2006，7.

［83］邢媛. 吉登斯"自我认同"的社会哲学思想探析. 马克思主义与现实. 2010，3.

［84］邢媛. 詹姆逊历史化认知思想探析. 哲学研究. 2008，8.

［85］邢媛. 文化认同中的意向悖论. 山西大学学报. 2016，9.

［86］薛勇民. 唯物史观的当代反思. 马克思主义研究. 2002，2.

［87］管晓刚. 加文·科琴分析马克思主义整体实践观的内涵. 马克思主义与现实. 2010，2.

［88］管晓刚. 论芒福德技术哲学的研究视角. 科学技术与辩证法. 2009，3.

［89］张亮. 马克思主义国家理论及其当代发展——柯林·海伊教授访谈录. 学海. 2011，2.

［90］张亮. 马克思主义国家理论及其当代发展. 学海. 2011，2.

［91］张亮. 从马克思主义走向英国马克思主义. 中国图书评论. 2013，5.

［92］张亮. 如何正确理解斯图亚特·霍尔的"身份"?. 学习与探索. 2015，7.

［93］张亮. 社会危机、文化霸权与国家形式的转型——斯图亚特·霍尔的现代英国国家批判理论. 河北学刊. 2016，11.

［94］张亮. "英国马克思主义"的历史、理论道路与理论成就. 马克思主义研究. 国外理论与世情. 2012，7.

［95］张亮. 斯图亚特·霍尔意识形态理论的中国醒思. 河北学刊. 2016，9.

［96］欧阳谦. "后马克思时代"和马克思的精神遗产. 理论视野. 2008，4.

［97］张秀琴. 马克思意识形态概念的"文化大众主义"解释——以伯明翰文化学派斯图亚特·霍尔为例. 南京社会科学. 2012，2.

［98］邹赞. "入戏的观众"：斯图亚特·霍尔与英国文化研究. 中国图书评论. 2014，4.

［99］陈力丹，林羽丰. 继承与创新：研读斯图亚特·霍尔代表作——《编码解码》. 新闻与传播研究. 2014，8.

［100］李文艳. 霍尔公共知识分子的社会责任. 福建论坛. 2016，10.

［101］黄卓越. 斯图亚特·霍尔的遗产. 中国图书评论. 2014，4.